/理想主义刑事法典系列/　主编：王　平　何显兵

The Idealistic Community Correction Law

理想主义的《社区矫正法》（第二版）
——学者建议稿及其说明

王　平　何显兵　郝方昉／著

中国政法大学出版社

2017·北京

图书在版编目（ＣＩＰ）数据

理想主义的《社区矫正法》：学者建议稿及其说明/王平著.—2版.—北京：中国政法大学出版社，2017.12

ISBN 978-7-5620-8007-7

Ⅰ.①理… Ⅱ.①王… Ⅲ.①社区－监督改造－研究－中国 Ⅳ.①D926.74

中国版本图书馆CIP数据核字(2017)第313592号

出 版 者	中国政法大学出版社
地　　址	北京市海淀区西土城路25号
邮寄地址	北京 100088 信箱 8034 分箱　邮编 100088
网　　址	http://www.cuplpress.com（网络实名：中国政法大学出版社）
电　　话	010-58908289(编辑部) 58908334(邮购部)
承　　印	北京中科印刷有限公司
开　　本	880mm×1230mm　1/32
印　　张	11
字　　数	270千字
版　　次	2017年12月第1版
印　　次	2017年12月第1次印刷
定　　价	49.00元

PREFACE TO THE SECOND EDITION　再版说明

　　5 年前的 2012 年 8 月，《理想主义的〈社区矫正法〉——学者建议稿及说明》在中国政法大学出版社出版。2014 年，十八届四中全会通过了《中共中央关于全面推进依法治国若干重大问题的决定》，明确提出"制定社区矫正法"。2016 年，国务院法制办公布了《社区矫正法（征求意见稿）》。可以预计，立法机关正式出台《社区矫正法》已经为期不远。鉴于此，我们根据近年来中国社区矫正工作实践的最新进展，并充分吸收社区矫正理论研究的最新成果，对本书第一版做了较大幅度的修改，形成了第二版《理想主义的〈社区矫正法〉——学者建议稿及其说明》。

　　与第一版相比，第二版主要针对社区矫正实践中存在的乡镇司法所先天不足、社区矫正机关执法权限不明、社区矫正撤销程序模糊、社区排斥现象严重、社区支持不足、奖惩激励不足、电子监控缺乏法律依据、社区服务流于形式、社区服刑人员流动困难等现实困境，做了更进一步的修改完善；并对社区矫正机构设置、社区矫正用警等争议较大的问题进行了更为细密的规定。鉴于我国已经立法对强制治疗进行了规范，因此删除了"强制治疗"一章。此外，考虑到未成年人社区矫正的特殊性，增加了"未成年人社区矫正"一章，作出了与成年人社区矫正不同的规定。

理想可以是远大而美好的。我们计划编纂系列刑事立法建议稿及其说明，将其命名为"理想主义刑事法典系列"，这部《理想主义的〈社区矫正法〉——学者建议稿及其说明》就是其中的一部。未来，我们还将编纂"理想主义的《刑事收容法》""理想主义的《刑事执行法》"，甚至"理想主义的《刑法典（总则）》"等。为法治理想而奋斗，是法律学者的使命。我们将持之以恒，不懈努力，为科学立法提供有价值的选择性方案。

王　平

2017 年 12 月 7 日

于法大蓟门烟树校区

本书稿的完成，我既感到高兴，也感到有些忐忑。高兴的是，本书稿是我与我的两位博士长久以来对社区矫正研究的结晶；忐忑的是，学者提出的理想主义的社区矫正立法建议稿，其实用价值到底有多大，还有待实践的检验。

早在 20 年前，我就对传统监禁刑的弊端有了一定程度的认识，并逐渐对监狱的矫正效果产生了怀疑。所谓监狱能够矫正犯人的说法，本身就存在无法解释的悖论：犯人的再社会化过程，离不开社会大环境，但是监狱又将服刑人员置于封闭的行刑环境，几乎与社会完全脱离，这又如何能够使服刑人员再社会化？但是，我们也不可能不顾犯罪人的具体情况和人身危险性程度而单纯地对犯罪人进行惩罚，在现代法治社会，这不仅侵犯人的基本尊严，不符合功利主义对最大幸福的追求，而且也是根本不可能做到的。因此我们必须选择——不仅要惩罚犯罪人，更要矫正犯罪人。目前我国学术界对于监狱矫正效果的怀疑正在增加，一些人认为累犯的上升和犯罪率的增长证明监狱对于矫正犯罪人没有什么积极意义。我们当然可以对这些理由予以反驳：犯罪是多种因素综合作用的结果，而且主要是社会因素作用的结果，因此累犯率和一般犯罪率的上升都不足以证明监狱对于矫正犯罪人没有效果，即使是一个矫正成功的犯罪人出狱以后也很难永远像圣人一样能够抵抗得住各种犯罪的诱惑。但是，迄今为止，我们也很难证明监狱对矫正犯罪人有什么明显的效果：累犯率低同样不能充要地证明犯罪人已经被完全矫正为普通守法公民了——他不选择犯罪可能是因为没有合适的环境；也可能是因为罪犯本来就没有再犯可能性，而仅仅是因为追求惩罚的目的而被送进监狱。因此监狱的矫正效果是一个难以证伪也难以证明为真的难题，既然这样，我们就有理由去尝试一个新的或许更有矫正效果的刑罚方法和行刑方式——社区刑罚和社区矫正。

从最初的局部试点，然后逐步扩大到全国，到最终由 2011 年的《刑法修正案（八）》和 2012 年的《刑事诉讼法》予以确认，社区矫正经过 10 年的改革发展，初成正果。全国接受社区矫正的人数累计已突破 50 万人，已经初具规模。目前，社区矫正的主要依据是 2011 年《刑法修正案（八）》，2012 年新修订的《刑事诉讼法》，最高人民法院、最高人民检察院、公安部、司法部 2012 年发布的《社区矫正实施办法》，2009 年发布的《关于在全国试行社区矫正工作的意见》，2003 年发布的《关于开展社区矫正试点工作的通知》等法律法规及各种中央和地方的规范性文件。这些法律法规和各种规范性文件对社区矫正的试行和发展壮大，起到了主要的作用。但时至今日，社区矫正推行已经 10 年，上述法律法规和各种规范性文件已经远远不能满足社区矫正工作的实际需要。由于没有一部专门规范社区矫正工作的《社区矫正法》，使社区矫正管理体制和工作机制的许多内容仍处于无法可依状态，这必然影响到社区矫正这一新生事物的进一步发展与完善。

社区矫正作为与监狱行刑并列的重要行刑方式，不应当长期在无法可依的情况下进行，长达 10 年的试点工作经验，新修订的刑法和刑事诉讼法对社区矫正的正式确定，也为社区矫正立法奠定了经验基础和法律依据。学术界和实务界较为一致的观点是：社区矫正前期工作积累的经验和目前面临的形势，使《社区矫正法》的制定不仅必要，而且成为可能。

社区矫正虽然是矫正罪犯的一种新方式，具有诸多优势，但是如果操作不当也会存在许多弊端。推行社区矫正制度，必须事先对可能出现的弊病进行预测，以避免这些"可能"变成"现实"，或找到避免这些弊病的方法。制定《社区矫正法》，必须充分认识到社区矫正可能出现的弊病，从而通过制度设计尽量予以避免。

根据西方国家长期推行社区矫正所得的经验与教训，以及中国10年来的社区矫正实践，社区矫正可能会出现如下问题：①对被矫正对象生活的过度干预。社区矫正，是将犯罪人置于社区之中以对其进行矫正与监督。社区矫正的本义，就是为避免自由刑带来的"监禁化"弊端，而将服刑人置于正常社会生活之中，以促进其再社会化。如果过度干预服刑人员的生活，将使社区矫正的优势难以发挥。一些人反对矫正的一个重要理由，就是"矫正的成功必须以被矫治者的配合与积极参与为前提"，而罪犯自身"没有理由自愿接受与配合矫治"。这种反对理由虽然显得有些绝对，从本质上认定矫正的不可能性，但是却告诉我们一个道理：矫正应当在可能的情况下，尽量促进犯罪人的内心觉醒，而不应过度干预其生活。②对被矫正对象的放任自流。强调对被矫正对象生活不能过度干预，但是也必须防止其另一个极端，即对被矫正对象放任自流。社区矫正尽管是将服刑人置于社区之中进行教育矫正，但是社区矫正不是让被矫正对象生活在社区，"自动完成矫正"。社区服刑人员无论其犯罪的轻重程度如何、人身危险性程度如何，都具有一定程度的不良心理，需要矫正工作者给予其程度不同的监督、管理、帮助、关心、教育，才能使其完成再社会化的目标。矫正机构和矫正工作者不仅要积极参与矫正工作，而且还要组织社会力量参与矫正工作。在 2003 年全国试点社区矫正之前，中国现实中的缓刑、管制、假释、监外执行等各种非监禁刑罚的执行，由于制度设计上的缺陷等原因，往往没有得到真正的落实，对服刑人员的监督管理不到位，教育矫正也是基本上无从谈起。这种情况显然就是美国学者艾兹恩（Azyn）和蒂默（Timo）所谈到的"花费便宜"的真相——什么也不干，当然不花钱。③社区矫正对矫正工作重点的分配不平衡。社区矫正的任务主要有两项：监督管理和教育矫正。实践证明，只有两者并重，才可能获得理想的矫正效果。社区矫正工作要注意避免两个极端：重视监督管理而忽视帮助保护，或者重视帮助保护而忽视监督管理。社区矫正的主要内容之一，就是刑罚的执行，如果仅仅重视帮助保护而忽视监督管理，刑罚的惩罚性得不到体现，就可能引起被害人或社区的不满；如果仅仅重视监督管理而忽视帮助保护，矫正工作就难以达到预期的目的，被矫正对象的重返社会计划就可能受阻。因此，必须注意监督管理和教育矫正两者的平衡。④社区矫正工作的随意性。社区矫正工作最大的弊病，就在于其具有很大的随意性，从而可能对被矫正对象或受害人都不公平。社区矫正的执行过程，涉及判断社区服刑人员的人身危险性程度而决定其监管的级别；涉及判断违反缓刑、假释相关管理规定的程度而导致被收监执行的可能性大小；涉及对出狱人给予的保护帮助的方式和程度；等等。在上述情况下，矫正工作者实际上具有较大的自由裁量权或对最终的结果具有重要的影响。这些权力如果不受到一定限制或给予一定的监督，就可能导致权力的滥用以及侵犯当事人权利的事件发生。美国社区矫正工作受到的最大的批评也是因为其随意性带来的对正当程序的违反和对公民权利的侵害。[1]美国的假释经历了一个限制与反限制的过程，原因也在于其严重的官僚化和高度的随意性对正义的践踏和侵蚀。这是我们需要引以为戒的。

基于上述认识，我们在起草立法建议稿的过程中坚持的原则是，注重各种利益的平衡，既重视对社区服刑人员的监督管理，又充分尊重和保障社区服刑人员的权利。在充分发挥社区矫正优势的同时，尽量避免社区矫正可能出现的上述弊端，使拟定出的建议稿既具有前瞻性，又具有现实可操作性。

本书是由我和我的首届两位博士——西南科技大学法学院何显兵博士以及国家法官学院郝方昉博士共同完成的，他们对社区矫正已经有前期的深入研究基础。其间三易其稿，之中还进行了多次的磋商与讨论。作为学者建议稿，本书的视角具有鲜明的理想主义色彩，是否符合中国的实际情况，是否能够被立法者所采纳，让理想变成现实，尚有待实践的检验。不足之处，还望各位方家批评。本书是四川省哲学社会科学规划项目《社区矫正立法研究》的最终成果，在此向四川省社科联谨表谢意。

王　平

2012 年 6 月 17 日

于北京市蓟门烟树

---

[1] [美] D. 斯坦利·艾兹恩、杜格·A. 蒂默：《犯罪学》，谢正权等译，群众出版社 1988 年版，第 568 页。

CONTENTS 目 录

再版说明 001

序 003

001 第一章 ◀ CHAPTER 01
总 则

第 一 条【立法目的和根据】...... 001

第 二 条【社区刑罚的种类】...... 013

第 三 条【社区矫正的任务】...... 036

第 四 条【分级处遇原则】...... 048

第 五 条【国家主导和社会参与原则】...... 073

第 六 条【和解原则】...... 082

第 七 条【检察监督】...... 108

第 八 条【公安机关的协助义务】...... 111

第 九 条【经费保障】...... 113

115 第二章 ◀ CHAPTER 02
社区矫正机构和工作人员

第 十 条【社区矫正机构】...... 115

第十一条【社区矫正官】...... 124

第十二条【社区矫正官的义务】...... 130

第十三条【社区矫正工作人员】...... 131

第十四条【社区矫正工作人员的职责及其保障】...... 151

第十五条【社区矫正工作人员的禁令】...... 160

第十六条【社区矫正志愿者】...... 161

第十七条【社区矫正志愿者的资质】...... 163

第十八条【社区矫正志愿者的管理】...... 166

第十九条【社区矫正志愿者的活动经费】...... 172

第二十条【社区矫正志愿者的禁令】...... 173

第二十一条【社区矫正的协助单位和协助人员】...... 174

177 第三章 ◀ CHAPTER 03
社区服刑人员的权利和义务

第二十二条【被剥夺的权利】...... 177

第二十三条【被限制的权利】...... 178

第二十四条【仍然享有的权利】...... 180

第二十五条【心理矫治的自主参与权】...... 182

第二十六条【社区服刑人员应当遵守的义务】...... 184

186 第四章 ◀ CHAPTER 04
社区刑罚的执行程序

第一节 接 收 186

第二十七条【管辖】...... 186

第二十八条【社区矫正决定的告知】...... 190

第二十九条【法律文书的送达】...... 191

第三十条【社区服刑人员的报到和移送】...... 194

第三十一条【社区服刑人员的接收】...... 195

第三十二条【社区矫正的宣告】...... 196

第三十三条【社区矫正档案的建立与管理】...... 198

第二节　变　更 199

第三十四条【管辖的变更程序】...... 199

第三十五条【社区矫正措施的变更程序】...... 200

第三十六条【缩短矫正期限的程序】...... 201

第三十七条【延长矫正期限和治安管理处罚的程序】...... 203

第三十八条【强制医疗的适用程序】...... 204

第三节　解　除 205

第三十九条【因矫正期满而解矫】...... 205

第四十条【因收监而解矫】...... 206

第四十一条【因改判而解矫】...... 211

第四十二条【因死亡而解矫】...... 212

213

第五章 ◀ CHAPTER 05
监督管理

第四十三条【监督管理的目的】...... 213

第四十四条【分类监督管理】...... 214

第四十五条【报告】...... 219

第四十六条【外出】...... 221

第四十七条【会见】...... 223

第四十八条【走访】...... 224

第四十九条【修复】...... 225

第五十条【保外就医的社区服刑人员应当遵守的
　　　　　特别规定】...... 227

第五十一条【附加禁止从事特定活动】...... 228

第五十二条【附加禁止进入特定区域、场所】...... 231

第五十三条【附加禁止接触特定人】...... 233

第五十四条【信息的保密和告知】...... 234

第五十五条【保证人】......236

第五十六条【电子监控】......237

240　第六章 ◀ CHAPTER 06

矫正治疗

第一节　教育矫正 240

第五十七条【教育矫正的目的】......240

第五十八条【因人施教】......242

第五十九条【教育内容】......244

第 六 十 条【教育形式】......247

第二节　劳动矫正 253

第六十一条【劳动矫正的目的】......253

第六十二条【劳动矫正项目的设置】......255

第六十三条【劳动职业技术培训】......257

第六十四条【向被害人提供补偿性劳动】......257

第六十五条【社区服务】......259

第六十六条【就业】......263

第六十七条【可以免于参加劳动的情形】......265

第六十八条【劳动矫正项目的变更】......265

第三节　心理矫治 266

第六十九条【心理矫治的目的】......266

第 七 十 条【心理测评】......267

第七十一条【心理健康教育】......269

第七十二条【心理咨询】......271

第七十三条【心理治疗】......272

第七十四条【专业化与社会化相结合的心理矫治队伍】......275

第七十五条【心理矫治工作人员的资质】......276

278 第七章 ◀ CHAPTER 07
帮助保护

第七十六条【帮助保护的目的】...... 278

第七十七条【临时安置】...... 279

第七十八条【生活保障】...... 280

第七十九条【社会保险】...... 281

283 第八章 ◀ CHAPTER 08
考核奖惩

第 八 十 条【考核奖惩的目的】...... 283

第八十一条【考核指标】...... 284

第八十二条【社区矫正奖励的种类】...... 287

第八十三条【从宽的社区矫正措施】...... 288

第八十四条【司法奖励】...... 291

第八十五条【社区矫正惩罚的种类】...... 293

第八十六条【从严的社区矫正措施】...... 293

第八十七条【集中管理和治安管理处罚】...... 295

第八十八条【易科拘役和收监（所）执行】...... 296

299 第九章 ◀ CHAPTER 09
未成年人社区矫正

第八十九条【附条件不起诉人员的矫正】...... 299

第 九 十 条【未成年人社区矫正的原则】...... 300

第九十一条【信息保密】...... 303

第九十二条【与成年犯分类矫正】...... 305

第九十三条【宽严相济】...... 307

第九十四条【就学】...... 309

第九十五条【家庭保护】...... 311

第九十六条【社会保护】...... 314

315 第十章 ◀ CHAPTER 10
附　则

第九十七条【社区矫正实施细则和工作办法的制定】...... 315
第九十八条【施行日期】...... 315

316 附　录 ◀ APPENDIX
《社区矫正法》学者建议稿（第二版）...... 316

> **第一条【立法目的和根据】**
>
> 　为了正确执行社区刑罚，促使社区服刑人员回归社会，预防和减少重新违法犯罪，根据宪法，制定本法。

条文释义 ◀◀◀

一、社区刑罚

社区刑罚这个概念较早由青年学者何显兵倡导，但在我国学术界尚未成为通用学术名词。

刑罚概念有逐步扩展其外延的趋势。对于到底什么是刑罚，学术界存在法益剥夺说、法律效果说、制裁说和强制措施（方法）说等不同见解。法益剥夺说认为，刑罚是对犯罪人法益的剥夺；法律效果说认为，刑罚是对犯罪的法律效果；制裁说认为，刑罚是国家对犯罪人的制裁；强制措施（方法）说认为，刑罚是法院依法对犯罪人采取的强制措施（方法）。中国大陆学者多采用强制措施（方法）说，例如张明楷教授认为，"刑罚，是掌握政权的统治阶级为了防止犯罪行为对其社会利益的侵犯，根据刑事立法，对犯罪人适用的建立在剥夺性痛苦的基础上的最严厉的强制措施。"马克昌教授对上述概念给予了评述，认为上述各说都存在一定缺陷，并在强制措施（方法）说的基础上，提出了一个新的刑罚概念："刑罚是国家最高权力机关在刑法中制定的赋予'刑罚'名称，用以惩罚实行犯罪行为的人，由法院依法判处、特定机构执行的最严厉的强制方法。"这个概念相对于前述概念比较完善，但是仍然存在一些缺陷，主要体现在：①语言结构松散，不符合概念应当简洁流畅的要求；②概念成为本身特征的简单堆砌，而没有突出表明刑罚的内涵；③没有表明刑罚的实质在于对犯罪人法益的剥夺，而只是泛泛而谈"最严厉的强制方法"；④直接的谈刑罚是惩罚犯罪人的措施也是不妥当的，尽管其严厉地剥夺了犯罪人的法益，但是其目的并非仅仅惩罚犯罪人而是可能还有其他目的，即刑罚也可能是一种矫正措施；⑤没有表明刑罚必须由国家专门机关执行，从而不能突出刑罚执行的专属性和技术性。我们认为，较为妥当的刑罚概念可以界定为：刑罚是指国家立法机关在刑法中明确规定为"刑罚名称"的、依法由人民法院基于犯罪人的犯罪行为而适用并由法定机关执行的严厉剥夺犯罪人权益的强制措施。我们特别指出：刑罚是最严厉的惩罚措施是就整个刑罚制裁体系而言的，单个的刑罚方法未必是最严厉的制裁方法，如罚金的数量就未必比行政罚款的数量为多。同时，现代刑罚观念已经逐渐从强调刑罚的严厉性转变为强调刑罚的严厉性和人道性并重，单纯强调刑罚的严厉性带有明显的重刑威吓的意味，与现代刑罚追求报应、威慑、矫正等多重目的不符。

上述刑罚的概念是刑法学中的刑罚概念，除此之外，还存在刑事政策意义上的刑罚概念。目前学界出现了一些扩大"刑罚"内涵和外延的情况：将刑事诉讼法上的对犯罪人的强制措施视为一种广义的"刑罚"，即将"剥夺或限制犯罪人（犯罪嫌疑人）合法权益"的措施都被称为"刑罚"。刑事政策意义上的刑罚概念的含义比较丰富：不仅包括刑法学意义上的刑罚，还包括刑事司法程序中对犯罪嫌疑人适用的诉讼强制措施；不仅指刑罚种类，还包括刑罚执行方式，是刑种与行刑方式的结合。在研究的过程中应当严格区分刑法学意义上的刑罚概念和刑事政策意义上的刑罚概念，否则可能出现不必要的误解。

按照刑罚是否剥夺犯罪人的人身自由为标准进行分类，可以将其分为监禁刑和非监禁刑。所谓非监禁刑，是指"在监狱之外对犯罪人使用的刑事制裁的总称"。这个意义上的非监禁刑的范围是非常宽泛的，它囊括了整个刑事司法程序中可能出现的非剥夺犯罪人（犯罪嫌疑人）人身自由的刑事制裁措施：严格意义上的非监禁刑罚，如管制、剥夺政治权利、罚金等；监禁刑罚执行的替代方式，如缓刑、假释、监外执行等；诉讼强制措施，如取保候审等；司法转处，将犯罪嫌疑人排除出司法程序而代之以其他处理方法。当然，非监禁刑是相对于监禁刑这种自由刑而言的，因此生命刑不是非监禁刑的内容。此外，也有非拘禁措施的提法，如《联合国非拘禁措施最低限度标准规则》（又称《东京规则》）中所指的非拘禁措施，含义非常广泛，具体包括：①审前阶段的措施，包括审前处置的起诉便宜主义（不起诉或处以适当的非拘禁措施）和避免不适宜的审前拘留。②审议和判决阶段的措施，包括社会调查报告和判决处置的非拘禁措施。判决处置的非拘禁措施包括口头制裁，如告诫、申斥和警告；有条件撤销；身份处罚；经济处分和罚款，如罚钱和按日计算的罚金；没收或征用令；中止或推迟判决；缓刑和司法监督；社区服务令；送管教中心；软禁；任何其他非监禁方式；上述办法的某种结合。③判决后阶段的措施（替代监禁刑），具体包括准假和中途管教所；工作或学习假；各种形式的假释；宽恕；赦免。

非监禁刑的概念明显反映出刑罚概念扩展的趋势，这与严格的规范刑法学意义上的"刑罚概念"不同。规范刑法学意义上的非监禁刑，仅指"判决处置"，而"判决前处置"是刑事诉讼法意义上的"非拘禁措施"，"判决后的处置"仅指替代监禁刑执行的刑罚执行方法。整合刑法与刑事诉讼法上的各种制裁措施，形成非监禁刑的体系，对于协作打击犯罪、矫正罪犯和保障罪犯（也包括犯罪嫌疑人）人权都有重要价值。刑法的刑事政策化日趋拉近了刑法与刑事诉讼法的距离，整合式的研究不仅成为学术上的时髦，更是面临犯罪率日渐增长而整合打击犯罪的刑事政策的必需。但是，我们需要反思：无限扩大非监禁刑的含义似乎并不妥当，将对犯罪嫌疑人的诉讼措施纳入非监禁刑的范围可能模糊刑罚与诉讼强制措施的界限，使得"刑罚"失去其本来面目。要称为"刑罚"，就必须至少符合刑罚的某些基本特征，如从整合刑罚与诉讼强制措施以加强刑事政策的效果的角度出发，确实需要从最广义的角度来讨论"非监禁刑"，那么采用《联合国非拘禁措施最低限度标准规则》中"非拘禁措施"的表述比较恰当，因为"措施"比"刑"的外延要宽泛得多，使用"措施"也不至于引发歧义和学界不必要的争论。另外，刑罚作为一个规范概念，在使用的时候注意保护其特定的内涵，也是保证刑罚理论协调一致的要求。

社区刑罚这个概念也是充满争议的，其准确的内涵和外延并不容易界定，不同的学者从不同的研究角度出发，对这个概念赋予了不同的意义。从广义的角度看，社区刑罚与非监禁刑的含义大致相同。鉴于我国刑事司法研究的惯例和我国目前正蓬勃开展的社区矫正试点的这个实情，我们认为不宜将刑事诉讼中的强制措施以及国外刑事司法中常见的司法转处（我国的不起诉即可视为一种司法转处措施）列入社区刑罚的范畴。我们认为，社区刑罚就是指由人民法院或刑罚执行机关确定犯罪人在社区中服刑的非监禁或半监禁的刑罚方法或刑罚执行方法。

我们在界定社区刑罚概念时，将刑罚方法与刑罚执行方法都包括在社区刑罚的含义之内，因为随着刑罚的刑事政策化，原来严格意义上的刑罚含义都发生了某些变化。例如，假释的前提是确定给予犯罪人监禁刑的处分，但是在执行法定刑期以及满足特定条件的情况下，犯罪人可以在社会内继续服刑，"社会内服刑"与本来意义上的监禁刑显然相差太远，但是假释确实又是以监禁刑为前提，也并不是一种独立的刑罚方法，因此将刑罚的执行方法与刑罚合并讨论，有助于整合社区刑罚体系，以及在实践中给予系统的管理，发挥"社会内处遇"的价值。社区刑罚的本质就是给予"犯罪人"以"社会内处遇"，只要是符合这个特征的，一般都可以纳入社区刑罚的范畴来进行讨论。这就表明：其一，社区刑罚的适用对象是犯罪人，因此适用于非犯罪人如犯罪嫌疑人、一般违法行为人的措施不在社区刑罚的外延之内，这就将社区刑罚与非拘禁措施相区别；其二，社区刑罚的本质特征是"社会内处遇"，一切将犯罪人置于社区服刑或矫正的刑罚或刑罚执行方法都可以叫做社区刑罚，这就将缓刑、假释、监外执行等所谓监禁刑的执行方法包括在内；其三，社区刑罚的本质是"社会内处遇"，这个"处遇"当然也有特定的刑期，因此社区刑罚对于犯罪人主要强调一定期限的社会内"矫正"，因而一次性的刑罚方法可能是非监禁刑罚，但却不属于社区刑罚，如罚金是典型的非监禁刑，但是罚金的执行基本上不存在犯罪人还在社区中继续接受矫正的问题，除非与其他社区刑罚相结合，否则不宜将其视为社区刑罚。

二、社区服刑人员

正在服刑的人员如何称呼，是个比较有意思的话题。在西方国家早期，在监狱服刑的人通常被叫做"囚犯"（prisoner），这与当时监禁机构大多被叫做监狱（prison）有关。后来随着教育刑理念的发展，人们逐渐用矫正机构（correctional facility）取代监狱，相应地，"囚犯"一词被"inmate"取代，直译为"在机构内居住者"，即"在矫正机构中服刑的人员"。在中国漫长的封建社会中，在监狱服刑的人通常都被叫做"囚犯"；到清末法律改良，《大清监狱律草案》受西方法制的影响，将在监狱服刑的人员叫做"在监者"；1946年颁布的《监狱行刑法》则将在监狱服刑的人叫做"受刑人"，这个词一直沿用至我国台湾地区的"监狱行刑法"。"受刑人"这个词，比较接近"服刑人员"的含义。新中国成立后，法律法规中对正在服刑的人有"犯人""罪犯""劳改犯""犯罪分子""服刑人员"等不同称谓。比如，1954年政务院公布的《劳动改造条例》、1982年公安部通过的《监狱、劳改队管教工作细则》称其为"犯人"；1979年《刑法》称其为"犯罪分子"；1981年全国人大常委会通过的《关于处理逃跑或者重新犯罪的劳改犯和劳教人员的决定》称其为"劳改犯"；1994年全国人大通过并于2012年修订的《监狱法》称其为"罪犯"；2004年司法部出台的《监狱服刑人员行为规范》则称其为"服刑人员"。

关于社区矫正，其称谓亦有所差异。《社区矫正实施办法》将在社区服刑的罪犯称为"社区矫正人员"，《社区矫正法（征求意见稿）》沿袭了这一称谓。地方性文件称谓略有不同，如《江苏省社区矫正工作条例》《四川省社区矫正实施细则（试行）》将其称为"社区服刑人员"，而《浙江省社区矫正实施细则（试行）》《湖南省社区矫正实施细则》等则将其称为

"社区矫正人员"。我们认为，社区中服刑的人员宜统一界定为"社区服刑人员"，理由如下：

第一，"服刑人员"是比较严谨的法律用语，它比较客观地界定了服刑者的法律地位。其他称呼如"犯罪分子"等则容易产生歧义，有时候还指事实上犯罪的人、犯罪嫌疑人等，概念模糊、界限不清，容易使人产生误解；再如当前官方文件指称的"社区矫正人员"也容易带来误解，与"社区矫正工作人员"字面上相差不大，很容易造成群众的混淆；"罪犯"这个称谓也存在问题，这个词很容易给服刑者打上标签，即使其出狱以后，该词也表明其犯过罪，不利于其回归社会。"服刑人员"则不同，首先，这个称谓表明服刑者正处于服刑状态；其次，这个称谓明确了社区矫正的性质，属于刑罚执行而非单纯的社会帮教，有利于准确界定服刑者的法律身份；最后，这个称谓带有阶段性，处于服刑状态称服刑人员，解除服刑状态后则是正常的人民群众，标签效应较弱。

第二，"服刑人员"的称呼不含贬义，体现了对服刑人员人格的尊重，而"犯罪分子""罪犯""犯人"等称呼则带有歧视、人格贬低的色彩。在这个权利被尊重的时代，对服刑人员权利的尊重和保护不应当成为被法治遗忘的角落。同时，有效地教育矫正服刑人员要以尊重对方为前提，没有平等、尊重，就谈不上理解、沟通，就不会有理想的教育矫正效果。

▶▶▶ 立法理由

作为本法的第1条，该条主要展示立法目的和根据。立法目的是"正确执行社区刑罚，促使社区服刑人员回归社会，预防和减少重新违法犯罪"，据此，本法的直接目的是"正确执行社区刑罚"，根本目的乃是"促使社区服刑人员回归社会，预防

和减少重新违法犯罪"。具体说明如下:

一、直接目的是"正确执行社区刑罚"

本建议稿对直接目的的规定,采用的是"为了正确执行社区刑罚",而没有采用国务院法制办《社区矫正法(征求意见稿)》使用的"为了规范社区矫正工作",也没有采用《社区矫正实施办法》使用的"为依法规范实施社区矫正"的表述,理由如下:

(一) 与《监狱法》相协调

社区矫正是与监狱矫正并列的刑罚执行方式,因此《社区矫正法》的法律位阶与《监狱法》应当完全等同。同时,作为刑事执行法的下位范畴,《社区矫正法》与《监狱法》应当尽可能协调一致。《监狱法》第1条对直接目的采用的表述是"为了正确执行刑罚",并没有采用诸如"为了规范监狱行刑""为了规范监狱改造"等表述。从形式上来说,将《社区矫正法》的直接目的规定为"为了正确执行社区刑罚"既能够与《监狱法》协调,同时又强调了"社区刑罚"这一特质,具有合理性。

(二) 明确社区矫正的本质

社区刑罚与社区矫正这两个概念,到底是什么关系?简单地说,社区矫正就是社区刑罚的执行。矫正对应的英文是"correction",其中文原意是指通过改正某事物本身的或与该事物有关的不准确、不真实或不完善之处,使之准确、真实或完善,或者用准确、真实、完善的事物来对照或代替它。矫正本身乃是动词,在社区矫正的语义环境中就是指社区刑罚的执行,因而不宜再使用"执行社区矫正"这样的表述。研究社区刑罚,主要是从刑事法律的层面对制度的设计、制度的完善进行讨论;研究社区矫正,则要包含法学、心理学、教育学、社会学等多学科的知识背景，着眼于如何促使社区服刑人员成功的再社会化。不少学者在谈到社区矫正的时候，习惯于从比较广泛的视角来讨论；实践部门在讨论社区矫正时，也总是有意无意地将社区刑罚与社区矫正相提并论。许多同志一谈到社区矫正管理体制，总是谈法院、检察院、公安局、司法局、监狱、民政局、劳动局等机构的"分工合作"，这其实就是一种混淆社区刑罚与社区矫正的思维。实际上，社区矫正的本质就是"刑罚的执行"，其落脚点还是在"执行"上。很少有人在谈到刑事执行体制的时候，要去讨论法院如何、检察院如何；但一谈到社区矫正，却往往大谈特谈法院、检察院等机构的"分工"。表面看来，这不过是讨论的角度不同，实际上却反映出学界、实务界对社区矫正的某种程度上的不自信。

二、根本目的是"促使社区服刑人员回归社会，预防和减少重新违法犯罪"

促使社区服刑人员回归社会与预防和减少重新违法犯罪，是一体两面。只有社区服刑人员回归社会，才可能预防和减少重新违法犯罪；而要预防和减少重新违法犯罪，就必须促使社区服刑人员回归社会。

（一）根本目的不宜直接规定惩罚

以刘强教授为代表的一部分学者和实务官员认为，《社区矫正法》应当明确规定"为了惩罚犯罪"，但本建议稿不赞成这种观点。《监狱法》第 1 条就提到"为了正确执行刑罚，惩罚和改造罪犯，预防和减少犯罪"，本建议稿之所以不直接规定"为了惩罚犯罪"是基于如下理由：①惩罚不是根本目的。刑事执行发展到今天，为了惩罚而惩罚的观念已经逐渐淡出历史舞台。将惩罚作为社区矫正的根本目的，可能犯下方向性的错误——

惩罚只能是手段而不能是目的，将惩罚作为目的将可能导致毫无意义的人格贬损、标签效应、污名效应，不利于社区服刑人员回归社会。特别需要指出的是，我国刑事立法已经逐渐采取积极主义刑罚立法观，犯罪圈不断扩大，刑罚前置成为一种趋势。在这样的背景下，社区服刑人员的总数必将大幅度攀升，如果强调惩罚，很可能危及社会安宁，为社会塑造潜在的敌人。②矫正本身包含了惩罚性，但同时又制约了惩罚性。教育刑理论与实践产生以后，"矫正"逐渐成为国际上通用的法律术语，而"改造"则是我国长期以来使用的法律术语，但近年来，不少学者开始反复使用"矫正"一词。从"劳动改造"到"教育改造"，从"改造"到"矫正"，法律术语的演变从一个侧面反映了我国刑事立法技术更加成熟，反映了我国刑罚执行活动的内容与形式正逐步走向法治化、科学化、现代化。我国向来有重刑主义传统，民间的报应思想也很强烈，在这样一个过渡时期，如果在社区矫正的本质中强调惩罚，甚至将惩罚与矫正并列，对社区矫正的开展可能会产生不良影响。实际上，对罪犯的矫正措施根据其人身危险性的评估等级完全可能客观上限制罪犯的人身自由等多项权利，必然具有一定的惩罚性，显然为了惩罚而惩罚的观念已经不符合现代刑罚观。如果为矫正所必需，则惩罚可以成为手段；如果矫正不需要，则惩罚不能作为独立的社区矫正的目的。因此，我们认为社区矫正的本质不宜强调惩罚，直言矫正已经足够。

（二）预防和减少重新违法犯罪

本建议稿强调社区矫正的根本目的是预防和减少重新违法犯罪，而非《社区矫正法（征求意见稿）》中确定的预防和减少违法犯罪，区别在于"重新"二字。本建议稿认为，将社区矫正的根本目的确定为"预防和减少重新违法犯罪"更为妥当。

针对重新犯罪，意味着社区矫正背后的刑罚论是个别预防论；针对通常意义的犯罪，则意味着社区矫正背后的刑罚论是一般预防论。一般预防论包含报应、威慑、教育、规范强化等内容，但学术界普遍认为，立法阶段、司法阶段的刑罚观主要强调报应等一般预防，而行刑阶段的刑罚观应强调个别预防。所谓个别预防，主要是指教育犯罪人和剥夺犯罪人的犯罪能力。如果将社区矫正的根本目的界定为预防和减少违法犯罪，从而确定一般预防论的指导地位，则容易强调威慑、报应，从而令社区矫正充满刚性色彩，社区服刑人员容易被异化为刑事政策的工具，反而不利于社区服刑人员回归社会。

事实上，司法部的新闻稿或者其他新闻媒体的报道，在确证社区矫正的效果时，都是采用"再犯率为……"，也就是将降低再犯率作为社区矫正的目的和证明社区矫正效果的基本标准，从未见过"实行社区矫正降低了整体犯罪率"的说法。

（三）不宜将监督管理、教育帮扶等规定为立法目的

赵秉志、吴宗宪等教授起草的《社区矫正法（专家建议稿）》将社区矫正的目的确定为"为了准确执行有关刑罚，有效地监督管理、教育矫正和帮困扶助社区服刑人员，促使社区服刑人员遵纪守法和顺利适应社会"。我们认为，这里确定的立法目的比较具体，但是监督管理、教育矫正和帮困扶助实际上是社区矫正的手段，而不是目的，其最终目的都是促使社区服刑人员回归社会。《社区矫正法（征求意见稿）》第 2 条规定："对被判处管制、宣告缓刑、假释或者暂予监外执行的罪犯（以下统称社区矫正人员）实行监督管理、教育帮扶的社区矫正活动，适用本法。"我们认为，该条文值得商榷：首先，尚未见到刑事立法相关条文中大括号备注"以下统称……"表述的方式，缺乏权威性和严肃性；其次，"监督管理、教育帮扶"都是社区

矫正的内容或者说手段，并不是性质，这种规定可能是回避界定社区矫正的性质，既不想将"社区矫正"界定为刑罚执行，也不想将其界定为社会工作，因而具体化为监督管理、教育帮扶。但是，这种鸵鸟式的立法思路值得商榷。

三、立法依据是宪法

从广义上来说，所有的法律都应以宪法为根据，是否明确规定"以《宪法》为根据"并不影响《宪法》的根本大法地位。但是，本建议稿认为，立法依据应当明确规定为《宪法》。

（一）立法依据规定为《宪法》，有利于提高《社区矫正法》的位阶

直接以《宪法》为立法依据，说明《社区矫正法》是《宪法》的次级下位法。《社区矫正法》是规定社区刑罚执行、实行社区矫正的法律，其法律地位与规定有期徒刑、无期徒刑执行及实行监狱行刑的《监狱法》地位相当，作为限制包括人身自由在内诸多公民基本权利的法律，《社区矫正法》的立法根据必须是《宪法》。《宪法》第二章具体规定了公民的基本权利和义务，这些基本权利，非经法律规定并由专门机关执行不得被剥夺或者限制。《立法法》第8条规定，涉及犯罪和刑罚、对公民政治权利的剥夺、限制人身自由的强制措施和处罚，只能制定法律。同时，《监狱法》也明确规定了其立法依据是《宪法》。赵秉志、吴宗宪等教授起草的专家建议稿还将《立法法》和社区矫正工作的经验和实际情况作为立法依据，对此我们并不赞同：一方面，很少见到重要的法律将《立法法》作为立法依据的，《立法法》只是规定立法的权限和程序，并不是法律的制定依据。如果要将《立法法》作为立法依据，甚至《宪法》都需要根据《立法法》确定的立法程序来制定。另一方面，任何法

律的制定都会将既往的工作经验和实际情况作为依据之一，不可能制定超越经验和实际的法律，这并不是立法依据，而是立法理念的问题。

（二）《社区矫正法》的立法依据不宜规定为《刑法》《刑事诉讼法》

一些刑事程序法学者认为，《社区矫正法》的立法依据不仅应该包含《宪法》，还应该包含《刑法》《刑事诉讼法》，理由是《社区矫正法》与《刑法》《刑事诉讼法》关系密切。本建议稿不赞成这种观点，如果将立法依据规定为《刑法》《刑事诉讼法》，则说明《社区矫正法》的位阶低于《刑法》《刑事诉讼法》。事实上，《社区矫正法》属于刑事执行法，其与《刑法》《刑事诉讼法》并不是互补关系或者普通法与特别法关系，而是法律性质不同的法规，是不同部门法之间的关系。严格地说，刑事执行法、刑事实体法、刑事程序法之间的地位应该是等同的，而不是隶属关系。虽然《刑法》《刑事诉讼法》由全国人大制定，而《监狱法》是由全国人大常委会制定通过的，但很难说两者的位阶有多大差异。

第二条【社区刑罚的种类】

对于被判处管制、宣告缓刑、假释、暂予监外执行的罪犯，依法实行社区矫正。

条文释义 ◀◀◀

一、管制

1979 年《刑法》将管制规定为主刑的一种，作为限制自由刑，是最轻的一种自由刑，适用于犯罪情节轻微、人身危险性不大的犯罪分子。被判处管制的犯罪分子，在执行期间，应当遵守下列规定：①遵守法律、行政法规，服从监督；②未经执行机关批准，不得行使言论、出版、集会、结社、游行、示威自由的权利；③按照执行机关规定报告自己的活动情况；④遵守执行机关关于会客的规定；⑤离开所居住的市、县或者迁居，应当报经执行机关批准。但是，管制刑应否规定为一个主刑、应否在立法中明确加以规定，学界对此一直都有较大争议，因而在1979年《刑法》制定以后，学界曾经爆发过一场关于管制刑存废的学术大讨论。但随着1997年《刑法》的出台，主张废除管制刑的声音逐渐衰弱。管制刑一度被批判为"不管不制"，实践中几乎被废弃，但随着《刑法修正案（八）》正式规定管制、缓刑、假释实行社区矫正及社区禁止令的出台让管制刑本来空白的内容得到了一定程度的充实。

但是从适用对象来看，管制刑似乎是一个多余的角色，其功能完全可以被缓刑、"定罪免处"所替代。按照《刑法》第39条的规定，负责管制刑执行的叫做"执行机关"；按照《刑法》第75条的规定，负责缓刑犯管理的叫做"考察机关"；按照《刑法》第84条的规定，负责假释犯管理的叫做"监督机关"。虽然同属于社区刑罚，同属于社区矫正工作的内容，但是立法者对此采用的三个不同术语，显然不是无意为之。依我们的探询，管制刑是五种主刑之一，是基本的刑种，因此，负责管理管制犯的机关当然是刑罚"执行"机关。缓刑的前提是判处被告人3年以下有期徒刑或者拘役，缓刑的本质是有条件地暂缓原判决的执行，因此缓刑是短期自由刑的替代措施，故而立法者采用"考察机关"一词，以回避刑罚执行的暗示。假释则不同，一般属于对中长期犯罪人的监禁刑的替代措施，相对来说假释犯的人身危险性以及原来犯罪的社会危害性一般都要比缓刑犯高，因而对假释犯的管理应当比缓刑犯更加严格，故而立法者使用"监督机关"一词。这种区分看起来是很明确的，但是在实践中却较难以把握。

本来，从我国现行《刑法》的规定来看，管制和缓刑的适用对象至少存在下列区别：管制既然是最轻的主刑，比拘役和有期徒刑都要轻甚至轻得多，因此自然适用于犯罪情节轻微、人身危险性小的犯罪分子；缓刑是有条件的不执行原判刑罚，原判刑罚是指拘役和3年以下有期徒刑，因此适用缓刑的前提是判处拘役或3年以下有期徒刑，而这比管制刑要重，因此适用缓刑的对象应当比适用管制的对象的社会危害性和人身危险性更大。也就是说，适用缓刑的犯罪分子的罪行要比适用管制的犯罪分子的罪行严重。适用缓刑的主要理由在于根据犯罪分子的犯罪情节和悔罪表现，适用缓刑不致再危害社会；缓刑在本质上是短期自由刑的替代措施，是对犯罪人的某种宽恕。适用管制的主要理由在于犯罪人的犯罪行为较轻，不需要判处剥夺自由刑，但是不给予刑罚处罚又不能满足社会的需要，因此给予较轻的限制自由刑的处罚。但是，为什么管制和缓刑的考验内容相同或相似？上述区分在理论上虽然可以分清，但是实践中仍然难以把握。如何区分缓刑与管制的适用对象？我国《刑法》规定的管制犯需要遵守的特定义务和缓刑犯需要遵守的特定义务几乎相同，这就加大了两者的区分难度，使得司法机关在适用缓刑与管制的过程中出现不必要的混乱与迷惑。在一定程度上，人民法院必须顾及强大的民意。本来管制刑的内容就非常模糊，判处管制几乎就是"不管不制"，人民法院判处被告人管制可能面临较大的政治风险；相对来说，判处被告人缓刑就显得踏实可靠些，可以避免犯罪人在缓刑期间为非作歹而考察机关毫无办法的现象出现。如果人民法院认为被告人确实人身危险性极低、犯罪的社会危害性非常轻微，就可以运用《刑法》第 37 条给予被告人"定罪免处"的待遇，而不需要适用管制刑。合乎逻辑的结果，自然就是人民法院"嫌弃"管制，导致管制在实践中被缓刑制度或者《刑法》第 37 条规定的"定罪免处"所替代。

长远来看，管制刑被改造为社区保安处分的可能性比较大。将管制改造为社区保安处分之后，管制的适用对象就是"行为虽然不构成犯罪，但是行为人的人身危险性较大"的违法行为人。当然，这里的违法行为，应当理解为只要具备客观违法情状而不论是否具有主观违法意图的行为。实际上，《刑法》规定管制刑的刑期最高为 2 年，数罪并罚时最高不超过 3 年。许多学者都认为这一期限过长，应当缩短。站在管制作为一种刑种的立场上来看，这种观点当然是妥当的，但是以我们的现有立场观之，这实际上是立法者潜意识里仍然认为管制是一种保安处分，或者至少认为管制刑具有强烈的保安处分属性。基于上述认识，我们认为，管制可以适用于经常寻衅滋事者但尚不需要刑事处罚者、因性倒错而实行猥亵行为的违法人员、以小偷小摸为生的社会闲散人员、以金额不大的赌博为生的违法人员、以销售盗版制品为生的小摊贩等。如将管制的适用对象作出上述定位，则困扰学界和实务界的管制、拘役、缓刑的适用对象问题就将迎刃而解。

二、缓刑

缓刑包括一般缓刑与战时缓刑。《刑法》第 72 条规定了一般缓刑，是指对于被判处 3 年以下有期徒刑或拘役的犯罪分子，根据其犯罪情节和悔罪表现，认为暂缓执行原判刑罚确实不致再危害社会的，暂缓原判刑罚的执行并规定相应的考验期，如果缓刑期间没有再犯新罪或者没有严重违反有关缓刑的管理规定的行为，就可以在考验期满后不再执行原判刑罚的制度；《刑法》第449条规定了战时缓刑制度，是指在战时对被判处3年以下有期徒刑没有现实危险宣告缓刑的犯罪军人，允许其戴罪立功，确有立功表现时，可以撤销原判刑罚，不以犯罪论处的制度。

在不同的国家或地区，缓刑的外延是不同的，同一个国家或地区的学者对于缓刑的认识也可能不一致。在我国大陆，缓刑实际上就是指"刑的缓期执行"。除此之外，广义的缓刑还包括刑罚的缓期宣告和缓起诉制度。如台湾地区学者林山田写道："缓刑乃对于初犯及犯罪行为轻微者，犹豫其刑之宣告，或暂缓其宣告刑之执行。"这就是认为缓刑包括刑之缓宣告和刑之缓执行。台湾地区学者房传钰认为，观护制度（Probation，也译做缓刑）包括三种情况：审理手续之延缓，即缓起诉；刑之宣告的暂缓，即缓宣告；刑之执行的暂缓，即刑之缓执行。美国学者罗兰·德卡门（Roland del Carmen）等人认为，缓刑可以分为四类：常规缓刑，即刑的缓执行；严格监督的缓刑，是对于传统缓刑监督措施的强化；延迟宣判，即刑的缓宣判；审前转处，认罪之前判处的可导致撤销指控的缓刑。

缓刑的本质存在悖论：缓刑的本质是暂缓原判刑罚的执行，既然是暂缓，则表明没有刑罚的执行，但是缓刑犯又要承担一定的限制、受社区禁止令的约束，这是什么性质的活动？随便打开一本刑法教科书，基本上都可以在目录中查阅到缓刑的地位，即几乎所有学者都将缓刑列入"量刑制度"中。也就是说，这些学者认为，缓刑的本质就是量刑制度，或者说主要是一种量刑制度。张明楷教授曾经写道："从裁量是否执行原判刑罚的意义上说，缓刑是量刑制度；从刑罚执行的意义上说，缓刑也可谓刑罚执行制度。"尽管如此，他仍将缓刑列入"量刑制度"中，也就是说，他认为缓刑主要还是一种量刑制度。与上述通行的学术观点相矛盾的是，很少有学者对社区矫正的本质提出质疑：既然社区矫正是"刑罚执行活动"，而缓刑的执行是社区矫正的一种，那么缓刑的本质与社区矫正的本质是否是矛盾的？有些研究死缓的同志提出："从规范的角度来看，死缓和缓刑的本质都可以归结为'有条件地暂缓原判决的执行'。"但是中国社会科学院的屈学武教授对此进行了批评，她提出：死缓是刑罚的执行，但缓刑不是刑罚的执行；缓刑的本质是有条件地暂缓原判决的执行，就是说没有刑罚执行。屈学武教授的观点代表了学界的普遍认识：缓刑的本质应当是量刑制度而非刑罚执行制度。既然如此，把缓刑放在社区矫正体系中，是否存在逻辑上的悖论？如果按照张明楷教授所说，缓刑的执行也可谓刑罚执行制度，但缓刑的本质就是"暂缓原判决的执行"，既然原判决未执行，何来"刑罚执行"？解决该问题的关键，最终只有一条：缓刑的监督是否就是刑罚执行？但要解决这个问题，还需要对刑罚本身进行再阐述，尚需要进一步研究。

我们认为，缓刑既是量刑制度，又是刑罚执行制度。缓刑犯虽然暂时没有执行有期徒刑或者拘役，但是其在缓刑考验期内接受社区矫正机关的考察，其本身也是刑罚执行活动。在这个意义上，必须扩展刑罚执行的内涵与外延，即虽然被判处某种刑罚，但在符合法定条件的情形下，在暂缓执行原判刑罚期间，罪犯接受的监督仍然是刑罚执行。这个问题很可能有些同志想不通，但其实只要援引假释的本质即可理解。假释的本质就是刑罚执行，这一点学界几乎无人提出责难。但实质上，假释犯在社区中接受监督，到底是服什么刑？显然不是服有期徒刑，因为有期徒刑要在监狱中服刑。当然有学者可能会反驳：

立法拟制这种情况为服刑，因为《刑法》第85条明文规定："如果没有本法第86条规定的情形，假释考验期满，就认为原判刑罚已经执行完毕，并公开予以宣告。"但是这种意见仍然存在问题：假如存在撤销假释的情形，则需要收监执行。那么，在撤销假释的情况下，假释犯在假释考验期间接受监管，到底是什么性质？拟制说不能解决这个问题。实际上，德国等国家就将假释称之为"余刑的缓刑"，缓刑、假释并不存在实质上的差异。因此，最终的结论就是：扩展刑罚执行的外延，将刑罚执行犹豫期间接受的社区监督也界定为刑罚执行活动。

缓刑犯是否属于社区服刑人员？这是个法理和法律上的大是大非问题。缓刑犯目前大体上已经占到社区服刑人员总数的90%左右，是社区服刑人员的主体。如果缓刑犯不是社区服刑人员，对缓刑犯进行的监督管理就没有刑罚执行性质，社区刑罚执行就失去法理和法律根据，即将制定的《社区矫正法》就不属于刑事执行法，那问题就比较严重了。

反对的观点听起来似乎很有道理：根据我国《刑法》第72条的规定，缓刑是对被判处拘役、3年以下有期徒刑的犯罪分子附条件的暂不执行。如果缓刑犯在缓刑考验期内没有违反缓刑的相关规定，没有出现撤销缓刑的情形，缓刑考验期满原判刑罚就不再执行，这说明原判刑罚自始至终就没有执行过。既然原判刑罚没有被执行过，缓刑犯就没有被执行过刑罚，缓刑期间的缓刑犯当然就不是服刑人员。反对观点所依据的理由没有说完，我们还可以站在他们的立场帮着说几句：我国《刑法》第65条规定了被判处有期徒刑以上刑罚的犯罪分子，刑罚执行完毕或者赦免以后，在5年以内再犯应当判处有期徒刑以上刑罚之罪的，是累犯，应当从重处罚。我国的司法实践是：被判处过缓刑的人缓刑期满以后，重新犯罪不构成累犯，理由是：被判处过缓刑的人可能被判处过有期徒刑，但没有被执行过有期徒刑，因此不构成累犯。从不构成累犯这个角度也说明缓刑犯没有被执行过刑罚，缓刑期间的缓刑犯也就不是服刑人员。支持上述反对观点的学者较多，论证理由既有法律依据又有法理依据，且十分有力，因而影响很大。2016 年 12 月国务院法制办公布的《社区矫正法（征求意见稿）》就采纳了上述反对意见，不再称在社区矫正的四种人为"社区服刑人员"，而是改称为"社区矫正人员"，主要就是需要回避"缓刑犯是不是服刑人员"这种棘手的问题。我们认为，上述反对观点虽有一定道理，但只在很狭义的范围内成立。如果从事实与规范、形式与实质、手段与目的等多角度进行法律和法理分析，就会发现缓刑犯仍然是社区服刑人员，对缓刑犯的监督管理具有刑罚执行的性质，即将制定的《社区矫正法》在法律性质上属于刑事执行法的范畴，"看山还是山"。理由如下：

第一，作为短期自由刑替代措施的缓刑属于实体刑罚范畴。基于一般预防的考虑，量刑时要做到罪刑相适应，这也是实现一般公平与正义的要求；基于特殊预防的考虑，在量刑与行刑过程中应尽量去除多余的刑罚，以实现刑罚适用的个别化。理想的量刑与行刑应当是一般预防与特殊预防的有机结合，从而在总体上实现刑罚适用的有效、轻缓与人道。我国《刑法》的相关规定体现了现代刑法的上述原则与精神，其主要方法之一就是各种刑罚替代措施的运用：①保留死刑但严格控制死刑的适用，在量刑时适用死缓作为死刑立即执行的替代措施。我国《刑法》第 48 条第 1 款规定了死刑只适用于罪行极其严重的犯罪分子。对于应当判处死刑的犯罪分子，如果不是必须立即执行的，可以判处死刑同时宣告缓期二年执行。②对于被判处有期徒刑和无期徒刑的犯罪分子，在刑罚执行过程中适用假释作为其替代措施（减刑有所不同，具有赦免性质，另当别论）。我国《刑法》第 81 条第 1 款规定，被判处有期徒刑的犯罪分子，执行原判刑期 1/2 以上，被判处无期徒刑的犯罪分子，实际执行 13 年以上，如果认真遵守监规，接受教育改造，确有悔改表现，没有再犯罪的危险的，可以假释。如果有特殊情况，经最高人民法院核准，可以不受上述执行刑期的限制。③基于短期自由刑弊端甚多，除了在刑罚执行过程中适用假释作为其替代措施外（但假释不适用于拘役），还在量刑时直接适用缓刑作为其替代措施。我国《刑法》第 72 条第 1 款规定，对于被判处拘役、3 年以下有期徒刑的犯罪分子，符合刑法规定条件的，可以宣告缓刑。死缓制度、假释制度和缓刑制度，分别作为死刑、长期自由刑和短期自由刑的替代措施，它们与死刑、无期徒刑、有期徒刑、拘役的区别在于：死刑、无期徒刑、有期徒刑、拘役分别作为独立的刑罚种类规定在刑法典中（《刑法》第 33 条），而死缓制度、假释制度和缓刑制度是作为其相应的替代措施规定在刑法典的刑罚具体适用的相关章节中，包括量刑和刑罚执行相关条文规范中。死缓制度、假释制度和缓刑制度具有一定的依附性，依附于前者，但它们本身也是一种刑罚制度，而不是什么别的制度或措施。它们与刑罚种类一样都是我国刑罚制度的有机组成部分，只是针对特殊情形的犯罪分子适用，或者在刑事诉讼的不同阶段适用。其作为死刑和自由刑的替代措施，其适用要比直接适用前者更为轻缓和人道，两者相互配合共同为实现刑罚的目的而服务。

　　第二，对缓刑裁决的执行属于刑罚执行范畴。刑罚执行是将人民法院生效的刑事判决或裁定所确定的刑罚付诸实施的刑事司法活动。对死缓犯的执行在监狱中进行，属于刑罚执行，没有异议。对假释犯的监督管理，虽然在社区，但是因为有明确的法律根据，属于刑罚执行，也没有人提出异议。我国《刑法》第85条规定，对假释的犯罪分子，在假释考验期限内，遵守相关规定，没有出现依法撤销假释的情形，假释考验期满，就认为原判刑罚已经执行完毕。逻辑推理是：既然"假释考验期满，原判刑罚才执行完毕"，那"假释考验期内，原判刑罚就没有执行完毕"。既然原判刑罚没有执行完毕，对假释犯的监督管理当然就属于刑罚执行的范畴。"暂予监外执行"决定虽然有些不是法院直接的裁决，但因为有"执行"二字，而且监外执行期间计入执行刑期，对监外执行犯的监督管理属于刑罚执行也没有人提出异议。对缓刑期间缓刑犯的监督管理是否属于刑罚执行问题就变得复杂了。有人指出，我国《刑法》规定，缓刑考验期满原判刑罚不再执行，这就说明原判刑罚没有被执行过。既然原判刑罚没有被执行过，就说明缓刑期间对缓刑犯的监督管理不属于刑罚执行。听起来既有法律依据，又很有逻辑性，但遗漏了最关键的节点，具体阐述如下：

"缓刑考验期满原判刑罚不再执行"的正确解释应当是：缓刑考验期满，缓刑犯经受住了考验，原来判处的"拘役或3年以下有期徒刑"监禁性刑罚就不再执行。但是作为其替代措施的缓刑，作为一种非监禁性刑罚措施却已经执行，而且执行完毕，而不是"不再执行"。对缓刑犯的监督管理，也属于对人民法院生效的刑事判决或裁定的执行，也属于刑罚执行范畴，只不过是对"缓刑"这一非监禁性刑罚裁决的执行，而不是对"拘役或3年以下有期徒刑"这种监禁性刑罚裁决的执行。必须在逻辑上将两者分开，不能混为一谈。

三、假释

我国《刑法》第81条规定：被判处有期徒刑的犯罪分子，执行原判刑期1/2以上，被判处无期徒刑的犯罪分子，实际执行 13 年以上，如果认真遵守监规，接受教育改造，确有悔改表现，没有再犯罪的危险的，可以假释。如果有特殊情况，经最高人民法院核准，可以不受上述执行刑期的限制。对累犯以及因故意杀人、强奸、抢劫、绑架、放火、爆炸、投放危险物质或者有组织的暴力性犯罪被判处 10 年以上有期徒刑、无期徒刑的犯罪分子，不得假释。对犯罪分子决定假释时，应当考虑其假释后对所居住社区的影响。各国关于假释的具体规定多有不同，但是假释的基本特征却基本一致。所谓假释，就是指被判处徒刑的犯罪人，经过一定的服刑期间而有悔改表现，假释后不致再危害社会的，附加以一定的条件允许其提前出狱，如果假释期间不违反应遵守之条件，则其未执行期间视为已经执行完成的刑罚制度。

关于假释的性质，存在以下几种学说：恩惠说，认为假释是对服刑人在监狱中的行为表现进行的褒奖；权利说，认为假释不是监狱对服刑人单方面的褒奖，而是服刑人应当享受的权利；修正说，认为假释是对判决进行的修正（这种观点难以被人认同，判决的修正不应当由假释这样的程序来进行）；鼓励说，认为假释是对服刑人的一种鼓励（这个定义显得过于一般而没有特别指出假释的实质）。恩惠说是假释发展初期的主要学说，假释是一种附条件的恩赦。但是后来随着监狱人口的大量增加和犯罪率的上升以及对"监狱化"问题的研究，目的刑主义、教育刑主义的兴起，使得假释的适用越来越普遍，而且一些国家或地区还规定了法定假释制度，使得假释有从恩赦演变成权利的可能。权利说是一种比较理想的学说，但是从世界各国的刑事立法与司法实践来看，目前还只能说处于恩赦与权利的中间状态。"有的专家认为，在所有的长期刑罚执行的过程中，假释应当成为一个必需的阶段。尽管在实践的影响下，在假释的道路上已经取得很大进步，但准确地说，这一想法并不是法国立法者的观念。"所以，"假释始终是一种宽恕待遇"。中国政府发布的《中国改造罪犯的状况》白皮书却指出，"罪犯在服刑期间表现好的，有获得依法减刑假释的权利。"但从我国目前的刑事立法、司法实践和行刑实践来看，也不能得出假释是服刑人权利的观点，当然这或许是将来的一个发展方向，但是这个过程将是漫长的。

关于假释的法律性质的争议，还有一个令人困惑的问题就是因假释附随的监督措施（一些国家称为保护观察或者指示等）使得假释的性质变得更加难以确定：①假释是继续服刑。这一观点的来源是 19 世纪后半期澳大利亚建立的监狱制度，根据这一制度，服刑分为三个阶段：单独监禁、集体监禁和假释。假释的同时要对被假释人进行严格的监督并对其权利进行大量限制。其创始人麦科诺奇（Mike knoch）认为，这证明犯罪人仍然在服刑。②假释就是免除刑罚，尽管附加了限制条件，但是这些限制不具有刑罚性质。③假释是继自由刑之后的，为重返社会科处的刑的一种，这被称为刑罚的形态之一说。④假释是在刑期范围内缓和自由刑的执行，即执行自由刑的一种形态（刑罚执行形态之一说）。继续服刑说与刑罚执行形态之一说没有根本的区别，只是后者表述更为精确一些。我们认为，假释不应当被认为是刑罚的一种，假释是刑罚的执行制度而不是刑罚种类；假释也不应当被认为是免除刑罚的执行，因为如果免除，如何解释附加的监督和限制条件？这些条件是什么性质？难道是刑罚执行后的保安处分？如果是这样，对保安处分的违反就应当被再次投入监狱？我们认为，假释是缓和自由刑之执行的一种方式，服刑人仍然处于一种刑罚执行状态，如果服刑人违背了附加的条件，就可能恢复自由刑的执行。

四、暂予监外执行

监外执行是指对符合法定条件的罪犯因某种特殊情况而暂予变更刑罚执行场所、刑罚执行方式的一种行刑制度。某些国家监外执行的含义非常广泛，指一切在监狱外行刑的措施，不仅包括我国《监狱法》和《刑事诉讼法》规定的监外执行制度，还包括诸如假释、归假等开放式处遇制度在内；而诸如某些学者如张甘妹在研究开放式处遇制度时，又将监外执行的含义包括在内。

监外执行的实质在于，"由于某种特殊情况的出现，通过一定的程序，将人民法院所判处的监禁刑，改变为非监禁的刑罚执行方法，而且罪犯的刑期不因执行场所、执行方式的变更而中断，仍然连续计算。"暂予监外执行决定的作出分为两种情况：第一种是在刑事诉讼过程中交付执行前，人民法院发现应当被判处拘役或有期徒刑的犯罪分子具有法定的不适合收监执行的情况，在判决书中迳行作出对犯罪分子暂予监外执行的决定；或者是人民法院作出的判决生效后，将罪犯按照法定程序送达监狱执行，监狱在对罪犯进行健康检查时，发现罪犯具有法定的不适合收监执行的条件，拒绝收监执行，而交由原判人民法院作出暂予监外执行的决定。第二种是刑事诉讼过程已经结束、刑罚执行过程中发生的监外执行，是指被判处有期徒刑或拘役的犯罪分子在刑罚执行过程中，出现了法定的可以监外执行的情况，而由所在监狱作出暂予监外执行的决定。通常所说的监外执行，是指刑事诉讼过程已经结束、刑罚执行过程中发生的监外执行，而不包括刑事诉讼过程中的监外执行。

适用监外执行必须具备一定的前提条件，即罪犯必须有法律规定监外执行的情况发生，才能给予监外执行。这些条件包括：有严重疾病需要保外就医的；怀孕或者正在哺乳自己婴儿的妇女；生活不能自理，适用监外执行不致危害社会的。我国《监狱法》《暂予监外执行规定》等对监外执行的条件进一步作了规定，结合司法实践，我们认为，具有下列情况之一的，可以监外执行：①身患严重疾病，短期内有死亡危险的；②患严重慢性疾病，长期医治无效，但有服刑时限限制的；③年龄在60岁以上，身体有病，已失去危害社会可能的；④身体残疾、失去劳动能力，生活不能自理的。

《监狱法》第25条规定："对于被判处无期徒刑、有期徒刑在监内服刑的罪犯，符合刑事诉讼法规定的监外执行条件的，可以暂予监外执行。"《刑事诉讼法》第254条规定："对被判处有期徒刑或者拘役的罪犯，有下列情形之一的，可以暂予监外执行……"《监狱法》颁布于1994年12月29日，《刑事诉讼法》修订于1996年3月17日，按照后法优于前法的原则，应当依照《刑事诉讼法》的规定，只能对被判处有期徒刑和拘役的罪犯适用监外执行，而被判处无期徒刑的罪犯则不能给予监外执行。

适用监外执行的实质条件，就是指对符合形式条件的罪犯适用监外执行不致再危害社会。监外执行就是在社会内执行刑罚，是非监禁刑罚，因此适用监外执行应当严格掌握，以防危害社会。尽管法律没有明确规定监外执行都应当保证犯罪人不具有人身危险性，但是有关机关确应严格审查，防止出现意外事件。当然对"不致再危害社会"的理解，应当与"假释后不致再危害社会"的理解相同，是指"决定机关有合理理由认定不致再危害社会"，这种预测肯定会有一定的危险性和失败率，但是不能因此就否定监外执行的价值。例如，法律规定对于"自伤、自残"的罪犯就不应当批准保外就医。

罪犯在监外执行期间，应当严格遵守法律、行政法规和监外执行的有关规定，否则可能导致监外执行的撤销。监外执行在以下几种情况下将导致监外执行的撤销：

第一，监外执行的罪犯死亡的。罪犯已经死亡，则刑罚的执行因失去承载对象而失去意义，监外执行作为刑罚执行的一种方式，当然因刑罚的消灭而当然撤销。

第二，监外执行的罪犯刑期届满的。罪犯服刑期限届满，刑罚执行机关应当宣布刑罚执行完毕，作为监禁刑罚的变通执行方法，监外执行当然因刑期届满导致的刑罚消灭而撤销。按照我国《刑事诉讼法》和《监狱法》的规定，监外执行的期间应当计入刑罚执行期间，因此当罪犯刑期届满，其刑罚执行期间当然届满，则刑罚执行完毕。这与日本、德国以及我国台湾地区等国家和地区的刑罚暂停执行不同，刑罚暂停执行，只要暂停执行原因消失，就将恢复原判刑罚的执行，而不会将暂停执行期间算入刑罚执行期间。

第三，监外执行的法定条件消失的。当保外就医的罪犯疾病治愈时，保外就医的法定条件消失，自然应当收监执行；怀孕的妇女结束孕期和哺乳期（成功的生下婴儿）或者产后休息期（流产），哺乳的妇女结束哺乳期（一般为1年），监外执行的条件消失，自然应当收监执行；其他监外执行的法定条件消失的，都应当收监执行，从而导致监外执行的撤销。因此，监狱机关和监外执行的考察监督机关应当对罪犯情况进行跟踪关注，如有不符合监外执行条件的情况出现时，就应当即时将罪犯收监执行。

第四，违反监外执行有关规定的。监督机关发现监外执行的罪犯有下列情况之一的，应当通知原关押监狱收监执行：①骗取保外就医的；②以自伤、自残、欺骗等手段故意拖延保外就医时间的；③办理保外就医后不就医或不在指定医院就医的；④未经批准，擅自离开居住区域的；⑤有其他违反监督管理规定经教育不改的。违反监外执行期间的考察监督管理规定，说明其悔过意识较差，而且具有较大的人身危险性，为避免各种意外情况的发生，应当即时将罪犯收监执行刑罚。

第五，检察机关对监外执行提出异议，经查证认为异议成立的，应当撤销监外执行。人民检察院是法律监督机关，有权力监督适用暂予监外执行的合法性，一旦人民检察院认为适用监外执行可能不具备法定条件或者可能出现社会危害性时，可以书面通知监狱机关要求其给予说明。经审查确不具备法定条件或不适合监外执行的，应当立即通知有关机关，将罪犯收监执行。

▶▶▶ 立法理由

一、确定社区刑罚种类的依据

根据 2003 年 7 月最高人民法院、最高人民检察院、公安部、司法部联合下发的《关于开展社区矫正试点工作的通知》，社区矫正的适用范围主要包括下列五种罪犯：①被判处管制的；②被宣告缓刑的；③被暂予监外执行的，具体包括有严重疾病需要保外就医的；怀孕或者正在哺乳自己婴儿的妇女；生活不能自理，适用暂予监外执行不致危害社会的；④被裁定假释的；⑤被剥夺政治权利，并在社会上服刑的。一直以来，学术界对于社区矫正的种类都无疑问，社区矫正试点工作中也是毫无例外地将上述五种罪犯列为社区矫正的对象。但是，2011 年通过的《刑法修正案（八）》明确规定，管制、缓刑、假释依法实行社区矫正，并未规定对剥夺政治权利实行社区矫正。2012 年 3 月修正后的《刑事诉讼法》第 258 条规定："对被判处管制、宣告缓刑、假释或者暂予监外执行的罪犯，依法实行社区矫正，由社区矫正机构负责执行。"

（一）被剥夺政治权利者是否需要实行社区矫正

在 2003 年下发的《关于开展社区矫正试点工作的通知》中，剥夺政治权利属于社区矫正的五种类型之一，长期以来，学术界和实务界对此并没有提出明显异议。但是，在起草《刑法修正案（八）》的过程中，剥夺政治权利刑是否需要社区矫正引起了很大争议：一种观点坚持 2003 年《关于开展社区矫正试点工作的通知》的精神，认为剥夺政治权利刑应当实行社区矫正，应当由司法行政机关进行管理；另一种观点认为，从国际范围来看，社区矫正的通常含义是指限制自由刑，不包括资格刑，剥夺政治权利刑本身并不需要实行社区矫正。

经过反复的研究和讨论，我们认为剥夺政治权利刑确实不宜实行社区矫正，理由如下：①社区矫正本身是社区刑罚的执行，而社区刑罚本质上属于限制自由刑，剥夺政治权利刑本身属于资格刑，其与社区刑罚存在本质差异。根据《关于开展社区矫正试点工作的通知》，社区矫正是与监禁矫正相对的行刑方式，是指将符合社区矫正条件的罪犯置于社区内，由专门的国家机关在相关社会团体和民间组织以及社会志愿者的协助下，在判决、裁定或决定确定的期限内，矫正其犯罪心理和行为恶习，并促进其顺利回归社会的非监禁刑罚执行活动。社区矫正是积极利用各种社会资源、整合社会各方面力量，对罪行较轻、主观恶性较小、社会危害性不大的罪犯或者经过监管改造、确有悔改表现、不致再危害社会的罪犯在社区中进行有针对性的管理、教育和改造的工作，是当今世界各国刑罚制度发展的趋势。由社区矫正的本质可知，社区矫正要将服刑人员置于社区接受监督、考察、辅导、帮助，社区服刑人员必须遵守一定的禁令或者承受一定的义务。②从《刑法》第 54 条的规定来看，被判处剥夺政治权利的罪犯在社会上服刑的，法律并没有要求其接受类似于管制规定的各种禁令。依照《刑法》第54条的规定，剥夺政治权利是剥夺下列权利：选举权和被选举权；言论、出版、集会、结社、游行、示威自由的权利；担任国家机关职务的权利；担任国有公司、企业、事业单位和人民团体领导职务的权利。依照《立法法》的规定，限制人身自由的强制措施和处罚只能由全国人大及其常委会制定法律来规定，《关于开展社区矫正试点工作的通知》将被剥夺政治权利的人列为社区矫正对象确实不妥当。③剥夺政治权利本身并不包含对单纯人身自由的限制，其指向对象是政治性权利，《刑法》第54条规定的刑罚内容并不需要在社区中接受考察、监督来实现。《刑法修正案（八）》对上述五种适用社区刑罚的人中的三种，改革与完善了相应的社区矫正的规定，而对于被判处剥夺政治权利在社区服刑的人以及暂予监外执行的人则没有涉及。对于被剥夺政治权利在社区服刑的人是否应当进行社区矫正有不同看法。一般理解是，只有被判处自由刑的人才适合接受教育矫正，其中被剥夺自由刑的人在监所接受教育矫正，被限制自由刑的人在社区接受教育矫正。生命刑、财产刑、资格刑由于其刑种的限制一般很难对犯罪人进行教育矫正。剥夺政治权利是资格刑而不是自由刑，所以不宜提社区矫正。

基于上述理由，剥夺政治权利不宜列入社区矫正范围，但是《刑事诉讼法》修正案将剥夺政治权利的执行机关确定为公安机关仍然值得商榷：公安机关作为刑事侦查机关和行政机关，承担司法职能不符合权力分立与制衡的原则，现实中公安机关也难以有效开展对剥夺政治权利刑的执行工作。我们认为，剥夺政治权利刑的执行机关应当归于司法行政机关，便于统一管理、统一司法。

（二）附条件不起诉是否列入社区矫正范围

2012年修正后的《刑事诉讼法》第272条第1款规定："在附条件不起诉的考验期内，由人民检察院对被附条件不起诉的未成年犯罪嫌疑人进行监督考察。未成年犯罪嫌疑人的监护人，应当对未成年犯罪嫌疑人加强管教，配合人民检察院做好监督考察工作。"根据该条规定，立法者认为附条件不起诉不列入社区矫正范围，而应由检察机关进行监督考察。经过反复思考，我们认为，附条件不起诉尽管与社区矫正存在某些相似和联系，但确实不宜列入社区矫正范围，这是因为：附条件不起诉属于《刑事诉讼法》规定的措施，其本质并非"刑"，而社区矫正是社区刑罚的执行，其本质乃是"刑"。

但是，附条件不起诉不列入社区矫正范围，并不代表附条件不起诉的考察机关就应当是检察院。我们认为，从长期趋势来看，附条件不起诉的考察机关应当确定为司法行政机关。例如，我国台湾地区的暂缓起诉制度，检察官在作出缓起诉决定以后，如果是附条件的缓起诉，一般都将其交由地方检察署的观护所接受观护。当然，台湾地区的司法体制与大陆不同，台湾地区的地方检察署指挥观护所；而且保护观察、保护管束等都具有明显的保安处分的特征，被统一规定在"保安处分执行法"中。从建立统一的刑事执行体制的层面来看，所有涉及罪犯、被告人、犯罪嫌疑人负担的内容，都应当由司法行政机关负责。对此，我们认为，在《社区矫正法》中宜专章规定"未成年人社区矫正"，规定"社区矫正机构受决定机关委托，对被决定附条件不起诉的犯罪嫌疑人开展矫正工作"。这样就解决了《刑事诉讼法》与《社区矫正法》的衔接问题，又改善了实践中检察官既无时间也无能力对附条件不起诉的未成年犯罪嫌疑人进行监督管理的现状。

二、社区矫正的价值

社区矫正的本质在于给予犯罪人以适当形式的社会内处遇。在这个基础上，社区矫正被认为具有如下价值：

第一，有利于犯罪人再社会化。社区矫正的首要价值在于有利于犯罪人的再社会化。传统机构封闭式行刑的主要弊端就在于行刑机构与社会的隔离和行刑目的在于犯罪人之再社会化的矛盾。而社区矫正正是试图给予犯罪人不同形式的社会内处遇，令犯罪人与所在社区保持稳定而适当的联系，从而为犯罪人之再社会化创造条件。

随着现代教育刑主义的兴起，行刑的主要任务已经转变为矫正犯罪人之反社会人格及促成犯罪人之再社会化转变。犯罪人之再社会化是社会化的一种特殊形式，但是仍然需要具备一般社会化之必要条件。社会化的含义就在于"个人通过学习群体文化、学习承担社会角色，来发展自己的社会性"。个人的社会化就是人对社会的适应－改造－再适应－再改造的矛盾运动过程，其中心内容包括教导生活技能、传递社会文化、完善自我观念、培养社会角色等。可见，社会化是离不开社会环境的，人的社会化也只能在社会中完成。个人的社会化受到各种因素的影响，很可能不能正常完成，甚至在社会消极因素的影响下形成反社会心理。尤其是在现代社会利益主体日趋多元化的情况下，社会文化日趋多元化，个人对社会主流文化的学习更加难以完成。对那些不能完成正常社会化过程的人，社会统治者就会采取各种形式促使其再社会化，即通过创造各种有利于社会化的环境，使需要再社会化的人"有意忘记旧的价值观和行为模式，接受新的价值观和行为模式"。可见，再社会化的完成，必要条件就是新的价值观和行为模式的指引。监狱的封闭式行刑环境难以为犯罪人提供合理的新的价值观和行为模式，其再社会化的行刑目标自然难以完成。国家通过标定犯罪人的行为是犯罪并处以刑罚，认定犯罪人需要进行再社会化，但是刑罚执行的目的绝不仅仅是惩罚和威慑以及剥夺，矫正犯罪人无疑是最重要的行刑目标之一。这里，监狱行刑与矫正犯罪人存在一个悖论：犯罪人在正常社会中都不能完成社会化过程，反而形成反社会性人格；在监狱这种远离社会的封闭式环境中，缺乏再社会化必要的社会环境，但是又要达到促使罪犯再社会化的目标。难道是不在"社会"上还能更有利于"再社会化"？监狱虽然剥夺了罪犯反社会的价值观和固有行为模式，但是社会化也不是仅仅依靠空洞的说教就能够完成的，而是需要特定的环境。从另一个角度看，监狱剥夺罪犯原来的价值观和行为模式，限制了与罪犯形成反社会性人格有关的不良社会环境，但是监狱固有的行刑环境又为罪犯增添了新的不良行为模式和价值观。对罪犯自由的限制和剥夺、对罪犯活动的僵硬安排、对罪犯权利的漠视，大大损害了罪犯的自尊心、自信心和社会责任感；罪犯之间的相互不良学习为罪犯的矫正提供了更大程度的障碍，在一定程度上使得罪犯变得更坏；等等。

社区矫正通过减少对罪犯自由活动的限制、扩大罪犯与外界社会的各种联系，增强了罪犯与再社会化所需要的社会正常环境之间的联系，在一定程度上满足了罪犯再社会化所需要的社会条件，从而能够促进罪犯的再社会化进程。同时，社区刑法的执行还使得罪犯有了积极矫正的信心，增添了行刑的动态因素，有利于罪犯形成积极的矫正态度，这些都有利于罪犯的矫正和再社会化。

第二，有利于行刑处遇的人道化。行刑处遇的人道化是现代刑罚执行制度的基本要求。社区矫正强化了罪犯的活动自由、增强了罪犯生活的自主性，从而大大提升了罪犯的生活水准，实现了行刑处遇的人道化。

现代行刑已经不再是单纯的对罪犯的处罚，追求狭义的报应；也不仅仅是通过对罪犯的严厉惩罚来威慑潜在犯罪人，追求刑罚的一般预防功能；更不仅仅是简单地剥夺犯罪人的自由，剥夺其犯罪能力；而是追求报应、威慑、剥夺、矫正一体化的综合行刑目的。行刑处遇的人道化不仅是实现刑罚综合目的的必然要求，也是法治社会保障人权的基本要求。罪犯实行了危害社会的行为，理应受到社会道德和法律的谴责与制裁；但是根据犯罪生物学、犯罪心理学、犯罪社会学的研究结论，犯罪原因是多方面的、复杂的，并不仅仅是犯罪人自由意志选择的结果。在一定意义上说，犯罪人也是被害人——是不良社会环境的被害人。犯罪人大多处于社会底层，他们接受教育的机会远比社会平均水平为低；他们的生活环境远比社会一般成员恶劣。即使是表面看来物质生活环境优裕，但是也可能精神生活并不丰富，甚至有些人犯罪与其基因有关——犯罪都是有原因可循的。因此犯罪人固然应当接受道德和法律的谴责与制裁，但同时也应当受到社会的关爱与同情。彻底抛弃犯罪人是不可能的——除死刑和不可假释的终身监禁外，所有的犯罪人最终都要回归社会，对犯罪人过于严厉的制裁和道德上的彻底抛弃将可能令犯罪人丧失再社会化所必需的和谐的人际环境。

行刑处遇的人道化也有利于犯罪人的矫正。陈士涵研究员对此作了详细的分析与论证，他指出：人道主义的改造机理就是感化，这主要是通过罪犯人格中的情感、需要和良心而发生作用、实现其功能的：①人道主义包含的感化教育首先作用于罪犯人格世界中的情感，推动罪犯弃恶从善。"情感与人的社会活动密切相关：肯定的积极的情感能够有力地推动人所从事的社会活动；而否定的消极的情感则能极大地阻碍人所从事的社会活动。"罪犯本来基于特定的身份而被道德和法律所否定、谴责与制裁，因而总体的情感是消极的、自卑的，与监狱管理人员之间容易存在情感上的对立。而人道主义的行刑处遇，将有效化解这种对立，罪犯感受到自己仍然受到社会的尊重、感受到社会的关心、感受到自己的价值，这种积极的情感将有效推动罪犯改恶从善。②人道主义直接作用于罪犯的人格动力系统，使罪犯的需要得到满足，从而为罪犯需要层次的提升奠定基础。人道主义的行刑处遇关心罪犯的日常生活、关注罪犯的情感世界、尊重罪犯的自尊和人权，为罪犯的学习和提升创造条件，从而有效推动罪犯的需要层次的提升。③人道主义作用于罪犯的道德良心，实现"用爱交换爱，用信任交换信任"的过程。监管人员的人道主义感化将有效促使罪犯麻木灵魂的软化，萌生爱、关心、信任、尊重、感激等情感和情绪的过程，从而促使罪犯再社会化。

同时，现代社会生活纷繁复杂，社会矛盾和冲突有愈趋激烈之势，而法网却愈趋严密。人们稍有不慎，就可能因种种原因触犯法律、沦为犯罪人。从某种意义上说，人人都可能成为犯罪人，人人都需要得到保护；保障犯罪人的人权就是保障我们所有人的人权。在这个意义上，实现罪犯行刑处遇的人道化是现代法治社会保障人权的必然要求。无论是从矫正犯罪人的功利价值出发，还是保障人权的本身价值出发，行刑处遇的人道化都是必需的。

第三，有利于节约国家行刑资源。社区矫正由于减少了对罪犯的限制，强化了罪犯活动的自由，将设施内处遇修改为设施内处遇与社会内处遇相结合并以社会内处遇为主，从而大大降低了行刑的物质成本，有利于节约国家行刑资源。刑罚的执行不仅要考虑到刑罚目的是否能够实现，还要考虑到实现这些刑罚目的是否经济、效益。因为国家的资源总体上是有限的，将过多的资源投放到监狱行刑中可能影响社会的整体规划与正常发展，因此投放的行刑资源必须得到总量控制，否则将出现经济和社会发展的不平衡。开放式处遇制度有效减少了监狱行刑的物质资源，有利于国家将行刑资源集中到最难矫正的犯罪人身上，从而大大提高行刑的效益，最大限度地实现犯罪人成功重返社会的行刑目的。

第四，有利于控制社区服刑人员的人身危险性。在早期，国内民众对社区矫正最大的争议就是社区服刑人员的人身危险性如何控制。实际上，我国早就有管制、缓刑、假释、暂予监外执行，只是这些制度在实践中被异化，管制异化成"不管不制"、缓刑异化成"无刑"、假释异化成"真释"、暂予监外执行异化成"逍遥放任"。而社区矫正理念和社区矫正制度使这一现状得以改变，其通过社区矫正机构的统一监管与帮助保护，加强群众监督，上述类型的罪犯的人身危险性才真正得到控制。尽管社区服刑人员是在社会内服刑而不是在监狱内服刑，其人身危险性已经由人民法院或者其他机关进行了甄别，但人身危险性评估本身带有一定的不确定性，如果放任自流仍然具有一定的危险性。体系化、规范化的社区矫正工作，加强了对社区服刑人员的再次分类甄别和监管，控制了社区服刑人员的人身危险性，有利于平安、和谐社会的构建。

第三条【社区矫正的任务】

社区矫正的任务是：

（一）控制社区服刑人员的人身危险性；

（二）帮助和保护社区服刑人员；

（三）促使社区服刑人员回归社会。

一、人身危险性

有的学者指出人身危险性包括初犯可能性与再犯可能性，但是此处讨论的是对已然犯罪人的研究，因此这里主要讨论再犯可能性的说法。人身危险性并不是单纯的客观损害事实，而是包含了犯罪行为的社会危害性和犯罪人的主观罪过等内容，犯罪人的主观罪过是衡量犯罪人人身危险性大小的基本标准。随着刑罚人道主义与刑事政策学的发达，犯罪人的人身危险性容纳了新的内容，除犯罪人的主观罪过之外，还应当考虑犯罪人在犯罪行为发生过程中的特定犯罪情状以及犯罪人的生活史。此外，犯罪人生活于特定的社会之中，因此考察犯罪人的人身危险性还必须考察犯罪人所在社区的基本情况。

为什么要研究人身危险性呢？这涉及对犯罪行为本质的认识。犯罪行为是人类社会基本矛盾的体现。按照马克思主义的观点，犯罪行为是国家和阶级出现以后的产物，这当然是正确的。但是从社会学的角度来看，人类社会自产生和存在的那一天开始，由于人类特有的理性与自觉，他与外在环境就不可避免地分裂开来，尽管这种理性与自觉是他与环境进行联系的手段，但是人的认识能力和实践能力在一定阶段总是有限的，因此他与外在环境不可避免地会产生各种矛盾。这种矛盾同时也会在人与人之间显现，它的极端爆发，就是犯罪行为原初的本质。自从人过上了社会生活，就有了多数和少数的区分。每个人都有各自的内心信念、观念体系，并以此来观察和认识世界，并最终确立自己的行为模式。但是人类社会是以共同物质生活条件为基础的相互联系的人的总体，个人的行为模式只有与社会的行为模式保持一致或者基本一致，社会才能有序的存在和延续。最初的人类社会可能没有我们现在称之为法律的那种东西，但是它却必然有某种共同的行为模式。这种行为模式依靠人类生活共同体而形成的社会观念、风俗习惯、道德意识等来保证，最初这种过程可能是自发的，但是当人类文明发展到某一阶段时，它就变成了自觉的行为。也就是说，法律或者法律的雏形慢慢形成了。法律是人类社会的共同行为模式，它是社会得以存在和延续的基本保证，它最初是由社会普遍的道德观念、风俗习惯以及共同的生活意识等演化而成的，后来人们学会自觉运用法律这种强制的行为模式来约束人们的行为，以促进社会的发展或者改变人们的某种行为。法律最终根源于人类生活共同体的观念，但是人类生活共同体发展到后来开始分裂。整个人类社会日益分裂为统治阶级和被统治阶级两大阵营或者两大利益团体，这两大阵营之间既有因为既存的生活共同体观念而有相互一致的地方，也有因为不同的利益追求而相对立的地方。要维持社会的稳定存在，必然需要有一种稳定的、权威的、强有力的共同行为模式，这就是本质上的法律。但是因为利益团体的不同追求和价值取向，这种行为模式不可能获得所有人的内心服从。因为权威的固有强制力，人们可能会因为害怕遭到惩处而遵从这种权威的行为模式，人们也可能因为这种内心的共同信念而遵从这种行为模式，但是这个世界总会有反叛者——他们是共同观念的破坏者也可能是历史前进的基本动力，他们可能会因为权威行为模式对他们自身利益的压制或者不能满足他们基本的利益需要而背叛这种行为模式——这就是犯罪的本质。只要人类社会有不同的利益追求存在（个体生理心理以及生存环境的差异决定了这种不同的利益追求将是永恒存在的），人们之间就永远会有矛盾，而且这种矛盾的积聚就很可能大规模的爆发——对权威模式的反叛——犯罪就出现了。

犯罪根源于体现人类社会共同利益或者统治阶级利益的权威行为模式与体现和这种利益相悖的被统治阶级或者某个个体的不同利益追求的自身行为模式的矛盾。正如马克思所说，"犯罪是孤立的个人反对统治关系的斗争。"同时，人是理性与非理性的统一体，从来没有人能够在任何时候都会严格按照理性行事，即使最严肃的道德教化者也会有激情迸发的时候。打开历史的画卷我们可以发现，从来没有哪个时代是一个完全理性的时代。因此即使我们处在一个共同利益完全相同的时代，我们也可能会因为某次激情的爆发而丧失对理性的信任与遵从——就可能会做出与体现理性权威的法律相悖的事情。何况，人类社会可能会没有矛盾存在的那一天么？没有！我们这个世界有六十亿人存在，每个人都有不同的生理构造，不同的生活环境，不同的内心信念，不同的利益追求，怎么会完全相同？矛盾的存在将是必然的。矛盾不仅体现了这个世界的本质，而且指明了我们前进的方向，它是人类社会永恒发展的不竭动力。

犯罪是犯罪人在特定的时间、空间条件下实行的与刑事法律规范相悖的反社会行为。因此，影响犯罪的因素主要包括：犯罪人的个体因素、犯罪时特定的社会环境和自然环境、特定的刑事法律规范的制定与实行等。因此，判断犯罪人的人身危险性不能仅限于判断犯罪人的自身情况，还需要判断犯罪人所处环境的状况。这可能导致某些人道主义者的批评，犯罪人的人身危险性如果包括了对犯罪人自身因素的判断，则必然蕴含对犯罪人的量刑依据引入非犯罪人自身因素，这是否让犯罪人承担了超越刑事责任以外的社会责任？必须明确，人身危险性的判断是一个事实问题，而不是价值问题。社会危害性既是事实性判断也是价值性判断——是否具有以及具有何等程度的社会危害性，这是犯罪行为本身的属性，但是这又与特定社会环境下人们的价值观念相当；而人身危险性判断则纯粹是一个事实性判断，它仅仅涉及对犯罪人是否具有再犯可能性的判断。同时，必须明确，再犯可能性仅仅是一种可能性，这种可能性的判断是以犯罪人以往的人身经历以及对犯罪人未来生活状态的判断为依据的，既然是对未来的判断，就必然是一种或然性判断。

人身危险性就是指再犯可能性，犯罪人之所以再犯罪，也是由犯罪人自身的素质原因和所处的环境综合决定的，因此判断人身危险性也应当综合考虑犯罪人的自身素质和所处的社会环境。我们认为，考察人身危险性可以借助以下标准：①犯罪人的生活经验史。如是否存在无业、流荡、家庭关系错乱、不良交往等因素，犯罪人的这些生活经验使得其犯罪心理的形成往往是一个比较长期而稳定的阶段，犯罪心理结构比较稳固，不容易改变。②犯罪人的违法犯罪史。犯罪人过去是否有违法犯罪经历，如是否是累犯、是否长期以犯罪为职业或具有稳定的犯罪习惯等，这些违法犯罪史往往表明犯罪人的犯罪心理结构已经趋于稳定，对刑罚的感受力降低而承受力增强，从而表明其具有较强的人身危险性。③犯罪人在犯罪中的表现。犯罪人与犯罪行为是分不开的，以往学说的研究喜欢割裂犯罪行为与犯罪人之间的关系，区分行为刑法及行为人刑法，这是典型的"书斋式"研究。犯罪行为是犯罪人实行的犯罪行为，因而犯罪人的人身危险性最直接的体现就是犯罪行为的具体情节，这些犯罪事实体现了犯罪人内心的烙印。如犯罪手段是否残忍、犯罪动机是否卑鄙、犯罪目的是否具有强烈的反社会性、犯罪对象的选择等都能够体现出犯罪人的主观恶性与人身危险性。④犯罪人在实行犯罪行为以后的表现。犯罪人是否具有强烈的人身危险性，从其犯罪后的表现也能够观察到。犯罪人在犯罪之后是否为了隐瞒罪行而实行更多的罪行，是否为了逃避惩罚而故意诿罪他人等，表明犯罪人的反社会性以及其自身心理结构的社会性。

二、回归社会

回归社会的本意与社会学意义上的专有名词"再社会化"相近，但回归社会这个概念相对来说充满了浓浓的人文关怀，更有价值中立的特点。

在刑罚执行期间，服刑人员在一定程度上或多或少地与正常社会隔离，原来的社会联系被或多或少地阻断。在刑罚执行期满以后，服刑人员再次回归正常的开放社会，但是服刑人员能否正常地回归社会与单纯的刑罚执行期满完全是两回事。传统机构封闭式行刑的主要弊端就在于行刑机构与社会的隔离和行刑目的在于犯罪人之再社会化的矛盾。而社区刑罚正是试图给予犯罪人不同形式的社会内处遇，令犯罪人与所在社区保持稳定而适当的联系，从而为犯罪人之再社会化创造条件。社区矫正通过减少对罪犯自由活动的限制、扩大罪犯与外界社会的各种联系，增强了罪犯与再社会化所需要的社会正常环境之间的联系，在一定程度上满足了罪犯再社会化所需要的社会条件，从而能够促进罪犯的再社会化进程。同时，社区刑罚的执行还使得罪犯有了积极矫正的信心，增添了行刑的动态因素，有利于罪犯形成积极的矫正态度，这些都有利于罪犯的矫正和再社会化。

>>>> 立法理由

一、控制社区服刑人员的人身危险性

控制社区服刑人员的人身危险性，是社区矫正的基本目的。

社区矫正能否取得成功，社会公众的支持是必不可少的条件。作为刑罚执行形式之一的社区矫正，如果不能控制社区服刑人员的人身危险性，不能达到降低再犯率的目标，不仅不能实现预定目的，而且损害刑罚的权威性、严肃性，更可能导致公众报应情绪的强烈反弹，不利于实现法治正义。监督管理，是控制社区服刑人员人身危险性的基本手段。

控制社区服刑人员人身危险性的实质，就是保护社会、保卫社区的安宁与和谐。公众对社区矫正最大的不信任，乃在于对社会安全的担忧。过去社区刑罚适用率低，也主要是由于管制、缓刑、假释、监外执行等社区刑罚缺少具体的监督考验机制和监督考验措施，导致社区刑罚近乎于"没有刑罚"。想消解公众对社区矫正的怀疑和不信任，就必须确保社区矫正能够控制社区服刑人员的人身危险性。

社区矫正本身可能存在两种质疑：一是担忧刑罚的特质可能受到损害；二是担忧可能对社会安全造成威胁。

惩罚的严厉性是刑罚的本质特征。无论从正义还是功利的角度来论证，刑罚都必须保持特定的惩罚性和严厉性，否则法秩序将无法得到维持。人类天生是社会性的动物，因此他们会遵守一定的非个人性规范以保持相互关系的和谐。如果有人不遵守这些非个人性规范，侵犯他人本可预期的利益，就将导致受害者的愤恨和其他社会成员的义愤。侵犯者必须受到一定的惩罚，否则受害者的愤恨和社会公众的义愤将无法平息，正义的实现就将受到严重的损害——承诺共同遵守这些规范的"条件性"是正义的秉性之一。严厉的惩罚不仅用以恢复正义的平衡，而且是强制他人遵守非个人性规范的重要心理动机。只有坚持对犯罪人给予惩罚，才能维护法秩序的正义和确保社会大众共同遵守这些非个人性的法律规范。社区刑罚由于强调给予犯罪人以人道化的待遇，减少对犯罪人自由的限制，扩大犯罪人与外界社会的必要联系，而可能与刑罚的本质相悖——刑罚的本质就是通过严厉的惩罚来剥夺犯罪人的合法权益以实现正义，并通过惩罚作用于犯罪人的人格以实现犯罪人良好人格的形成。社区刑罚遇到的第一个障碍就是刑罚惩罚性的弱化问题，毫无疑问刑罚应当保持符合具体国情的特定的严厉性。刑罚惩罚性的弱化，对于预防犯罪、平息社会公众因受犯罪侵害而引起的义愤无疑存在相当的负面效应。因此，制度设计者必须对社区矫正的适用范围、适用对象、具体操作方式作出细致的规定，以图避免其负面影响。

社区刑罚遇到的第二个障碍就是有关罪犯的人身危险性的问题。社区刑罚不同程度地减少甚至基本取消了对罪犯人身自由的限制，这对于实现犯罪人的再社会化无疑具有积极意义，但是如何确保处遇对象不会继续危害社会？人们发明了一系列理论方法或操作规程来预测罪犯的再犯可能性、人身危险性，但是实践证明这些预测尽管有一定的成功率，却也有相当高的失败率。问题在于：社区刑罚若要良好运行，必须取得社区的支持，即使是较低的预测失败率也可能引起社区公众的极大恐慌与顾虑。本来社区刑罚惩罚性的弱化就可能引起社区公众的不满，如果处遇对象在处遇过程中再出现危害社会的行为，必将导致社区支持率的极大下降。社区刑罚的本质就在于创造与自由社会尽量相近似的环境来实现犯罪人的再社会化，再社会化自然需要较为和谐的社会环境。如果社区支持率下降，犯罪人即使是在开放式处遇中，仍然可能感受到来自社区公众的敌意、蔑视、恐慌等种种冲突性的人际情感，开放式处遇预期的矫正目标将很难真正实现。

因此，制定社区矫正法，必须对社区服刑人员的人身危险性进行评估，进而制定出各种细致具体的监督考察方案，阻断社区服刑人员的不良社会交往，同时对社区服刑人员的监督必须落实到位，做到"不脱管、不漏管"。

二、帮助和保护社区服刑人员

《社区矫正法（征求意见稿）》使用的是"教育帮扶"一词，赵秉志、吴宗宪等教授起草的《社区矫正法（专家建议稿）》使用的是"帮困扶助"一词。从本质上来说，上述表述与"帮助保护"的内涵基本一致，但我们认为，"帮困扶助"的称谓缺少法律的严肃性，不能与社会慈善、社会福利工作相区分；"教育帮扶"中的"帮扶"与目前的脱贫攻坚战、民政工作中的慈善福利事业也难以区分，不能体现社区矫正的刑罚执行本质。研究证实，社区服刑人员在社区矫正过程中，存在诸多社会融入障碍，并面临社会歧视等诸多困难。因此，有必要对社区服刑人员进行帮助保护。

第一，帮助保护社区服刑人员，可以控制和降低社区服刑人员的人身危险性。一般说来，社区服刑人员的人身危险性比监狱服刑人员的人身危险性相对较低。通过监督管理，敦促社区服刑人员遵纪守法，并遵守监督管理规定，是从消极的层面来控制社区服刑人员的人身危险性；而帮助保护，则是从积极的层面来控制和降低社区服刑人员的人身危险性，从而最终实现促使其回归社会的根本目的。

社区矫正的首要目的在于以人性化的处遇方式来矫正犯罪人，以促使其成功的再社会化，因此社区矫正不仅是消极地要求犯罪人遵守监督管理规定，还要求社区矫正工作者针对犯罪人制定个性化的处遇方案，实行个性化的矫正。这就要求社区矫正工作者应当尽力帮助社区服刑人员解决在矫正过程中遇到的困难，对社区服刑人员给予帮助保护。具体说来，帮助保护主要包括如下内容：①通过与矫正对象恳谈，针对矫正对象在生活中遇到的困扰和思想负担甚至各种适应性心理障碍，给予恰当的心理辅导，缓和矫正对象的紧张情绪。帮助矫正对象认识和分析生活中遇到的难题，帮助其树立正确认识和解决问题的生活态度。②对缺乏生活技能的社区服刑人员，应当采取适当的方式给予一定的就业指导和生活训练，帮助其树立正确的择业意识和寻求恰当合适的工作。给予矫正对象一定的职业道德和素质训练，坚定其积极追求幸福生活的决心，增强其克服困难的勇气。③对处于饥饿、贫困、病患状态的矫正对象，应当采取适当的方式给予救助，帮助其申请各种应当享有的社会福利性保障。④其他各种利于矫正的适当的帮助保护。例如，日本就规定了完善的保护观察体系，这是指为了改造犯罪人或不良少年并使其重返社会，在让其过上一般的社会生活并指导、监督其遵守注意事项的同时，进行必要的辅导、帮助的处遇的方法。保护观察是以对被附加保护观察条件的人进行指导监督和辅导援助为内容的。所谓指导监督，包括与对象保持适当接触，观察其活动；为使对象遵守应遵守的事项，向其传达必要的指示；为使其成为社会的善良一员而采取的必要措施。对违反遵守事项者，可以采取收监执行等严厉措施，因此指导监督具有对对象人进行心理强制的权力性意义。辅导援助是认同对象的主体性、帮助其重返社会的措施，具有非权力性、福利性的性质。辅导援助包括以教育训练的手段提供帮助；帮助得到医疗保护；帮助找到住处；帮助就业；改善、调整生活环境；帮助回乡定居；采取其他有益于其本人的改造所必要的措施。

第二，帮助、保护社区服刑人员是行刑人道化的体现。行刑人道化有其独立的实体价值和工具性价值。广义的人道的基本原则就是要求把人当人看，将人作为最高的不可替代的价值，人道也是不能为任何价值让步的最高价值，这是一种博爱主义的人道主义观。康德对人道的理解尤为深刻，他指出："这样行动，无论是对你自己或者对别的人，在任何情况下把人当作目的，绝不只当作工具。"人就是"客观的目的，他的存在即是目的自身，没有什么其他只用做工具的东西可以替代他。否则宇宙间绝不会具有绝对价值的事物了"。在广义的人道主义原则指导下，社区矫正人道化成为必然的选择，这个选择不依附于其他任何价值，不因为社区服刑人员的人身危险性有多么巨大或者社区服刑人员所犯罪行的社会危害性多么严重，而改变对社区服刑人员的人道待遇。我国是社会主义国家，社会主义道德首先要求我们追求最高的善即人道。社区服刑人员，首先是作为人的社区服刑人员，是人就应当享受作为人的基本待遇。既然要把社区服刑人员当人看，把社区服刑人员的人的价值看得最高，这就要求我们在社区矫正的过程中必须无条件地保障社区服刑人员的基本需要，把社区服刑人员作为刑罚执行法律关系的主体而不仅仅是客体，这就要求在社区矫正过程中充分尊重社区服刑人员的人格尊严，尽量发动社区服刑人员参与行刑过程，从中体会人的尊严与价值。狭义的人道主义的首要命令就是人成为人，人道就是视人本身的完善为最高价值，而使人可能成为完善的人的行为，视人的潜能的实现为最高价值而使人自我实现的行为。正是由于社区服刑人员的意志屈服于本能的需要、激情的需要，而阻碍了社区服刑人员实现真正的意志自由，社区服刑人员才在犯罪意志的支配下实行了犯罪行为。社区服刑人员实行犯罪行为是在各种条件、各种因素的推动下发生的，而不仅仅是古典刑法学说所认为的那样是纯粹的个人意志的自由选择。社区矫正的主要目的就在于通过剥夺社区服刑人员表面的行动自由将社区服刑人员从那些不良环境的影响下解放出来，帮助社区服刑人员树立真正的不屈服于本能的意志自由从而真正成为实践理性的主体而不仅仅是自然的主体。从这个意义上说，社区矫正就必须以帮助社区服刑人员实现自由为目的。

　　帮助保护措施于改造社区服刑人员、帮助社区服刑人员形成健康的人格具有重要价值。人道主义的行刑方式主要从两个方面来感化社区服刑人员：一方面，保障社区服刑人员的基本权益，使社区服刑人员不致感受到自己是被社会抛弃的对象，唤醒社区服刑人员的自尊。应当坚持"把社区服刑人员当人看"的人道原则，把社区服刑人员当人看，就要求人道主义原则始终贯穿于社区矫正活动，教育改造思想始终贯穿于社区矫正活动，而不是简单地把社区服刑人员当作惩罚的对象、被社会抛弃的对象。只有当社区服刑人员的基本权益得到保障，社区服刑人员才可能从内心深处接受教育改造，从而融入社区矫正活动，才可能逐渐打破其犯罪心理结构，认识到社会的光明而不是以往消极对抗的反社会态度。另一方面，社区矫正活动通过社区矫正工作者的工作态度来感化社区服刑人员。社区服刑人员犯罪之前往往都有一条不断发展的逐渐形成犯罪心理结构的历程，在这个过程中，社区服刑人员不是感受到社会的黑暗就是感受到社会的纵容。当人受到不公正的待遇时，人内心渴望正义的需求就会勃发，但是由于我国正处于一个改革的攻坚阶段，社会矛盾与冲突有时还可能表现得比较激烈，这个时候人就可能形成极端的反社会心理。此外，社会主义市场经济的激烈竞争导致教育思路的畸形发展，如果没有适当的心理疏导，青少年容易形成沮丧、自卑的心理，一些人可能形成自闭心理，另一些人可能转向街头亚文化寻找某些亚文化的支持，逐渐形成犯罪心理；同时，家庭教育、家庭关系、工作关系等各种社会关系如果没有得到良好处理就可能激发各种矛盾。社区矫正活动就是要通过社区矫正工作者以人道主义的工作态度真诚地关心社区服刑人员、严格地要求社区服刑人员，引导社区服刑人员真正认识到应当以符合社会主流文化的态度来解决生活中的矛盾，帮助社区服刑人员形成良好的心理调适机制，这样才可能真正矫正社区服刑人员的反社会性人格。

三、促使社区服刑人员回归社会

促使社区服刑人员回归社会，是社区矫正的根本目的。监督管理、帮助保护都是手段或者说基本上是手段，其最终目的都是为了促使社区服刑人员回归社会。

无论公众对社区服刑人员抱有怎样的怀疑和不信任，他们都终将回到社会。回到社会与回归社会是两个不同的概念。回到社会意味着社区服刑人员解脱法律的管制，获得彻底而完全的自由及享有其他合法权益；回归社会则意味着社区服刑人员通过社区矫正完成再社会化过程，获得与社区的亲近感，原有的社会疏离现象减少甚至消除。回归社会是一个系统工程，简单的"监督考察"并不能天然就使得社区服刑人员完成再社会化过程，而必须有一套系统的再社会化技术、机制予以配套。而要完成这一过程，还必须辅之以对社区服刑人员的帮助、保护措施。

第四条【分级处遇原则】

实行社区矫正，应当对社区服刑人员进行人身危险性评估。根据评估结果，实行分级处遇。

条文释义 ◀◀◀◀

一、人身危险性评估

社区服刑人员风险评估机制，就是指对社区服刑人员的人身危险性和再犯可能性加以测评的机制。建立社区服刑人员风险评估机制的重要意义在于：风险评估是分类管理和奖惩考核的前提。如果不能对社区服刑人员的风险进行准确的评估，那么分类就不具有科学性，进一步的矫正措施的适用也必然具有盲目性。

这项工作的完成最主要地是要准确把握以下三项内容："风险"的概念、社区服刑人员风险评估的指标及社区服刑人员风险评估的方法。

（一）社区服刑人员风险评估中的"风险"

风险指的是一种可能性。研究"风险"，一方面是要研究风险的有无，另一方面，更重要的是要确定风险的大小。这就决定了社区服刑人员风险评估中的"风险"具有以下特征：

第一，风险的有无和大小是通过一定的指标加以测评。既然风险是事件未来发生的可能性，那么只能通过现有的要素来判断这种可能性的有无和大小。在理想的科学状态下，各项指标高的，风险就大；各项指标低的，风险就小。但是需要注意的是：风险仅是一种可能性。风险大的事件，在未来也未必真就发生；风险小的事件，在未来也可能恰恰会发生。这样看来，风险评估为的不是——也不可能——在每一个个案中都获得准确的对未来的预知和把握，而是要从整体上把握各项指标与风险之间的相关性。

第二，风险评估的结果就是把评估对象归属于一定的风险类别之中，也即将具有同类风险特点的群体加以归类、整合，从而采取相应的管理对策。一方面，这种管理对策对于评估对象的适用是具有或然性的——即使在不适用这种管理对策的情况下，评估对象也完全有可能不会把风险转化为现实；但是另一方面，这种管理对策对于评估对象的适用又是具有科学性的——在理想的科学状态下，对于具有同类风险特点的评估对象适用同样的管理对策，是我们在面对未来风险时不得不采取的最佳方案。

第三，上述结论讨论的是"理想的科学状态"下的问题，也即是以各项评估指标能够科学地、准确地反映风险大小为前提。但事实上，由于各种因素的影响，实践中的风险评估指标未必能准确地指示出风险的大小。我们需要尽量准确地设定各项指标，并科学地运用之，但是这种"误差"是不可避免的。

一般而言，社区服刑人员的"风险"指的就是他的人身危险性。"在美国，人身危险性（dangerousness）与风险（risk）常常可以互换使用，它们都是指服刑人员对他人或者自己进行伤害的倾向。但一般来说，联邦政府和大多数州的司法机构都使用风险这个名词，相应进行的评估也就称为风险评估。"此外，在风险评估之外，有些学者还会谈到"需求评估"（needs assessment），也即测评实现服刑人员的矫正需要满足哪些条件，从而基于此而施予相应的矫正措施。我们认为，虽然风险评估旨在管理，需求评估旨在矫正，但是二者有相通之处。因为如果不能很好地满足矫正所需之条件，完全可能导致服刑人员风险的增加；而如果能够满足服刑人员之必要的需求，那么风险也会相应地降低。因此，风险评估和需求评估二者在评估指标、评估方法上有类似之处是不足为奇的。

（二）社区服刑人员风险评估的指标

风险评估的指标也就是评估风险时应当考量的要素。选取怎样的指标加以评估，直接决定了风险评估的科学性和准确性。我国目前的风险评估或者与之类似的测量手段在评估指标的选取上比较粗糙。例如，上海市的初次测评表由 18 个项目组成，包括犯罪中是否使用暴力，是否惯犯、惯骗，是否有吸毒史，被害人对测评对象接受社区矫正的态度，犯罪的主观方面，初次违法犯罪的年龄，过去的刑事处罚记录和对社会的评价（主要测定对现实社会的态度）等；阶段测评表由 12 个项目组成，包括对法院判决的态度（主要测定悔罪表现），遵守法律、行政法规及规章有关规定的情况，是否受过惩罚（包括警告、记过、治安管理处罚等），学习教育、思想汇报的情况和适应社会生活的状况等。"初次测评主要围绕个人因素、家庭因素和社会因素展开，而阶段测评主要围绕社会交往、社会心态、公益劳动、技能情况等方面展开。"这种指标设定方法在指标类别划分和意义定位上还有待进一步改进和科学化。

另外，我国有学者主张，可以把影响犯罪人的因素主要分为两种：一是犯罪人的个人基本情况，二是犯罪人的行为表现。前者包括生物性因素（年龄、性别、精神状况）、心理学因素（气质、性格、个性倾向性）、社会环境因素（家庭、学校教育、婚姻、职业）；后者包括犯罪前的行为表现、犯罪中的行为表现、犯罪后的行为表现。这种指标设定方法虽然比较全面，但是没有突出测量风险的目标，而仅仅是对影响人身危险性的可能因素的一个汇总，不利于工作人员通过这些指标把握服刑人员风险的大小。

我们认为，我们应当借鉴加拿大等国的风险评估经验，将风险评估指标分为静态因素和动态因素。其中，静态因素反映的是服刑人员既成的、无法改变的因素，而动态因素反映的是服刑人员生活中的一些可变因素。具体而言：

（1）静态因素：

- 犯罪记录，包括前科次数、收押年龄、刑期长度等。
- 犯罪类型、犯罪情节及其社会危害性，包括犯罪的类型、犯罪所使用的手段、犯罪的主观方面、所造成的社会危害等。
- 药物滥用史，包括吸毒、酗酒、依赖其他嗜瘾品等。
- 个人生涯，包括犯罪前的受教育程度、就业情况等。

（2）动态因素

- 人生观，包括金钱观、前途观、对于控制其个人生活的重视态度、对于守法的生活方式的重视态度等。
- 认罪伏法的程度以及真诚性。
- 受教育程度。
- 就业状况，包括对工作的态度和工作对其生活的意义。
- 婚姻、家庭状况，包括对于家庭联系的态度和其个人从家庭成员那里得到的支持。
- 社会交往状况，包括对于非犯罪同伴的态度和积极的社会交往的机会。
- 药物滥用状况，以及对于不依赖嗜瘾品而生活的态度。
- 在社区中生活的能力，包括对于生活所需知识和技能的重视程度。

（三）社区服刑人员风险评估的方法

1. 统计评估与临床评估相结合

在服刑人员的风险评估方法上，有统计评估法和临床评估法之分。风险评估最初的基本方法是临床评估法，即由心理专家利用既有的关于服刑人员的信息，作出对风险的主观判断。后来才逐渐发展出基于统计数据的统计评估法。

较临床评估而言，统计评估更少依赖于工作人员的"直觉""印象"，因而科学性更浓，更不容易受工作人员主观偏见的影响。但事实上，临床评估与统计评估不可截然分开，原因在于很多统计结论的获得需要靠工作人员亲临现场，亲自与服刑人员沟通、了解情况，并依据专业知识对其态度作出判断。

2. 入矫评估、阶段性评估和解矫评估相结合

我国的一些试点目前也采用了多次评估的方法，即除了在社区服刑人员入矫时有一次评估之外，在矫正过程中还会有阶段性评估。例如，在北京市，工作人员接收社区服刑人员满两个月后进行测量，并按照测量分值对应的分类标准确定社区服刑人员的类别；类别确定满六个月后，工作人员应重新对社区服刑人员进行测量，根据测量结果调整类别；在上海市，初次测评之后，每半年（或一季度）还要进行一次测评，再次评估重返风险，调整矫正方案。

我们认为，除入矫评估之外，阶段性评估必须制度化，并且必须将阶段性评估与累进处遇结合起来，根据评估结果调整处遇方案。另外，在解矫前还需要进行一次评估，以确定社区服刑人员是否达到解矫标准，并拟定进一步的矫正方案（针对暂予监外执行的收监执行者）或者刑满释放后的更生措施。

二、分级处遇

分级处遇制度是监狱行刑的传统，据学者考证，该项制度起源于 1840 年澳大利亚诺福克岛监狱的假释实践。1989 年司法部出台的《对罪犯实施分押、分管、分教的试行意见》明确了"横向分类、纵向分级、分级处遇、分类施教"的原则，对包括

分级处遇形式在内的"三分"工作作了原则性规定。分级处遇在我国监狱行刑中正式开始推广。我们认为，分级处遇制度不仅可以在监狱行刑中适用，也可以适用于社区矫正。

所谓分级处遇，就是社区矫正机构根据社区服刑人员在入矫阶段的人身危险性评估结果，对社区服刑人员给予不同级别的处遇，并据此为社区服刑人员制定符合其人身危险性等级的包括监督管理措施在内的个性化矫正方案。贯彻分级处遇，首先是就限制服刑人员人身自由的程度、确定其应当遵守的消极禁令和积极义务的强度及频率进行适当的划分；其次是为社区服刑人员制定不同的教育矫正、劳动矫正方案。目前，我国地方社区矫正实践通常将社区矫正分为宽管、普管、严管三级处遇，其比监狱分级处遇相对简单些。如江苏省《罪犯分级管理暂行规定》将罪犯处遇分为宽管级（A 级）、从宽级（AB 级）、普管级（B 级）、从严级（BC 级）和严管级（C 级）五个等级。究其实质，在于社区服刑人员的人身危险性本来就小于监狱服刑人员，且社区矫正服刑期限不长，没有必要分得过细。当前的社区矫正实践中，分级处遇原则未能得到很好的贯彻。不少省市的实施细则，不加区分地要求社区服刑人员必须参加社区服务，不仅给社区服刑人员带来困扰，也徒然增加社区矫正机构的工作量，令基层社区矫正工作者不能很好地集中精力矫正严管级别的服刑人员。从国外的立法例来看，缓刑、假释并未必定附加监督，而是根据服刑人员的人身危险性综合确定，这一点值得借鉴。

▶▶▶ 立法理由

一、社区矫正分级处遇的现状考察

社区矫正实践一般将分级处遇称之为"分类管理"（如北京

市、山东省）或者"分等级管理教育"（如安徽省），名称虽然不同，但都是将社区服刑人员分为宽管、普管、严管三个等级。应当认为，分级处遇比分类管理的提法更为妥当：首先，分级是根据社区服刑人员人身危险性大小而进行的纵向区分，分类则一般是横向区分。与等级变化相对应的是降级、晋级两个词语，而类型变化则不能与降级、晋级对应，只能是重新分类。其次，处遇比管理的提法更妥当。处遇是服刑人员在行刑阶段的监督、管理、教育、帮助、保护活动的总称，而管理则仅仅是监督管理，其不能涵摄社区矫正的全部内容。梳理各省市的地方性社区矫正文件，结合笔者的调研，社区矫正分级处遇的实践模式可以从如下方面进行概括：

（一）确定等级之前，通常给予服刑人员一定期限的过渡期

通常在正式确定服刑人员监管等级之前，社区矫正机构都会给予服刑人员一定期限的过渡期，过渡期满后综合各种情况评定监管等级。但过渡期的性质和期限，各地却存在不同认识。

表1　过渡期的性质与期限

省　市	性　质	期　限
北　京	严　管	入矫教育1个月
福　建	严　管	矫正期限半年以下，入矫教育不满1个月；矫正期限半年以上，入矫教育不满两个月
山　东	严　管	1个月
江　西	严　管	入矫教育不满3个月
湖　北	严　管	入矫教育不满3个月
安　徽	入矫教育	1个月，评估不合格者延长1个月

省　市	性　质	期　　　　限
南　京	入矫教育	1 个月，评估不合格者延长 1 个月
四　川	未明确规定	未明确规定

由上表可以看出，过渡期的性质有两种不同的实践模式：一种是直接将过渡期确定为严管，另一种是将过渡期定位为入矫教育；过渡期的期限也不尽相同，有直接规定固定期限的，也有分类规定固定期限的，还有固定期限加弹性期限的。分析上述不同的模式，笔者认为安徽、南京模式的定位更为妥当。

首先，直接将过渡期确定为严管并不妥当。北京、山东等省市的实践模式，或许借鉴了美国社区矫正实践流行的震惊式监禁模式，首先对其进行 1 个月的严管（高强度管理），其优点是可以强化社区服刑人员的纪律意识、服刑意识，但其缺点也同样突出：一是易强化社区服刑人员的标签效应，触发社区服刑人员内心的抵触情绪；二是不加区分地一律实行严管，也就意味着不区分犯罪类型、不区分年龄大小、不区分人身危险性，这违反了刑罚执行的分类管理原则。

其次，将过渡期确定过长的实践模式也值得商榷。江西、湖北等省将过渡期确定为 3 个月的模式存在如下问题：①未区分矫正期限长短，有的服刑人员矫正期限可能不足半年，但将过渡期确定为 3 个月，且 3 个月都是严管，违反了罪刑相适应原则；②之所以存在过渡期，是因为社区矫正机构对服刑人员人身危险性进行评定之前的调查评估需要一定时间，对社区服刑人员的了解也需要一定时间，但这完全不需要 3 个月这么长。

（二）确定等级的依据是社区服刑人员的评估结论

分级的依据是对社区服刑人员的评估，这在各地都没有差异，但评估的依据却不尽相同。北京市《社区服刑人员分类管理分阶段教育实施方案（试行）》规定，在入矫后第一个月，对社区服刑人员实施高强度管理，同时通过查阅档案、个别谈话、家访、走访社区等方式详细了解其个人、家庭、生活、就业、违法犯罪史、认罪及接受社区矫正的态度等情况进行综合调查，最终通过《北京市社区服刑人员综合状态评估指标体系》进行系统测试评估，依据评估结论确定处遇等级。而《南京市社区矫正对象分等级分阶段管理教育暂行办法》则规定，在入矫教育结束后，司法所根据社区矫正对象家庭背景、个性特点、案件情况、认罪悔罪态度以及矫正条件等情况进行综合评估，评估合格者直接定为普通管理等级，不合格者入矫教育延长 1 个月，评估仍不合格者，则定为严格管理等级。

上述两种模式各有利弊。北京市的处遇分级直接依据评估指标体系的评估结果来确定是宽管、普管还是严管，其完全依据社区服刑人员的人身危险性评估结论。也就是说，社区服刑人员的等级自入矫 1 个月后就可以确定，而且其处遇等级一开始即可以确定，这是其优点。南京市的处遇分级的优点在于，不直接依据评估结论立即将社区服刑人员的处遇等级确定为严管，而是通过延长入矫教育 1 个月的方式来给予服刑人员更多的时间；但其缺点同样明显，因为无论社区服刑人员的人身危险性如何，其处遇等级起点都是普管，而不可能是宽管。

此外，不同地区的评估过程存在差异。有的省市规定了比较细致、全面的评估过程，采用了较为先进的人身危险性评估量表；而有的省市的评估过程则较为粗疏，有的甚至采取笼统、估堆的方式进行，缺乏系统性、科学性。

（三）处遇等级动态调整评估通常规定了固定期限

各省市的文件通常都对处遇等级调整规定了固定期限，这可能是借鉴了监狱服刑时罪犯减刑的规定。但各地规定调整处遇等级的固定期限不尽相同，具体可见下表：

表 2　处遇等级调整评估期限

省　市	期　　限
北　京	常规矫正期动态评估调整期限为半年 解矫前 3 个月进行动态调整评估
福　建	3 个月；存在特殊情形的，降级考核期限为 3 天
山　东	半年
江　西	3 个月；特殊情形降级未明确规定期限，似为及时
湖　北	3 个月；特殊情形降级未明确规定期限，似为及时
安　徽	1 个月
南　京	1 个月
四　川	未明确规定

由上表可以看出，处遇等级动态调整评估的期限有如下几种模式：直接规定固定期限；晋级规定较长的固定期限，降级规定很短的期限；未规定固定期限。笔者认为，上述不同模式各有利弊：

第一，就调整期限而言，动态调整评估期限过长弊大于利。首先，未区分刑期长短。如果社区服刑人员的刑期总共不到 1 年甚至是几个月，动态评估期限过长则对社区服刑人员缺乏足够的激励、威慑，容易出现消极应付社区矫正的现象。其次，即使刑期较长，规定过长的调整评估期限也不利于激发社区服刑人员的矫正积极性。社区矫正本质上属于刑罚执行，对服刑人员的人身自由有一定限制，如果调整评估期限过长，社区服刑人员不能因其优良表现得到社区矫正机构的及时回应，则明显导致激励性不足，从而影响矫正效果。最后，调整评估期限过短也存在弊端。因为很难判断是否由于服刑人员的机会主义心理导致人身危险性评估失去准确性。

第二，晋级规定较长的固定期限而降级规定极短的期限有利有弊，应当具体情形具体分析。首先，如果存在服刑人员的行为足以表明其人身危险性明显增加的特殊情形，作出及时调整监管等级的决定值得肯定。社区服刑人员的人身危险性通常显著低于监狱服刑人员，但也存在例外情形，为准确控制社区服刑人员的人身危险性，应当及时调整其监管等级。其次，对及时作出降级决定的特殊情形应当明确规定并严格限制。例如，《湖北省社区矫正人员分类管理、分阶段教育实施办法》规定"消极对待，借故不接受社区矫正机关监管教育的"直接降为严管且不需要3个月考核期，这种比较模糊且十分严厉的规定，很容易让社区服刑人员产生不公平感，甚至激发其不满或抵触情绪。

（四）规定了三级处遇不同的监督管理强度

当前社区矫正实践虽然普遍规定了分类（分级）处遇，但三级处遇之间的界限并不明显，对提高矫正的激励性和威慑性没有发挥应有的正面功能。在此试举江西与湖北两省作对比分析：

表3 《江西省社区服刑人员分类管理分阶段教育实施办法（试行）》

监管教育方式	严 管	普 管	宽 管
口头汇报	每周1次	每半月1次	每月1次
报到、书面汇报	每月1次	每一个半月1次	每季度1次
学习、教育活动	每月1次	每一个半月1次	每季度1次
公益劳动	每月12小时	每月8小时	每月4小时

表 4　《福建省社区矫正对象分类管理、分阶段教育实施办法（试行）》

监管教育方式	严　管	普　管	宽　管
口头、电话汇报	每周 1 次	每周 1 次	每半月 1 次
书面报告	每半月 1 次	每月 1 次	每月 1 次
个别教育	每月 3 次	每月 2 次	每月 1 次
集中学习	每月 6 小时、2 篇学习心得	每月 4 小时、1 篇学习心得	每月 2 小时、书面报告活动 1 次
公益劳动	每月 12 小时	每月 12 小时	每月 12 小时

　　不同省市对监管的强度、频率规定存在较大的差异，不过这并不是本书的研究重点，在此主要讨论三级处遇之间的差异是否明显。从上表可以看出，江西省不同级别的处遇差异明显大于福建省。书面报告、个别教育、集中学习、公益劳动对社区服刑人员人身自由的限制是社区矫正监管的主要方式，福建省在不同级别监管强度上差异并不明显，甚至在公益劳动这一点上三级之间完全没有差异。四川省也存在类似问题，根据《四川省社区矫正实施细则（试行）》的规定，宽管、普管人员每月参加社区服务都不少于 8 小时，严管人员则适当增加。

　　不同监管等级之间差异过小，对社区服刑人员来说，降级的威慑性不大，晋级的激励性也不足，很容易令社区服刑人员产生消极应对、得过且过的心理，缺乏对社区矫正应有的参与积极性、主动性，满足于"混完刑期"的心理状况普遍存在。

二、完善社区矫正分级处遇的必要性

　　社区矫正分级处遇是社区矫正发展到纵深阶段的必然选择。早期的社区矫正分级处遇，基本上是对监狱服刑人员分级处遇的简单套用，因此出台的一些地方性社区矫正规范性文件存在诸多的不规范、不完善之处。在笔者看来，完善社区矫正分级处遇机制，具有如下功能：

（一）集中社区矫正资源，重点管控人身危险性较高的社区服刑人员

社区矫正规模的持续扩大，一方面反映出社区矫正工作已经取得了广泛共识，获得了社会的较高认同。但社区服刑人员总数不断扩张的背后，却潜藏着社区矫正工作者编制紧缺、工作经费紧缺这一尴尬现实。笔者在四川省绵阳市游仙区进行调研，该区所辖 25 个司法所中，实际配备有 1 名占用政法专项编制人员的司法所只有 13 个，共配备人员 13 人；另外 12 个司法所没有专职政法编的工作人员。其他学者的调研也普遍印证了社区矫正面临经费短缺、编制不足的问题。即便是最早实施社区矫正、经济发达的北京市，也存在这一问题。成都市甚至存在个别司法所 1 名工作人员监管服刑人员 125 人以上的罕见现象。社区矫正试点之初，不少学者普遍将"节约行刑资源"作为论证社区矫正价值的重要理由，但"节约行刑资源"也可能变成"缺乏效益"。尽管学术界和实务界都在呼吁加强社区矫正机构建设、加强司法所基层矫正能力建设，但在短期内明显增加编制、增加工作经费投入并不现实。

在此，要提高社区矫正的效益、解决社区矫正资源不足与社区服刑人员总数不断增加的矛盾，完善分级处遇机制就具有重要意义。实际上，具有较高人身危险性的社区服刑人员仅占较低比例，重新犯罪率多年稳定在 0.2% 以下即为明证。从犯罪类型来看，交通肇事罪、危险驾驶罪等社区服刑人员的人身危险性几乎为零，偶发性的故意伤害案、职务犯罪案件的社区服刑人员的人身危险性也极低。对于这些人身危险性较低的社区服刑人员，完全可以大胆适用宽管，并明显区别于普管、严管人员，从而可以节约有限的社区矫正资源，集中精力监管、教

育严管人员。这不仅可以提高工作效率，有效管控人身危险性较高的服刑人员，还可以降低社区矫正工作者的工作负担。社区矫正作为一种刑罚执行方式，必然存在对社区服刑人员一定的管理，这种管理发展到一定阶段，精细化是必然要求。将监狱行刑与社区矫正相区分，是大的分级处遇；监狱行刑内部实行分级处遇，社区矫正也应当实行分级处遇。这样，根据服刑人员人身危险性的差异，形成不同的处遇等级，以将有限的国家行刑资源投入到最应该发挥作用的服刑人员类型中，才能实现社区矫正效益的最大化。河南省省委办公厅、省政府办公厅2015年印发的《关于进一步加强我省社区矫正的意见》（豫办〔2015〕47号）将社区矫正工作经费保障由社区服刑人员每人每年1600元提高到2000元，这在社区矫正工作经费保障上已经走在前列，即便如此工作经费仍然十分短缺。笔者认为，可行的思路并不是按照社区服刑人员平均分配这2000元工作经费，而应当在监督管理、帮助保护等方面实行差别对待、"按需分配"，方能取得法律效果与社会效果的统一。

（二）增强社区矫正的激励性与威慑性，提高社区服刑人员的矫正积极性

完善分级处遇，明显区分宽管、普管、严管的监管强度，将有效增加社区矫正的激励性与威慑性，提高社区服刑人员的矫正积极性。矫正方案是社区矫正机构为服刑人员制作的，具有一定的强制性，社区服刑人员必须无条件服从并认真遵守。这种强制虽然一般不会剥夺而只是限制服刑人员的人身自由，但毕竟是令人不快的体验。社区矫正的最终目标，是帮助服刑人员重新融入社会，但大目标的实现有赖于分阶段、分步骤的目标的实现，并通过实现每个阶段的小目标最终实现大目标。分级处遇将矫正总目标划分为不同的小目标，并为这些小目标

设置不同的处遇级别，通过激励与威慑两种手段促使服刑人员积极参与矫正，为发挥服刑人员的主观能动性和矫正积极性提供了方向。从提升社区矫正的激励性来讲，服刑人员通过自己的努力，通过级别改善来获得一定的精神满足，形成参加矫正的成就感和获得感，进而激励其朝着更高的级别不断努力，从而培养其良好的行为习惯；从提升社区矫正的威慑性来讲，不遵守监督管理的各项规定将导致提高监管级别，最严重者甚至可能因集中学习而被短期剥夺自由。

这样，就形成了监管程度存在明显差异的阶梯式监管，从正反两个方面来提高社区矫正的激励性和威慑性，鼓励服刑人员积极参与矫正活动，认真遵守监管规定。如果激励不足，服刑人员的机会主义思维会令其感到积极参与矫正活动没有回报，从而丧失积极性；如果威慑不足，服刑人员会缺乏对法律应有的敬畏之心，不仅对参与矫正活动没有积极性，反而可能产生消极对待甚至违反监管规定的不良后果。

（三）帮助社区服刑人员顺利回归社会

分级处遇最初是监狱行刑累进处遇制度的内容，后沿用于社区矫正。社区矫正有三大核心任务，即控制社区服刑人员的人身危险性、帮助和保护社区服刑人员、促使社区服刑人员回归社会。实施分级处遇，明显拉开宽管、普管、严管人员的监督管理等级，一方面集中社区矫正资源监管严管人员，另一方面提高服刑人员的矫正积极性，最终目的是为了帮助社区服刑人员顺利回归社会。根据服刑人员的人身危险性，分级对其实施不同的监督管理，一方面可以矫正服刑人员的不良生活习惯，击破其相对稳定的犯罪心理结构；另一方面又可以根据服刑人员人身危险性的变化，逐步减少对服刑人员人身自由的限制，从而帮助其逐步回归社会。同时，社区矫正应当避免对服刑人员放任自流和过度干预两种极端做法。对社区服刑人员放任自流，容易导致其人身危险性得不到有效控制，不利于其顺利回归社会，这一点在当前的社区矫正实践中已经得到重视；但是，社区矫正实践存在的对社区服刑人员过度干预这一问题，却并未引起足够关注。

正是为了达到使犯罪人重新社会化的目的，社区矫正才将犯罪人置于社区之中给予矫正保护，而尽量减少官僚化的机构对犯罪人施加的标签效应和给犯罪人带来"监狱化"的负面效应。因此，社区矫正应当避免矫正工作者过度干预社区服刑人员的生活，影响其正常融入本地社区。过度干预社区服刑人员的生活，有如下负面效应：首先，可能导致社区服刑人员对"服刑人员"身份的自我认同，随时感受到自己的"社区服刑人员"的特殊身份，影响其参与社会生活的正常的、健康的心理状态，甚至可能出现更加严重的反社会情绪或者自卑消极的不良情绪。接受社区矫正的社区服刑人员，本以为在社区处遇下能够相对正常地融入社会生活，但干涉过度或限制过于严格的社区矫正，可能令社区服刑人员长期处于"罪犯"这一身份标志下，其心理上也认同自己的社区服刑人员身份，可能导致其出现各种消极不良情绪，不利于其重返社会。其次，可能给社区服刑人员带来"标签效应"，令社区对社区服刑人员施加有形或无形的压力或歧视，让社区服刑人员感到被社会无形隔离，这不仅违背社区矫正的本义，也将给社区服刑人员的再社会化和重返社会带来巨大的阻力且可能引起社区服刑人员的逆反心理，自暴自弃，不能树立重返社会的决心和信念。社区矫正机关和社区过于强调社区服刑人员的身份将可能给予社区服刑人员强烈的心理暗示——自己是需要矫正的"坏人"——社区矫正机关热心的矫正工作，很有可能促使社区服刑人员变得更坏。

社区服刑人员真诚悔罪，人身危险性已经明显降低甚至消除，如果此时不及时改变监管等级，仍要求其报到、走访、汇报、参加集中教育、参加社区服务，容易对社区服刑人员造成不必要的烙印性耻辱，强化标签效应。

三、完善社区矫正分级处遇的建议

（一）明确分级前过渡期的性质

社区矫正机构接收社区服刑人员以后，对其基本资料有一个逐渐熟悉的过程，因此通过调查评估确定其监管等级需要适当的过渡期。实践中，有的社区矫正机构直接将新入矫的服刑人员确定为严管等级；有的社区矫正机构则不确定等级，而是要求新接收的服刑人员参加为期一个月的入矫教育，待入矫教育结束后综合入矫教育的情况进行评估以确定监管等级。

笔者认为，不加区分地将新入矫人员确定为严管或者所谓的实施高强度管理是不妥当的。新入矫人员的犯罪类型、社区刑罚类型、年龄、家庭、工作、学习等情况，社区矫正机构通过接收的相关法律文书就能有直观的了解，对其人身危险性能够形成粗略印象，不加区分地一律实施严管，违反宽严相济的刑事政策和分类管理原则。因此，笔者认为，新入矫人员不确定监管等级，而是令其接受为期一个月的入矫教育较为妥当。但是，入矫教育的具体内容也应当根据入矫人员的犯罪类型、社区刑罚类型、年龄等进行区分。对此，大致有如下思考：首先，应当区分成年犯与未成年犯。由于身心特征不同，并避免交叉感染，成年犯与未成年犯应当分别开展入矫教育。其次，应当区分暴力犯和非暴力犯。相对而言，暴力犯的人身危险性高于非暴力犯，因此，入矫教育应当针对暴力犯开展必要的心理教育，同时其参加集中学习的期限应当长于非暴力犯。最后，应当区分社区刑罚类型。例如，假释犯都在监狱服刑了较长时间，调研发现假释犯的认罪服法态度、遵守监管规定态度普遍较好，对假释犯更多的应当是心理辅导等重新融入社会的教育；再如，暂予监外执行犯主要是保外就医的犯人，其罹患疾病或者生活不能自理，入矫教育的方式方法就应当区别于其他类型的服刑人员。

综上所述，应当将分级前的过渡期确定为入矫教育，同时入矫教育也应当根据服刑人员的不同类型区分教育内容、教育方法，实施分级分类教育，而不能一律实施严管，不能简单地认为"给社区服刑人员来一个下马威是必要的"。

（二）规范入矫分级评估

目前，各地社区矫正实践都普遍采用了服刑人员风险评估系统，将服刑人员的各种信息输入系统后测定其人身危险性等级。但各地使用的风险评估系统不尽一致，同时一线社区矫正工作者认为这种评估只能作为参考，并不会根据风险评估系统或者心理测评结果直接确定监管等级。调研发现，社区矫正工作人员更多是将评估得出的指标作为参考，主要是依靠矫正过程中社区矫正工作者的实际调查综合评估其人身危险性并最终确定监管等级。笔者认为，入矫分级评估涉及服刑人员人身自由的限制程度，执法应当规范化、标准化、正规化。

1. 关于风险评估的指标

风险评估的指标也就是评估风险时应当考量的要素。选取怎样的指标加以评估，直接决定了风险评估的科学性和准确性。笔者认为，可以借鉴加拿大等国的风险评估经验，将风险评估指标分为静态因素和动态因素。其中，静态因素反映的是服刑人员既成的、无法改变的因素，而动态因素反映的是服刑人员生活中的一些可变因素。在此基础上，司法部应当组织专家和实务工作者进行论证，科学合理地选择评估指标，尽可能开发出全国范围内的风险测评系统。

2. 关于风险评估的方法

服刑人员的风险评估方法有统计评估法和临床评估法之分。风险评估最初的基本方法是临床评估法，即由心理专家利用既有的关于服刑人员的信息，作出对风险的主观判断。后来才逐渐发展出基于统计数据的统计评估法。较临床评估而言，统计评估更少依赖于工作人员的"直觉""印象"，因而科学性更浓，更不容易受工作人员主观偏见的影响。但事实上，临床评估与统计评估不可截然分开，原因在于很多统计结论的获得需要靠工作人员亲临现场，亲自与服刑人员沟通、了解情况，并依据专业知识对其态度作出判断。直观地说，风险测评系统测评的结果应当作为确定监管等级的基本标准，辅之以社区矫正工作者的实践修正，但这种修正应当说明理由，并计入档案。

3. 关于评估的主体

社区矫正实践对评估的主体多未作出明确规定，一些省市规定根据动态评估调整监管等级由区县司法局审批，一些省市则规定由司法所长审批。笔者认为，风险评估具有专业性、技术性，宜由区县司法局在入矫教育后统一实施评估，确定入矫监管等级，否则可能出现各地执法的重大差异，损害执法的权威性和严肃性。

（三）完善常规矫正期分级动态调整评估

在入矫时初次分级后，各地多规定了常规矫正期的分级动态调整评估机制，但各地实践存在较大差异，也有一些问题需要完善。笔者认为，应当从如下方面进行完善：

1. 关于动态调整评估期限

实践存在的问题是，未区分矫正期限长短而统一规定固定的调整评估期限，这并不妥当。笔者认为，可以借鉴监狱减刑的规定，根据矫正期限的长短分别规定不同的调整期限，具体如下：矫正期限在 1 年以下的，每 2 个月作动态调整评估，达到晋级或降级标准的，改变监管等级；矫正期限在 1 年以上 3 年以下的，每 3 个月作动态调整评估，达到晋级或降级标准的，改变监管等级；矫正期限在 3 年以上的（如长期刑犯的假释），每半年作动态调整评估，达到晋级或降级标准的，改变监管等级。这样规定的好处在于：不能让短期刑犯看不到调整监管等级的希望从而消极应对矫正活动，相应地，长期刑犯调整监管等级的动态评估期限可以适当延长。同时应当规定，有重大立功表现或者在矫正活动中有其他突出表现的，不受上述期限的限制，以充分激发社区服刑人员认真参加矫正活动的积极性。

2. 动态调整评估固定期限的例外规定

社区矫正既要确保社会公共安全，控制服刑人员的人身危险性，又要充分激发服刑人员的矫正积极性，因此应当规定在特殊情况下不受固定动态调整期限的限制：①关于降级。如社区服刑人员具有故意实施违法行为受到治安管理处罚以及侮辱、威胁社区矫正工作者、被害人、证人等明显具有较高人身危险性情形的，可以规定不受固定评估期限的限制，以及时控制社区服刑人员的人身危险性予以降级，确保社会公共安全。②关于晋级。如社区服刑人员在矫正期间有重大立功表现或者在矫正期间参加抢险救灾、舍己救人等明显体现认罪悔罪、降低人身危险性的，可以规定不受固定评估期限的限制予以晋级，以充分激发服刑人员的矫正积极性。

3. 分级动态调整评估应当以计分制为基本标准

分级动态调整评估涉及服刑人员的重大权利，应当尽可能规范、明确，而不能有过多的模糊规定，因此实行计分制考核是比较妥当的做法。早在 2004 年，江苏省就出台了《江苏省社区矫正对象计分考核规定（试行）》，其他省市也普遍对社区矫正实行计分制考核。但是，动态调整评估却又在计分制之外确定了不少标准，令计分制失去了应有的意义。例如《江西省社区服刑人员分类管理、分阶段教育实施办法（试行）》第 6 条第 6 款规定了消极对待、借故不接受社区矫正机构监管教育的，应当实行严管。这里的"消极对待"不是规范的法律术语，也难以准确认定。《福建省社区矫正对象分类管理、分阶段教育实施办法（试行）》也有类似规定。但同时，上述文件又规定"日常行为考核季度得分低于 60 分的"，实行严管。笔者认为，除非出现表明服刑人员人身危险性明显提高的特殊情形，应当进行固定期限的计分制考核，以便于对社区服刑人员的人身危险性进行综合评估。同时，即便是除外的特殊情形之规定，也应当尽量采取明确、规范的表达方式。

（四）增强三级处遇的监管差异

当前，各省市社区矫正对服刑人员的监管强度、监管频率上存在较大差异，同时在三级处遇之间的监管差异上也存在明显的不一致。总体而言，当前三级处遇之间的监管差异并不明显，不仅给社区矫正基层工作者带来不必要的沉重负担，而且严重影响了服刑人员的矫正积极性，强化了对社区服刑人员施加的标签效应和烙印性耻辱，同时浪费了有限的社区矫正资源。笔者认为，应当显著增强三级处遇的监管差异，充分体现"宽者更宽、严者更严"的矫正特点，具体可以有如下考虑：

1. 对宽管人员尽量减少不必要的生活干预

笔者认为，宽管人员应当从如下方面体现宽管：①不必强制参加社区服务。调研发现，社区服务在实践中存在诸多难题，表现出明显的形式化特征。既然社区服务没有明显效果，同时又体现宽管人员"宽"的特征，完全不必强制宽管人员参加社区服务。②不必强制报到、不必强制参加集中教育学习。报到和集中教育学习都是对服刑人员人身自由的限制。所谓定期报到和参加集中教育学习，一方面是为了确保社区服刑人员不脱管、不漏管，另一方面是帮助服刑人员提高法律意识、增强认罪悔罪意识。既然服刑人员已经处于宽管级别，说明其人身危险性极低，没有必要强制报到、强制参加集中教育学习。社区矫正工作者完全可以通过必要的帮助保护及灵活多样的电话报到、网络报到、网络教育学习即可实现教育目的，保证社区矫正工作者与社区服刑人员之间的正常联系。或许有人会批评，这种程度的"宽"过度了，没有体现出刑罚执行的特征，但刑罚的目的主要在于教育，而不是为了惩罚而惩罚。从国外的立法例来看，完全存在不附加监督的缓刑。根据是否对缓刑犯附加监督指令、是否要求缓刑犯参加特定项目，缓刑可以分为无监督的缓刑与附监督的缓刑两种。例如，《法国刑法典》第二章第二节第三目"普通缓刑"则属于这种无监督的缓刑，缓刑犯不需要参加特定的矫正项目，只要在 5 年内不因普通法之重罪或者轻罪被判处无缓刑的新刑，原判决即可视为"不曾发生"。英美等国最初的缓刑往往也不曾附加监督指令，但后来随着矫正模式的破产、刑罚民粹主义的强势，各种附监督的缓刑措施纷纷出台。但附监督的缓刑或者说附强化监督的缓刑并不是普遍现象。例如在美国，尽管出现了所谓的中间制裁，但 87.8%的人仍然给予的是一般的监督，12.2%的人给予了中间制裁。在洛杉矶州，有 2/3 的缓刑官监督 1000 名以上的缓刑犯，而缓刑犯只需要每个月用电子邮件与缓刑官联系。

2. 对严管人员应当体现出"严"，强化中间制裁

监狱行刑和社区矫正相较而言，监狱行刑体现宽严相济中

的"严",社区矫正体现宽严相济中的"宽";社区矫正内部也应当体现宽严相济。对于人身危险性明显增高,但尚不需要撤销社区矫正、收监执行的社区服刑人员来说,强化监督的严管是控制社区服刑人员人身危险性、确保社会公共安全的必要手段。我们完全可以借鉴美国"震惊式"监禁、强化监督的缓刑等社区矫正模式,强化对严管人员的"严"管。具体如下:①相对于普管,明显提高对严管人员报到、个别教育、提交书面汇报、参加社区服务的频率,必要时甚至可以要求每周报到两次以上,并可以将报到和走访相结合来强化社区矫正工作者与社区服刑人员的联系。②责令严管人员参加一定期限的集中管理。最为严厉的强化监督措施是集中管理。所谓集中管理,是将部分具有较高人身危险性的社区服刑人员集中到社区矫正中心等场所集中管理,最大限度地限制其人身自由,可以认为这是一种短期剥夺人身自由的惩罚。在地方社区矫正实践中,已有地方规范性文件对集中管理作出规定。如《四川省社区矫正实施细则》(川司法发〔2015〕58 号)第 93 条规定:"社区服刑人员有下列情形之一的,可以根据需要在社区矫正场所进行集中管理:①对其提出收监执行建议的;②有线索表明其有实施再犯罪风险的;③有酗酒、吸毒、赌博等行为恶习,需要实施心理干预的;④可能妨害重要公共场所以及国家重大节日、重大活动期间公共秩序,尚不构成收监执行条件的;⑤法律规定的其他情形。对社区服刑人员进行集中管理,由县级社区矫正机构提出建议,报县级司法行政机关批准。对社区服刑人员集中管理的时间一次不超过 30 日。"集中管理实际上是短期监禁加社区矫正的中间制裁模式,实事求是地讲,集中管理的地方性文件有缺少法律依据之嫌疑,因为集中管理事实上就属于剥夺社区服刑人员的人身自由,且其规定的时间长达一个月之久,比治安管理处罚更为严厉。笔者认为，为区别短期监禁刑与治安管理处罚，集中管理的时间不宜超过 7 日，且不能强制社区服刑人员佩戴戒具。集中管理以集中学习为主要方式，不能采取如同监禁刑或者治安管理处罚一般"蹲监狱"式的管理模式。如果社区矫正机构认为集中管理尚不足以体现从严，则可以按照法律的规定移送治安管理机关或者提请人民法院作出其他司法惩罚。③对严管人员实施电子监控。目前，部分省市对社区服刑人员一律实施电子监控，这明显浪费行刑资源，对于宽管和普管人员来说完全没有必要，但对严管人员来说则是控制其人身危险性的良好手段。同时，集中管理、电子监控也可以作为撤销社区矫正的替代性措施，以缓和某些情形下撤销社区矫正过于严厉的弊端。

（五）对未成年人分级处遇给予特殊规定

阅读各省市出台的社区矫正规范性文件，普遍未对未成年人社区矫正作专章特别规定，最多是在部分条款中略有提及。当然，这并不是说社区矫正实践不考虑未成年服刑人员的特殊性，但这种考虑往往依赖于社区矫正工作者的个人矫正观念而非制度安排。《预防未成年人犯罪法》第 46 条规定了对被拘留、逮捕和执行刑罚的未成年人与成年人应当分别关押、分别管理、分别教育。监狱行刑对此已有明确规定，由于《社区矫正法》尚未出台，各地社区矫正规范性文件几乎没有对此作出特别规定。由于未成年人身心发育尚不成熟，其行为往往具有偶发性、冲动性；即便是一些形成不良违法犯罪习惯的未成年人，往往也是由于缺乏必要的家庭保护、学校保护和社会保护所致。

笔者认为，分级处遇也应当考虑未成年服刑人员特殊的身心特征，对其作出与成年服刑人员差异化对待的特殊规定，具体如下：首先，对未成年服刑人员的宽管应当区别于成年服刑人员的"宽"。未成年人实施犯罪，多为不良生活习惯、不良交往、缺乏必要监护所致,其身心特征决定了其自控能力相对较差,心理结构不稳定。因此,未成年服刑人员即便确定为宽管,社区矫正工作者也应当与其加强联系。这种强化联系不应当通过责令其当面报到来实现,而更应当通过上门家访、与其监护人或者老师保持密切联系、心理疏导和抚慰来实现。其次,对未成年服刑人员的严管应当区别于成年服刑人员的"严"。由于未成年人多处于青春逆反期,因此对未成年服刑人员通常不宜采取电子监控、集中管理等方式来严管:一方面避免未成年人对服刑人员的身份产生消极的自我认同,另一方面避免交叉感染。对未成年服刑人员的严管,宜采取强化走访、强化个别谈话教育、强化心理疏导等增加联系频率的方式进行。当然,对此也不能绝对化、简单化的理解。对于明显可能实施违法犯罪行为、人身危险性显著增高的未成年人,也可以采取集中管理、电子监控等形式,但应当采取克制、谨慎的态度。

综上,完善社区矫正分级处遇机制对于节约行刑资源、提高社区服刑人员的矫正积极性都具有重要意义,并最终实现控制社区服刑人员的人身危险性和促进社区服刑人员重新融入社会的矫正目的。

第五条【国家主导和社会参与原则】

国务院司法行政部门主管全国的社区矫正工作,县级以上地方人民政府司法行政部门负责本行政区域内的社区矫正工作。

国家鼓励和支持社会团体、民间组织、企事业单位积极参与社区矫正。

条文释义 ◀◀◀

一、国家主导

所谓国家主导，是指社区矫正工作尤其是法律事务由国家主管机关负责。社区矫正本质上毕竟是国家的刑罚执行工作，而刑罚权专属于国家，因而由国家主导理所应当。

当前我国社区建设面临巨大困难，社区涣散、社区力量薄弱。在这样的现实背景下，社区矫正若主要依靠社区居民来参与就具有相当大的困难。实际上，英美日等国家的社区矫正、社区建设也存在同样的问题，不过他们的中介组织比较发达，因而在一定程度上弥补了这个缺陷。因此，开展社区矫正工作必须坚持政府主导原则

社区发育不充分，传统的单位体制解体、新的社区整合机制尚未建立，社区组织软弱涣散，这是我国当前社区建设面临的基本现实。加之由于我国传统刑罚文化的影响，"罪犯"被妖魔化为僵硬、刻板的邪恶形象，社区居民一般都避之不及，遑论"温和友善"地帮助保护罪犯。而且从中国的传统来看，中国人民不是受到侵略者的欺压，就是受到统治者的苛酷统治，尽管新中国成立六十周年来，这种状况已经得到根本改善，但是中国人内心的安全感仍然严重缺乏，故此重刑威慑的观念仍然深入人心。因此，社区矫正要想依靠社区力量、开发社区资源就具有相当的难度。基于上述原因，我国社区矫正工作者队伍建设必须坚持政府主导、社区参与的原则。也就是说，在社区矫正开展之初，不能奢望社区的积极参与，而应该在社区矫正工作者的引导、培育下，逐步引入社区力量参与社区矫正。

在这个原则的指引下，社区矫正工作者的编制配备应当比英美日等发达国家更充裕。学者公认社区矫正的工作负担在1：

40 这个比例较为适当，根据 2001 年的统计，美国每个缓刑工作者对一般缓刑管理的平均人数是 133 人、强化管理的是 28 人、电子监控的是 15 人；对一般假释的管理是 73 人、强化管理的是 25 人、电子监控的是 21 人；在缓刑假释混合管理中，一般管理的是 94 人、强化管理的是 24 人、电子监控的是 33 人。另外一些数据则更为惊人：从全美范围看，每名缓刑官平均负责的成年缓刑犯是 260 名，但工作量为数百名缓刑犯的也不稀奇，洛杉矶州有 2/3 的缓刑官平均每人监督 1000 名缓刑犯，这些缓刑犯仅通过邮件与缓刑官联系。研究显示，有 1/4 的重罪缓刑犯和 1/3 的轻罪缓刑犯在一个月以上都没有和缓刑官联系。在我们看来，中国不宜借鉴美国的这一标准，我国的标准应当保持在 1:20 以内。理由在于：①我国犯罪圈比较狭窄，入罪的都是社会危害性比较大的行为，因而即使是缓刑犯，相对来说人身危险性也较大，故此一般情况下都需要强化监督；②我国重刑文化根深蒂固，推广社区矫正如果不注意强化监督，不仅不利于得到社区居民的支持，也容易给犯罪分子形成误导，以为社区矫正就是"免处"；③美国的缓刑、假释再犯率高，其原因之一就是片面强调财政因素，在社区矫正队伍无力承担的情况下仍然大规模适用缓刑、假释，导致社区监督不到位；④我国社区资源不丰富，各种资源尤其是财力资源仍然主要掌握在政府手中，我国社区矫正难以得到更多非政府组织、慈善组织的支持，因而社区矫正在发展初期必须主要依靠社区矫正工作者来完成；⑤我国社区矫正尚处于发展初期，社区矫正工作者本身的业务水平不高，如果编制不到位，容易造成社区矫正的虚化，导致社会民众对社区矫正的反弹。

二、社会参与

社区矫正的立足点和出发点都在社区，倡导社区矫正不是简单地将服刑人员"去机构化",而是强调多方位、多层次、多角度运用社会力量参与社区矫正工作,促使社区服刑人员与社区的和解、和谐,最终使得社区服刑人员能够回归社会。

社区矫正工作不仅是一项严肃的执法工作,而且更是一项社区社会工作、社会福利性工作;社区矫正工作千头万绪,内容繁杂,社区矫正机构的专职公务员显然难以完全胜任。因此,社区矫正工作必须吸纳非政府组织。譬如,北京市朝阳区2005年3月成立了朝阳区阳光社区矫正服务中心,这是从事社区矫正社会服务活动的非营利性组织,属公益性社团法人,采取协议形式承担北京市朝阳区政府委托的社区矫正社会服务职能。矫正中心的成立,是政府机关运用社会化、市场化的手段与民间组织共同处理社会问题的有效探索,有助于建立社会力量参与社区矫正工作的长效机制,还有助于缓解现阶段社区矫正专业人员不足的现状。不过,阳光社区矫正服务中心的形式还比较单一、政府背景的特征很强,未来社区矫正还必须进一步拓展这方面的思路。国外的经验证明,社区矫正工作的内容具有高度的复杂性,不是简单的监督管理、谈话聊天,而是包含复杂的技术内容,如尿检、心理辅导、电子监控、人身危险性评估、社会服务、公益劳动等。当前的工作机制没有明确非政府组织的法律地位,也没有明确非政府组织以何种方式参与社区矫正,这导致非政府组织的参与极为有限、社会志愿者服务流于形式。本来,司法行政机关的人手不足,难以推动社区矫正试点工作的进度,社会资源的重组、利用又跟不上,导致即使在试点地区,社区矫正工作也是"雷声大、雨点小",轰轰烈烈的宣传,悄无声息的落幕。

社会参与应当包括两个方面:一是社会参与监督。毛主席讲过,要让敌人陷入人民战争的汪洋大海。社区服刑人员并不是我们的敌人，而是社区成员。但是社区服刑人员毕竟具有一定的人身危险性，对他们既要保护，也要监督。但困难的是，社区服刑人员在社会内服刑，其人身自由虽然受到一定限制，但限制并不大，其大部分时间仍然与其他社区成员一道生活，仅仅依靠社区矫正工作者的力量是远远不足的。但是，社会参与监督并不等于发展一套无所不在的监控体系，成为福柯（Foucault）所说的"监狱社会"，而是说社区成员要有社区集体意识和安全意识，对社区服刑人员的活动能够有一定的关注度，但也不能过度干预其正常生活。二是社会参与保护。对社区矫正来说，社会参与保护是其核心内容。社区服刑人员大多面临一定的社会适应性障碍，或者是生理上的，或者是心理上的，对此社区矫正工作者与社区矫正机关不可能完全顾得过来，此时社会力量就可以发挥出重大作用。国（境）外社区矫正机制有一个明显特征，即官方的社区矫正执行机构与非政府组织密切配合。社区矫正的本意，就是让犯罪人在社区服刑，不仅不割断犯罪人与社区之间的联系，反而还要想方设法加强犯罪人与社区之间的联系。因此，社区矫正必然就要求充分利用社区资源。譬如前文提到的加拿大的救世军、加拿大约翰·霍华德协会、加拿大伊丽莎白·弗莱伊协会、加拿大圣·伦纳德协会、加拿大第七步骤协会等组织，日本的改造保护法人、改造保护妇女会、BBS协会、帮助雇佣业主会等组织，荷兰的救世军、国家缓刑机构等都是社区矫正的生力军。一般来说，社区矫正执行机构负责监督、执法，非政府组织负责帮助、保护、教育、救治、训练等服务性项目。但是，这种界限正在被打破：社区矫正执行机构本身的人力资源有限，不足以完全单独实行社区矫正的全部内容，许多项目都需要外包给非政府组织，非政府组织在提供服务、组织项目实行的过程中，就需要对矫正对象的项目完成情况进行监督，并有义务随时报告给矫正官员。

▶▶▶ 立法理由

社区矫正采取国家主导与社会参与原则，是由其性质和特征决定的：

一、社区矫正工作内容的复杂性

社区矫正的基本含义就是在社区中矫正犯罪人，在不剥夺犯罪人与社会正常联系的情况下矫正犯罪人。犯罪人如何矫正？要搞清楚这个问题，就必须首先明白犯罪的原因何在。

目的刑主义和教育刑主义都认为，犯罪是以社会因素为主的多种因素综合作用的结果。犯罪原因大体上包括：①犯罪的人类学因素。人类学因素又可以分为罪犯的生理状况如颅骨异常、脑异常、主要器官异常、感觉能力异常、反应能力异常等；罪犯的心理状况如智力和情感异常尤其是道德情感异常等；罪犯的个人状况如种族、年龄、性别等生物学状况和公民的地位、职业、住所、社会阶层、训练、教育等生物社会学状况。②犯罪的自然因素是指气候、土壤状况、四季、温度等状况。③犯罪的社会因素包括人口密集、公共舆论、公共态度、宗教、家庭情况、教育制度、工业状况、酗酒、经济和政治、公共管理、司法、警察、一般立法状况、民事和刑事法律制度等。对上述不同原因的研究就构成了犯罪生物学、犯罪心理学、犯罪社会学的不同研究路径，在这些学派内部又存在极端对立的派别，同一派别内部也存在着细微的学说差异，这都说明，犯罪是一种非常复杂的生理、心理、社会反应过程，对犯罪人的矫正也必须综合考虑这些因素。

目前还没有实证依据证明监狱对矫正犯罪人到底有没有效果，而且整个矫正论都在受到质疑。尽管如此，我们认为，矫正无论能否成功，它都是我们这个社会义不容辞的责任，对矫正论的怀疑和否定，意味着我们将彻底抛弃人道主义赋予我们的将人民从邪恶心灵中拯救出来的道德义务。犯罪的多因性与复杂性决定了社区矫正工作将是一项非常复杂的工作，它涉及心理学、医学、社会学、法学等多方面的知识，不仅需要高度的责任感，而且需要严肃的人文关怀。只有从各个角度认真分析犯罪人的致罪心理，才可能成功矫正犯罪人。社区矫正工作者只有在准确诊断犯罪人的"犯因"前提下，才可能"对症下药"，研究切实可行的矫正方案。

心理学的研究结论也告诉我们，人确定自己的人格、选择自己的行为，都是在遗传与环境的双重影响下形成的，人格的总遗传率大约为 40%。随着遗传和经验作用的不断展现，研究者已经区分出三种情况：①同样的环境经验对由不同遗传构成的个体有不同的作用；②具有不同遗传结构的个体可以唤起不同的环境反应；③具有不同遗传机构的个体会寻求、改变和创造自己的环境。总之，个体既是环境影响的相对被动的接受者，又可以通过自己唤起的反应在环境事件中起作用，还可以在选择和创造环境中发挥积极作用。每一种情况都有天性和环境的交互作用。形成犯罪行为的复杂的内在心理机制和社会机制决定了要矫正犯罪人的反社会性人格将是一项多因素综合的复杂的工作，它涉及医学、心理学、社会学、行为学、法学等多个学科的知识，而且需要较强的社会工作能力。

二、社区矫正手段的多样性

社区矫正是改造人的社会系统工程，具有高度的复杂性。导致犯罪人走上犯罪道路的原因是多方面的，不同的犯罪人、不同的犯罪类型，都有各自不同的特殊原因和综合作用过程。社区矫正面临那些具有高度人身危险性的潜在犯罪人、在社区中矫正的现实的犯罪人以及那些出狱后需要保护帮助或监督的人，这些人的思想动态、犯罪原因等各不相同，因此社区矫正欲成功改造这些人，就必须具有灵活多样的改造手段。

社区矫正中的"矫正"，不能仅仅理解为刑事执法活动，更要着重理解为通过各种心理咨询、心理分析、物质帮助、情感关怀等手段将其成功地改造为适应社会主流文化的人。社区矫正中的"矫正"，既包括刑事执法活动的矫正，还应当包括社会工作中的矫正。社区矫正若要取得成功，社区建设是前提和基础。社区矫正的实质就在于通过整合专门机关与社区的力量来矫正犯罪人，犯罪人走上犯罪道路的原因是多方面的，因而其矫正手段也是多方面的。尽管目前社区矫正的试点重在强调其严肃的"刑事执法"特点，但倘若没有帮助、保护等综合救助手段，社区矫正就只能成为对犯罪人的一种宽容，而难以起到矫正的作用。

三、社区矫正的专门性与群众性

社区矫正首先是一项专门机关的工作。无论是对潜在犯罪人和那些违法青少年的矫正和教育，还是那些在社区中执行非监禁刑罚的犯罪人，或者是那些刚刚出狱的犯罪人，都需要将社区矫正作为政府的一项专门工作以扎实推进社区治安的稳定。在日本，由专门的法务省保护局、地方改造保护委员会和保护观察所来负责执行社会内处遇；在美国，由专门的缓刑局和假释委员会等机构负责执行缓刑和假释，由专门的缓刑官和假释官来负责社区矫正工作。上海市在社区矫正试点工作中设立了社区矫正工作领导小组，在市司法局下设办公室。因此，社区矫正工作首先是政府机关的专门工作。尤其是我国正处于社会的转型期，政府机关还掌握着绝对多数的社会资源，真正体现市民社会本质的社会自治团体、社会福利机构等中介组织还处于萌芽阶段，我国的社区建设真正取得成绩也只在极少数经济文化发达的地区，多数地区的社区建设包括社会中介组织建设仍然处于艰难起步的阶段。我国现阶段的缓刑、假释、管制等刑罚执行情况不好，关键原因就在于市民社会的基础还不成熟，掌握的资源过于匮乏。在这样的情况下，必须首先强调社区矫正工作的专门性，否则社区矫正工作必将处于软弱涣散的状态。

其次，社区矫正具有浓厚的群众性。社区矫正的实质，就在于将犯罪人、潜在犯罪人或者其他刑满释放人员放在社区中进行矫正，这必然要求充分利用社区的各种资源，动员社区内各种群众力量参与改造和矫正工作。其他推行社区矫正的国家都非常重视社区力量的参与。例如，在日本，参与社会内处遇的人有保护观察官、保护司、改造保护法人及民间志愿者。保护观察官是地方改造保护委员会的国家公务员，从事"基于医学、心理学、教育学、社会学以及其他改造保护的专门知识，进行保护观察、人格调查及其他与犯罪人的改造保护及与犯罪预防有关的事务"，1994 年编制 89 人；保护司是"具有社会奉献精神，在帮助犯罪人改造自新的同时，努力启发有关犯罪的舆论，从而净化地域社会，为个人及公共利益做贡献"的民间志愿者，编制为 52 000 人之内；改造保护法人是从事改造保护的民间团体，从事持续性保护事业、一时性保护事业、联络促进事业等工作；民间协助组织，包括各种基于民间立场参与改造保护的民间志愿组织。从这些组织就可以看出，尽管社区矫正是一项严肃的官方事业，但同时社区在社区矫正工作中发挥着更为积极的作用，民间力量是社区矫正的主要资源。我国台湾地区的"更生保护法"和"更生保护法施行细则"也专门规定了民间人士参与更生保护的方法、程序，而且从其实践来看，其更生保护主要的基础工作就是由社区力量来完成的。其他如英国、美国等国家的社区矫正也是积极运用社会力量参与改造保护事业，并取得了良好效果。我国也要积极探索适合我国国情的利用社区资源参与社区矫正的具体方式和途径，充分发挥国家专门机关的业务优势，并积极组织社会力量参与社区矫正事业，促进社区矫正的专门性与群众性相结合是社区矫正工作取得成功的关键。

第六条【和解原则】

实行社区矫正，应当尽可能地采取积极的恢复性措施，促成社区服刑人员、被害人与社区达成和解。

条文释义 ◀◀◀◀

一、恢复性司法

恢复性司法是自 20 世纪 70 年代以来世界范围内一场声势浩大的刑事司法改革潮流，并深刻影响着当今西方国家的刑事政策改革方向。自 1974 年加拿大安大略省的基奇纳出现了世界第一个被害人－犯罪人和解程序以来，恢复性司法已经获得了长足的发展，1989 年新西兰甚至以立法确认了恢复性司法在青少年犯罪案件处理过程中的优先地位。

（一）恢复性司法的定义

许多学者对恢复性司法的定义都进行了界定，比较典型的定义是英国学者托尼·F. 马歇尔（Tony F. Marshall）作出的："恢复性司法是一种过程，在这一过程中，所有与特定犯罪有关的当事人走到一起，共同商讨如何处理犯罪所造成的后果及其对未来的影响。"实际上，恢复性司法是融程序和实体问题于一体的概念，学者们探讨时往往也从不同的角度来界定恢复性司法。强调程序的学者认为，恢复性司法是以程序为主导的定义所构成的，强调的是犯罪行为及受其后果影响的当事人（利害关系人）之间进行会面的重要性；强调实体的学者认为，恢复性司法是由以正义为主导的定义构成的，强调的是得到恢复性司法结果和价值。丹尼尔·范内斯（Daniel Van Ness）教授则将上述两种定义融为一体：恢复性司法乃是一种强调修复由犯罪行为所造成的或揭露的危害结果的一种司法理论，实现恢复性司法的最佳途径乃是包容性与合作性的程序。联合国《关于在刑事事项中采用恢复性司法方案的基本原则》中对恢复性司法的相关定义进行了进一步阐述："恢复性司法方案"系指采用恢复性程序并寻求实现恢复性结果的任何方案；"恢复性程序"系指通常在调解人的帮助下，受害人和罪犯及酌情包括受犯罪影响的任何其他个人或社区成员共同积极参与解决由犯罪造成的问题的程序，恢复性程序可能包括调解、调和、会商和共同确定责任；"恢复性结果"系指由于恢复性程序而达成的协议，恢复性结果可能包括旨在满足当事人的个别要求和履行其责任并实现受害人和罪犯重新融入社会的补偿、归还、社区服务等对策和方案。可见，联合国经济社会理事会的立场是采用一个融合性的定义。恢复性司法的定义对于刚刚了解该名词的中国学术界来说尤为必要：人们基于不同立场对恢复性司法进行阐释，已经导致了一些认识上的混乱。有的同志认为社区矫正、社区服务就是恢复性司法，这可能主要从能否得到恢复性结果的角度而言；实践部门倡导的"刑事和解"改革运动，表面看来是程序角度的恢复性司法，然而其更多的还是追求"和解"这一效果，因而也基本属于强调恢复性结果的恢复性司法。我们认为，有必要严格恢复性司法的界限：只有通过恢复性程序获得的恢复性结果才是恢复性司法，恢复性司法不仅要求解决问题，同时也要求满足与犯罪有关的当事人参与司法过程的权利，而这一点显得尤为必要。

恢复性司法程序的共同要素包括：

- 犯罪是对被害人和社区和平的伤害；
- 以使犯罪造成的伤害恢复常态为中心；
- 通过犯罪人赔偿来弥补被害人因犯罪所受到的损失；
- 被害人和犯罪人都是对犯罪冲突回应和解决冲突的主动参与者；
- 授权被害人通过直接介入司法程序来寻求被害状态的终结；
- 帮助被害人通过对犯罪施加影响来获得对其生活的社区的控制感；
- 一个罪犯对其犯罪行为负责的目的；
- 增强对犯罪人行为的真正的人格影响；
- 鼓励犯罪人承担他们行为的责任，以一种可以帮助他们回归社区的方式；
- 力图阐明被害人、犯罪人和社区所体验的个人的、相互之间关系的伤害是犯罪的结果之一；
- 力图将所有受到犯罪影响的方面都纳入犯罪回应机制当中。

（二）恢复性司法的参加者

1. 被害人

被害人主要是指直接受到犯罪行为侵害的人，还包括被害人的亲属以及被害人的邻里——他们也间接受到了犯罪行为的负面影响。恢复性司法所要解决的首要问题就是恢复被害人因犯罪行为遭受的物质损失和精神损失，同时要恢复犯罪人和被害人之间因犯罪行为遭受破坏的人际关系。因此，被害人的权利主要包括：①参与整个恢复性司法过程；②叙述自己因遭受犯罪行为而导致的物质损失、精神伤害；③提出自己关于解决犯罪问题的方案，如获得赔偿、道歉或者家庭照顾等；④对解决方案的接受与否定的权利。

2. 犯罪人

恢复性司法要求犯罪人叙述真相、承认错误、承担责任，因而犯罪人在恢复性司法过程中不是接受审判，也不是为自己辩护。犯罪人参与恢复性司法，一方面让他倾听被害人的遭遇，激发他的同情心、内疚感，从而激发悔罪意识；另一方面，叙述自己犯罪的动机、过程，讲述自己的犯罪生涯，给社区成员一个了解自己的机会，避免贴上"恶棍"的标签，避免被"妖魔化"，以获得重新融入社区的机会。

3. 社区

社区有文化上的社区、地域上的社区、心理上的社区之分，这里主要指犯罪行为发生地所在的微型社区，在我国可以把它理解为一个居民小区。社区之所以参与恢复性司法过程，原因在于：①犯罪是社区关系不和谐的表现，因而犯罪行为的发生也要求社区承担一定的责任，这个责任就是尽量弥补因犯罪行为遭受破坏的社区安宁、和谐；②社区也是犯罪行为的潜在受害者，犯罪行为让社区成员感到威胁，感到恐慌，相互之间不信任，因而他们需要了解犯罪行为发生全过程，一则吸取教训，二则正确认识犯罪人；③犯罪人生活在社区，无论犯罪人是否受到监禁刑的惩罚，他最终都要回到社区，重新融入社区需要社区成员的关心、帮助和支持。

（三）恢复性司法的目标

恢复性司法的首要目标是：

（1）充分地满足被害人经济、情感和社会方面的需要（包括对那些与被害人有密切关系和同样受到犯罪行为影响者需要的满足）；

（2）通过把犯罪人重新融入社会而防止其再犯罪；

（3）使犯罪人能够对其行为主动承担责任；

（4）再造一个有效支持犯罪者回归、被害人恢复的主动预防犯罪的社区环境；

（5）提供一条避免法治运作成本的不断增长及正义不断被迟延的进路。

为恢复性司法设定上述目标，是建立在下列架设的基础之上：

（1）犯罪有其社会条件和社区关系之根源；

（2）犯罪预防取决于在减少引起犯罪的条件中，社区也应承担部分责任（地方和中央政府对社会政策承担责任）；

（3）犯罪的影响（后果）在缺乏犯罪人和被害人参与的情况下不可能得到彻底的解决；

（4）司法手段应当富有弹性，并能够回应特别的紧急情形，个体需要和个案的可能；

（5）司法机关之间的伙伴关系和共同目标以及司法机关与社区之间的关系是有效运作的关键；

（6）正义总是由一些平衡的方式共同构成的，任何单一的目的都不得凌驾于其他价值之上。

可以看出，恢复性司法上述目标的设定与近几十年来西方国家的主要哲学、社会学思潮紧密相关。其奠基于社群主义的兴起、后法治时代的思潮、参与制民主以及重新融合性耻辱理论等，西方国家的警务改革运动——社区警务的兴起、社区司法计划的复兴——以社区矫正为核心的非监禁刑大行其道，与恢复性司法的理论背景如出一辙。

（四）恢复性司法恢复了什么？

恢复性司法恢复了什么？这是个值得探讨的问题。恢复性司法虽然重视赔偿，但并非单纯地强调物质上的赔偿，而是强调犯罪人与被害人、社区生活原状的恢复。首先，通过恢复性司法，犯罪人可以得到恢复。犯罪人在实行犯罪以后，出于各种原因，往往将责任推卸到被害人身上，或者对被害人遭受的痛苦没有实际体会，因而悔罪意识往往并不深刻。通过面对面的对话与沟通，犯罪人可以真切感受被害人因犯罪所遭受的痛楚，去掉对被害人虚妄的责备，并因此产生发自心底的忏悔。其次，通过恢复性司法，被害人可以得到恢复。遭受犯罪侵害以后，被害人往往有两种典型的负面情绪：恐惧与仇恨。被害人因遭到严重伤害而对犯罪人产生刻板的"妖魔化"形象，并进而产生严重的恐惧感。此外，遭受犯罪的侵害可能令被害人产生强烈的复仇冲动，从表层次来看，是因为自己的利益受到了侵犯；从内在的心理体验来看，则是自我价值受到贬损、人格尊严缺乏和个性完整性受到攻击。恐惧与仇恨，是折磨被害人的两大负面情绪，通过恢复性司法，恐惧与仇恨能够逐渐淡化：一方面，与犯罪人面对面的接触，通过讲故事的方法来叙说自己遭受的痛苦，宣泄了自己的情绪；另一方面，与犯罪人的接触可能令被害人消除对犯罪人刻板的妖魔化恐惧，并可能认识到自己在犯罪场景中也负有一定责任。更为重要的是，面临活生生的犯罪人而非僵硬的犯罪人恶魔印象，将极大地促进被害人仇恨心理的消融。对于被害人来说，消除仇恨、产生宽恕是极为重要的解脱。"原谅别人，首先意味着解脱了自己。"最后，通过恢复性司法，社区得到了恢复。犯罪总是发生在特定的社区，这必将对社区共同体造成侵害，对社区的安宁造成威胁。通过参与恢复性司法，社区真切地了解犯罪人，才可能原谅犯罪人，只有当社区原谅犯罪人以后，犯罪人才可能真正地被社区所接纳，才可能复归社会。

二、刑事和解

(一) 刑事和解的异化

近十年来，刑事和解成为刑事司法实践最引人注目的改革潮流。同许多改革一样，这场改革带有自下而上的特点，首先由地方检察机关进行探索，然后获得学术界的瞩目，通过广泛深入的论证后，最终成为全国性的改革探索，2012 年修改的《刑事诉讼法》专门设置了"当事人和解的公诉案件诉讼程序"一章。

本来，改革探索之初，刑事和解更多的是地方检察机关因应构建社会主义和谐社会的政治需要而发展起来的刑事诉讼中的沟通与协商机制的经验性总结。相对于学者来说，地方检察机关更加注重的是刑事和解"社会效果与法律效果的统一"，而并不关注其是否与传统刑事司法理论相符。尤其是在维护社会稳定成为地方党委政府重要任务的当下，刑事和解无疑化解了不少激烈的社会矛盾与冲突，同时为被害人提供了参与刑事诉讼的制度外途径。但正所谓"成也萧何败也萧何"，作为司法经验总结成果的刑事和解，在产生了一定社会效益的同时，也引发了一系列法律冲突。缺乏稳定学术支撑的刑事和解，不可避免地在实践中出现了种种异化现象，具体阐述如下：

第一，刑事和解异化为"赔钱减刑"。较早引起社会关注的案件是 2007 年 2 月广东东莞中院审理的一起抢劫（致人死亡）案，判决将被告和其亲属对原告方主动的经济补偿作为量刑酌定情节的综合因素加以考虑。上述案件的判决在社会上引起很大反响。有媒体对此评论道："当富人借金钱获得了宽免，刑法必将仅仅针对穷人。"一些学者对此进行了辩解，认为这并非媒体热炒的"赔钱减刑",而是刑事和解。但在我看来,司法实践中的刑事和解的确有异化为"赔钱减刑"的嫌疑。地方法院从善意考量被害人权益的保障与慎用死刑的立场出发,将犯罪人经济补偿作为量刑情节可以理解。但如果在和解过程中,将赔偿纯粹作为一种民事问题进行调解进而达成调解协议的做法的确不妥。一些学者之所以将刑事和解误读为"刑事案件、民事解决"也正是对这种扭曲的刑事和解的总结。刑事和解自然要关注赔偿,但更应该关注赔偿背后真正的和解及犯罪人与被害人之间真诚的互动、协商与沟通。脱离犯罪人真诚的悔罪态度来运行"和解机制",基本上就可以说是"赔钱减刑"。要将刑事和解与赔钱减刑真正区别开来,不是不考虑赔钱,而是应当着重考虑赔钱背后犯罪人与被害人之间的互动、协商、对话、谅解过程。只有当犯罪人真诚悔罪、被害人真诚谅解的时候,才能叫做真正的刑事和解。

同时,刑事和解固然非常关注赔偿,但赔偿绝不是刑事和解的唯一方法。只要犯罪人与被害人之间有真诚的互动、沟通与谅解,无论是否赔偿,都是刑事和解,赔偿只不过是表明双方和解的一种形式而已。有些地方司法机关缺乏对被害人进行心理援助、辅导与纾解的司法资源,因而基本上采取了一种比较简单的做法:将达成和解协议作为量刑情节提前告知犯罪人,进而犯罪人在强大的心理压力下被迫与被害人达成赔偿协议。这种不关注内在和解过程的赔偿协议,本身并不是严格意义上的刑事和解,但早在国内不关注刑事和解的20世纪90年代,最高人民法院的司法解释就承认这种酌定量刑情节了。在我们看来,刑事和解若要去掉"赔钱减刑"的帽子,只有通过引入社会中介组织、民间志愿者加入和解过程,注重犯罪人与被害人之间就犯罪的叙述、对话才能实现。

第二，刑事和解异化为只重和解协议而不重和解过程。在学者的眼中，刑事和解最重要的环节应当是和解的机制、和解的过程。通过与被害人的对话、交流与叙述，犯罪人深刻反省自己的罪行、反省自己对被害人造成的伤害、直面自己的过错，进而确定自己将来的自新之路；被害人认识到鲜活的犯罪人而消除对犯罪人的恐惧、驱除因犯罪造成的心理阴影，进而化解仇恨、避免心理扭曲，恢复原本被破坏的平和心理状态。可以认为，刑事和解的全部价值都体现于此。但司法实践中的刑事和解，由于过于注重和解协议（和解结果）而忽略和解过程，已经造成了严重困扰：①对于本可以和解的案件，由于缺乏和解过程而造成无法和解。备受争议的药家鑫案件，就是由于缺乏和解的机制、和解的过程，司法机关放任媒体的"偏离放大螺旋"、放任网络民意对犯罪人的妖魔化、放任仇恨在网络媒体上的肆虐，结果造成对死刑适用标准的严重冲击。②对于并没有真正在心理上和解的案件，由于达成了赔偿协议而误认为已经和解，结果一方面导致犯罪人对被害人的"漫天要价"感到愤恨进而没能促使犯罪人真诚悔罪，另一方面拉升被害人对犯罪人"有钱就是大爷"心态的进一步仇恨。尽管达成并履行了赔偿协议，但犯罪人对自己的过错认识不足，进而影响其自信之路；被害人虽然得到了物质上的补偿，但其因被害经历造成的心理痛苦并未得到化解，社区认为这种赔偿协议并没有恢复社区安宁，反而产生"赔钱减刑"的错觉。③仅注重和解协议不注重和解过程，事实上导致了司法实践中的刑事和解变得僵硬、刻板，庸俗化为"赔偿和解"。本来，刑事和解的方式是多种多样的，可以是物质上的赔偿，也可以是精神上的真诚的道歉。如果仅有一纸"谅解协议"，而对犯罪人、被害人的心理过程没有加以关注和考量，长此以往，刑事和解只可能是表面的而非真正的刑事和解。

第三，刑事和解异化为"刑事案件、民事解决"。一些学者将刑事和解理解为"刑事案件、民事解决"，我们前面已经指出这是对刑事和解的误读。但这种误读有其实践基础，那就是实践中的刑事和解往往就是"刑事案件、民事解决"。犯罪行为和侵权行为的本质差异，乃在于犯罪行为导致的刑事责任是罪犯对国家应当承担的责任，强调国家对犯罪行为的非难与谴责；侵权行为导致的民事责任是侵权行为人对被侵权人承担的责任，强调对民事权利的补偿与救济。尽管犯罪行为与侵权行为之间的差异并不是理论阐述的那么明显，但二者仍然有其严格的界限。由此，刑事和解与民事和解的差异乃在于：刑事和解强调犯罪人对自己罪行的自我谴责、自我非难，强调犯罪人对自己罪行造成的危害结果的深刻认识与反省；而民事和解并不需要强调侵权行为人的道德态度，仅需要侵权行为人与被侵权人之间形式上的妥协、折中。刑事和解绝不是犯罪人与被害人之间就民事赔偿问题的妥协与折中，而是犯罪人通过道歉、赔偿表达自己的悔罪态度，被害人通过对话、沟通与交流接受道歉、赔偿以表达自己对犯罪人的谅解。

司法实践中的刑事和解，往往就是关于赔偿问题的妥协、谈判。刑事和解中的赔偿，不应该是单纯的赔偿金额的谈判、妥协、折中，而是犯罪人尽力地表达自己的忏悔、被害人真诚自愿地表达自己受到的伤害。"刑事案件、民事解决"不仅有悖刑法理论，也容易向社会公众传达误导性意见。刑法的人文精神本就需要转换，对人的关怀不应简单体现在对人财产的关怀，更应体现在对人精神上的关怀。"刑事案件、民事解决"混淆了刑事责任与民事责任的界限，将对犯罪人、被害人的人文关怀贬低为财产关注，将包含物质关怀、精神关怀在内的人文关怀贬低为单纯的财产关怀，这表面上保护了被害人的合法权益，实际上贬低了包括被害人在内的社会大众的人格。

（二）学术界对刑事和解的误读

实务界最初进行刑事和解的探索，多是来自于地方检察机关出于构建"和谐司法"的本能考量，并未深入思考其所谓的西方学术渊源，也可能并未深入思考学者后来总结的中国传统"和合文化"。这种思想渊源的模糊不清，加之学者的不同学术背景与学术视阈，刑事和解的内涵与外延都被学术界过度解读，以至于异象纷呈：

第一，将刑事和解误读为"刑事问题、民事解决"。有学者明确指出，刑事和解的本质就在于刑法民法化，简而言之，即"刑事问题、民事解决"："从这种意义上讲，刑事和解并不是对加害人完全不处罚，而是从以国家为主导的刑事处罚，改为了以当事人之间的和解为主导的民事处罚了。"最终，刑事和解就成了"刑事案件、民事解决"。也就是说，在加害人的行为构成犯罪的情况下，只要被害人愿意"和"，接受加害人的赔偿和道歉，那么，不仅民事责任"解"（实现）了，同时，刑事责任也"解"（消失）了。持此比较极端观点的学者不在少数，但我们对此不能认同。

首先，刑事和解本质上并非"刑事案件、民事解决"。刑事和解倡导犯罪人与被害人之间坦诚的沟通、谅解，尽管赔偿是刑事和解的重心之一，但此处的赔偿显然不同于一般的民事赔偿。民事赔偿的本质在于补救、恢复侵权之前的状态，着眼于财产的补偿，不过多涉及赔偿人内心活动；但刑事和解中的"赔偿"，并非简单的民事赔偿，而是以犯罪人认识到自己罪行对被害人造成的伤害和悔罪表现为前提，换言之，刑事和解中的赔偿一方面对被害人是一种经济补偿，另一方面更表明犯罪人对犯罪的正确态度。

其次，刑事和解在司法实践中也并未表现为"刑事案件、民事解决"。对刑事和解不能望文生义，简单地解读为"将刑事案件像民事案件那样解决"，刑事和解的实务操作过程一般表现为：通过刑事附带民事诉讼的和解，犯罪人深切地认识到自己的罪行对被害人造成的损害，被害人在一定程度上谅解犯罪人，从而缓解、消除被害人对犯罪人的愤怒、恐惧与复仇情绪，最终达成谅解协议。刑事案件不可能像民事案件那样解决，而是通过双方的沟通、叙述与谅解，达成谅解协议并获得司法机关的认可后，对犯罪人作出的从宽处理。中外刑事和解，于此概莫能外。

最后，这种认识可能是对恢复性司法的一种误读，误将恢复性司法当作刑事和解，并将恢复性司法解读为"刑法民法化"。然而恢复性司法的研究者对国家垄断刑罚权的批判、对西方国家刑罚权的解构并未使得恢复性司法彻底反对传统刑事司法，而是将恢复性司法看作是传统刑事司法的一种补充。刑法将来是否民法化与刑事和解本身是否是刑法民法化完全是两个不同的问题。刑事和解的通行英文翻译为 victim-offender mediation，mediation 一词的中文意思一般带有调解、调停、斡旋之意，与和解的英文翻译 reconciliation 存在很大区别。同时，恢复性司法研究者已经正式表明：恢复性司法不是调解。

第二，将刑事和解误读为"限于民事赔偿责任"。一部分学者和官员认为，刑事和解的内容为"仅对案件中涉及的民事部分进行和解，在和解后被害人可对案件的刑事部分表达自己的意见"。还有学者在将中国刑事和解与西方学术视阈中的刑事和解相区分的基础上，得出我国刑事和解为"民事赔偿责任的和解而非刑事责任的和解"的结论。如果说上述观点是对中国司法实践中刑事和解的实证描述，那还无可厚非；但如果认为这是刑事和解的应有之义或者发展方向，则为我们所不能认同。

首先，从司法实践来看，刑事和解并非限于"民事赔偿责任的和解"。无论是检察机关主导下的刑事和解，还是审判过程中的刑事和解，事实上都当然影响到刑事问题的解决。即使是主张刑事和解限于"民事赔偿责任和解"的学者，也承认和解的结局是"国家专门机关对加害人作出终止刑事诉讼或者减轻刑事责任的决定"。坦白说，如果刑事和解仅限于"民事赔偿责任的和解"，恐怕加害人主动参与刑事和解的意愿将会大大降低。而且，最高人民法院《人民法院量刑指导意见（试行）》（2008）第三节第 13 条也明确规定："对于被告人积极赔偿被害人经济损失的，应当综合考虑犯罪性质、赔偿数额以及被害方的接受程度等情况确定从宽的幅度。"所以，将刑事和解限于"民事赔偿责任的和解"如果不是对司法实践的不了解，就是掩耳盗铃式的叙述。

其次，从刑事和解的内涵上来说，刑事和解也不应当限于"民事赔偿责任的和解"。刑事和解，顾名思义，自然要求加害人与被害人之间就犯罪行为造成的双方仇恨进行和解。尽管刑事责任的本质是犯罪人对国家承担的责任，但犯罪人对国家的责任并不是抽象的存在。从规范上来说，刑事责任首先是因为其实行了不符合国家法规范的行为；但从本质上说，刑事责任是因为其实行了侵害法益的行为。在有具体被害人的案件中，法益并非抽象的存在，而必须附着于特定的被害人才能具体存在。否则，研究犯罪对象便失去了其意义。"刑事和解是一种以协商合作形式恢复原有秩序的案件解决方式，它是指在刑事诉讼中，加害人以认罪、赔偿、道歉等形式与被害人达成和解后，国家专门机关对加害人不追究刑事责任、免除处罚或者从轻处罚的一种制度。"这一概念被学术界广为引用，得到了较大认同。从这一概念可以看出，刑事和解必然涉及刑事责任的和解。从传统刑事司法的观点来看，刑事责任的认定专属于国家，被害人无权与加害人就刑事责任进行和解，即使和解也得不到国家的承认。但社会在发展、文明在进步，理论也必然随之而发生深刻变化。刑事责任的国家专属性实际上已经有所松动，国家深切体察到，犯罪人对国家所负担的刑事责任不应脱离具体而特定的存在，加害人与被害人之间的和解，在一定程度上可以进入国家的视域，国家可以认为这种和解在一定程度上已经实现或者部分实现了刑法的目的。加害人与被害人之间就犯罪所造成的损害进行和解，并不会导致所谓的"刑法民法化"，因为其和解协议仍然需要国家司法机关的审查。

第三，将刑事和解误读为"被害人中心主义"。刑事和解的蓬勃发展也引起了部分学者的忧虑，担心由此造成所谓的"被害人中心主义"，冲击到"国家-犯罪人"的二元主导模式，进而引发一系列理论上的疑问和实践中出现的难题。这些学者的忧虑很容易让人理解，因为即使是强烈主张刑事和解的学者，也常常公开宣称，应当从犯罪人中心主义走向被害人中心主义。该学者认为，传统理论着眼于"远距离观察模式"，形成了"国家中心主义"的犯罪观；而和解理论则立基于"近距离观察模式"，发展出"被害人中心主义"的犯罪观。那么，刑事和解到底是不是被害人中心主义的载体呢？

首先，从司法实践来看，刑事和解显然并非"被害人中心主义"。其一，中国的刑事和解并非独立的运行机制，而是内嵌于传统刑事司法体系。犯罪人仍然是刑事诉讼的中心，公、检、法三机关的工作仍然是围绕是否追究犯罪人的刑事责任运行。与其说刑事和解是"被害人中心主义"，不如说刑事和解适当提升了被害人的参与地位。其二，被害人在达成和解协议的过程中确实占据重要地位，但这并非是"被害人中心主义"的体现。
是否谅解犯罪人、是否能够达成和解协议，不仅取决于被害人，
也取决于犯罪人。犯罪人如果经过审慎衡量，不同意被害人提
出的要求，同样也不能达成和解协议。其三，即使达成和解协
议，和解过程与和解的结果仍然需要司法机关的审查，与其说
刑事和解是"被害人中心主义"，不如说刑事和解改变了传统的
"犯罪人中心主义"。其四，从其他国家和地区的实践来看，刑
事和解也并非都是"被害人中心主义"的体现。譬如说我国台
湾地区的刑事和解，检察机关在决定是否进行缓起诉以及协商
程序的过程中，仅仅是听取被害人的意见，并非完全受到被害
人意见的左右。再如德国刑法和刑事诉讼法规定的刑事和解，
也并非全然被害人单方意志的体现，而是注重被害人与犯罪人
双方和解的真挚努力。因此，刑事和解与其说是"被害人中心
主义"，不如说是将"犯罪人-被害人"的关系置于刑事诉讼的
中心。更近一步说，是从"国家-犯罪人"为中心的裁量到非中
心化的商议式民主刑罚观。

其次，从理论上来说，也不宜认为刑事和解就是"被害人
中心主义"。反对"被害人中心主义式刑事和解"的学者担心，
在刑事和解的过程中，和解的过程完全由被害人主导，司法机
关完全放弃控制权，这将带来一系列问题。但实际上，刑事和
解的过程，本身是加害人与被害人之间一个比较复杂的互动过
程。加害人要求获得从轻、减轻量刑甚至是非刑罚处罚，被害
人要求获得加害人真心的忏悔、适当的赔偿。尽管学者们将这
一互动过程描述为"协商"，但实质上仍然存在矛盾的对立点。
刑事和解的基础，应当是加害人真心的忏悔与道歉，而不是双
方针对赔偿数额的矛盾拉锯战。离开了这一认错道歉基础，讨论
刑事和解是"被害人中心主义"的体现，本身就是对刑事和解的

误读。刑事和解的实质，应当是将加害人、被害人的真诚互动关系作为和解过程的中心，加害人一方首先应当有认错、悔罪的真挚表现，在厘清加害人责任的基础上，被害人对加害人产生重新认识，去除心中僵化的妖魔化的加害人形象，进而产生宽容、谅解的心理。实质上，将刑事和解理解为"被害人中心主义"，是其没有脱离传统对抗性刑事司法视域的表现，刑事和解强调的不是双方的对抗与辩论，而是双方真诚的叙述、沟通与对话，不存在"犯罪人中心主义"抑或是"被害人中心主义"模式的问题。

（三）刑事和解与恢复性司法的契合

在讨论刑事和解时，不少学者都会提到恢复性司法。有的学者在解读刑事和解时，直接使用恢复性司法的相关研究文献；有的学者则语焉不详地将刑事和解与恢复性司法交替使用。也曾有学者对刑事和解与恢复性司法进行了区分：恢复性司法是后现代主义法治思潮；刑事和解则可追溯到原始社会末期。我们认为，刑事和解与恢复性司法既有差异，也有相互契合的地方。

1. 刑事和解与恢复性司法的差异

刑事和解与恢复性司法都是在20世纪70年代得到发扬，同样都对被害人权利保护运动做出了贡献，因此不少人认为这二者同源、同种，但这种认识不甚准确。

刑事和解在很多国家的法律当中都有明确规定，但规定有刑事和解的国家大多并没有在法律中正式规定恢复性司法。2005年前后，正是恢复性司法在香港特别行政区和内地研究得如火如荼的时期，但2008年我们去我国台湾地区东吴大学考察期间发现，台湾地区刑事法学者对恢复性司法都不是很感兴趣，尽管当时的台湾地区"刑事诉讼法"已经有关于刑事和解的相关规定。我们可以从恢复性司法形式之一的家庭成员会的下列流程管窥刑事和解与恢复性司法的差异：其一，肇事者向参与会议的亲戚、朋友、邻居描述案件过程，再次经历道德的洗礼；其二，由被害人描述由案件所引发的悲痛、伤害和损失；其三，社区成员补充说明犯罪行为对他们生活所造成的影响；其四，罪犯开始认识到他/她的行为给别人造成的伤害，他/她应采取行动弥补伤害；其五，被害人表达他们的诉愿；其六，全体成员共同商讨解决问题的可行办法；其七，达成一致意见后，作出书面决定，该决定体现了团体的共同期望，即犯罪人有义务采取建设性行为以修复他/她所造成的伤害。从上面的流程可以看出，恢复性司法的运行机制比刑事和解要复杂得多，参与的主体、主题也要丰富得多。更进一步说，恢复性司法不是对传统刑事司法的小修小补，而是从理论渊源、运行机制等方面对整个传统的对抗性刑事司法发起了全面批判，可以说是彻底的颠覆，尽管其遮遮掩掩地表示，恢复性司法并非要取代传统刑事司法，而仅仅是为人们提供更多的选择。

综合上述意见，刑事和解与恢复性司法的差异主要表现在：①恢复性司法过程与结果并重，尤其强调加害者与受害者之间坦诚、深入的关于犯罪过程的信息交流，鼓励双方讲出真相；刑事和解则更多强调和解协议的达成，对和解过程本身的价值并不特别关注。②恢复性司法强调受犯罪间接影响的其他人都可以参与，如家庭、学校、社区都可以作为恢复性司法的参与人；刑事和解则并未强调社区司法的参与地位。③恢复性司法的目标在于鼓励犯罪人承担责任、培养犯罪人的能力、保卫社区的安全；刑事和解则简单地强调通过该程序达成协议，并未充分寻求和解之外的宏大目标。④恢复性司法虽并不主张替代传统刑事司法，但其运转既可能在传统刑事司法体系之外，也可在传统刑事司法体系的支持下进行；刑事和解在传统刑事司法的框架内运转，即使是转处计划与替代方案，也受到传统刑事司法体系的支持。⑤恢复性司法尽管也关注赔偿，但更关注赔偿背后蕴含的犯罪人勇于承担责任的态度和对被害人精神的安慰；刑事和解则主要关注赔偿结果，关注赔偿对被害人权利的保护，但并不充分关注赔偿对犯罪人的意义。究其根源，恢复性司法是对整个刑事司法理论的颠覆与革新，包含了宏大的政治哲学、法律哲学的叙事与隐喻，具有一套非常完整的、全新的理论模式与操作方案，这是刑事和解所不能比拟的。

2. 刑事和解与恢复性司法的契合

刑事和解与恢复性司法尽管存在上述差异，但也存在诸多契合之处：首先，刑事和解与恢复性司法都关注被害人权利的保护。刑事和解与恢复性司法都要求改变传统的国家-犯罪人模式，在一定范围内辅之以国家对犯罪人-被害人双中心模式（又称"非中心商议模式"），这提升了被害人在刑事司法体系中的地位，可以纠正将真正的辩护人排除在刑事诉讼之外的偏差。其次，刑事和解与恢复性司法都关注和解。以往恢复性司法研究者常常使用"调解"这一词语，但最新的研究表明，"调解"这一带有中性色彩的词语对被害人施加了不正当的压力，因而正被"会见""对话"之类的词语所取代。关注和解，事实上导致刑事和解与恢复性司法出现了交融，这为恢复性司法的精神融入刑事和解提供了契机。再次，刑事和解与恢复性司法都排斥简单的惩罚模式，要求刑事司法能够体重多种多样的惩罚模式。承认错误、鼓励承担责任、赔偿被害人、惩罚都应成为刑事司法的可能选择，而不能采取抛弃的策略将犯罪人抛入监狱（进入严格的刑事司法体系）或者抛入社会（进入缓刑、假释等宽松的社区司法体系），而应通过对话、讲故事等总结加害人的错误，使其面对活生生的受害人而不是僵硬刻板的国家机器形象。最后，刑事和解与恢复性司法都关注对犯罪人权利的保障。

通过多样化的责任承担方案，刑事和解与恢复性司法都关注犯罪人的更生与重新融入社会，都希望用最小的刑罚代价获取最大的社会效果。

（四）以恢复性司法重新诠释刑事和解

自清末以降，西学东渐的效果并不明显，尽管中体西用的观点为人所诟病，但却深入人心，大多的舶来品都成了"挂羊头、卖狗肉"，或者说是旧酒装新瓶。外来的学术理论即使值得借鉴，也必须要有中学的载体，否则就可能出现变异、蜕化。尽管我们在上文中分析了刑事和解与恢复性司法的种种差异，尽管不少学者对恢复性司法心存疑虑，认为后现代法治思潮不适合正处于现代化进程中的现时中国。但既然刑事和解已经在中国生根发芽，并且业已写进《刑事诉讼法》，那么在刑事和解的理论与实践都尚不能令人满意的情况下，以恢复性司法来重新诠释刑事和解，不失为一条可行之路。

1. 刑事和解应当过程与结果并重

仅注重结果的刑事和解，很容易产生三种异化现象：其一，异化为赔钱减刑。目前司法实践中的刑事和解，大多只是简单地要求犯罪人或者其辩护人提交被害人或者其家属书写的谅解书，司法官员本身并不过多直接介入和解过程，这就导致犯罪人为求得从轻处罚而与被害人讨价还价，更以被害人不提交谅解书就拒绝民事赔偿为要挟，这就很容易产生"赔钱减刑"的异化现象。其二，对被害人形成强大的道德压力。被害人本身是受到犯罪直接或者间接伤害的人，本需要物质与精神上的双重抚慰。但犯罪人为求得从轻处罚，可能调动一切能够调动的力量，向被害人施加各种压力，尤其是犯罪人本身存在一定的怜悯之处时，被害人会受到各种社会关系的围攻，从而被迫"谅解"犯罪人，这对被害人来说直接形成第二次伤害。其三，鼓励犯罪人逃避责任。刑事和解与对抗性刑事司法的本质区别就在于鼓励犯罪人承担责任，而不是通过法律的辩论来逃避责任。但仅注重结果的刑事和解更多表现为讨价还价，在这种庸俗的交易中，犯罪人获得的不是勇于承担责任、忏悔自己的罪过，而是交易本身带来的"公平感"，犯罪人会感觉自己付出钱财之后，责任已经趋于消失、罪过已经得到弥补。这样的刑事和解，带来的往往并非心灵的解脱，而更可能给犯罪人带来对公正的曲解。因此，我们认为，刑事和解应当过程与结果并重。

那么，如何做到和解与结果并重呢？这就涉及和解的程序与方法问题。在我看来，刑事和解应当注重如下几个方面的改革：首先，刑事和解应当改变过去那种完全抛给当事人自己解决的做法，司法官员应当积极地介入和解过程。也只有司法官员积极介入和解过程，才能够真实、全面地考察犯罪人是否有真诚悔罪的表现、被害人是否有真心谅解的表现。对犯罪人是否从轻处罚以及从轻的程度，都可以通过对和解过程的考察来评估。其次，应当建立刑事和解小组，专司刑事和解工作。司法官员的案件负担较重，指望司法官员全身心介入刑事和解是不切实际的。因此，司法机关应当革故鼎新，积极引入非政府组织和社会志愿者，建立由社区代表、心理辅导员、双方亲属、法律服务志愿者等共同参与的刑事和解小组，对刑事和解过程做跟踪辅导及介入。再次，要充分发扬"讲故事"这一和解方法。刑事和解的过程，并非仅仅是对赔偿数额的讨价还价，而是要求犯罪人对犯罪过程、自身经历的漫谈式的讲故事，将被害人心中的"犯罪恶魔"去妖魔化，只有被害人认识到犯罪人并非简单的犯罪符号，了解到真实、丰富的犯罪人内心经历，改变被害人对犯罪人僵硬、刻板的陌生人形象，被害人才可能谅解犯罪人。此外，还要让被害人通过断断续续的叙述，描述其因犯罪受到的种种具体伤害，让犯罪人直面自己犯罪行为造成的严重后果，犯罪人的内心才可能产生裂变，深刻认识并反省自己的罪过，从而奠定其自新之路。最后，要充分发挥心理辅导员的功能，对犯罪人、被害人都要做充分的心理援助与心理辅导。被害人一般因为受害会产生强烈的复仇冲动、义愤以及恐惧，心理辅导员如果能够纾解被害人内心的义愤与恐惧，刑事和解才可能达到其目的。

2. 刑事和解应当物质与精神并重

毋庸讳言，刑事和解应当重视赔偿。譬如加罗法洛（Garofalo）认为，赔偿损失最能作为犯罪人悔罪的指标，他指出：我唯一注重的不是囚犯的模仿，不是类似哑剧演员的表演，不是囚犯在提出工作申请时的卖弄，也不是囚犯对狱政部门的回报。我唯一注重的是囚犯本人的、一个确实无疑的悔悟信号。在我看来，这个信号就是，囚犯为了被害人及其家属的利益，自愿放弃其自身的利益。……如果一名罪犯自愿放弃其大部分的个人积蓄来赔偿被害人的损失，这将是一个有力的证明，证明其已经意识到自己的违法行为，证明自己已经有了改过自新的愿望。这种证明比起那些有关良好举止的承诺和对过去忏悔的表白更有证明力。但是，刑事和解以赔偿为中心并不表明刑事和解仅仅关注赔偿数额。完美的刑事和解应当以赔偿、道歉、自新为三个基本立足点。通过丰富的和解过程与心理辅导，建立犯罪人与被害人之间一定程度的坦诚互动是可能的，在此基础上形成的赔偿、道歉、自新是刑事和解过程的逻辑结果。

刑事和解应当物质与精神并重，其意义在于：首先，应当关注犯罪人在和解过程中的表现是否坦诚、勇于承担责任，是否给予被害人真诚的道歉，是否纾解被害人心中的愤怒与恐惧，这是刑事和解的要旨所在。缺乏真诚基础的赔偿协议仅是双方的妥协与折中，并不能体现出双方真正的"刑事"和解，最多只能说是刑事附带"民事"的和解。其次，仅关注赔偿数额、赔偿协议将导致刑事和解局限在刑事审判之前，导致确实有经济困难的犯罪人难以达成和解协议，从而刑事和解变成"有钱人的游戏"。关注"刑事"和解的过程，如果双方能够坦诚沟通，达成和解协议，则赔偿的支付可以贯穿整个刑事司法的始终，甚至可以延续至犯罪人服刑完毕，最大可能地扩大刑事和解的适用范围。

3. 刑事和解应当被害人与犯罪人并重

刑事和解应当关注两个对象：被害人与犯罪人。刑事和解体现了被害人权益的保护，在一定程度上提升了被害人在刑事诉讼中的地位，但刑事和解并不是单纯的以被害人为中心。刑事和解既要关注被害人的恢复——减少内心的痛苦、愤怒与恐惧，也要关注犯罪人的恢复——通过直面犯罪造成的后果，深刻认识并反省自己的罪过，从而奠定犯罪人的自新之路。研究恢复性司法的学者都认为，犯罪人同样也是受害人——犯罪人或多或少地曾经有过这样那样的苦痛经历——尽管这并不能减少其在本次犯罪中的责任。关注犯罪、关注被害人，同样也要关注犯罪人。只有关注犯罪人的需要，才能最终解决责任的承担问题。同时，也只有关注犯罪人的需要，关注犯罪人犯罪的原因，犯罪人才能真正参与不受歧视与贬低的和解过程，也可能更加有效地鼓励犯罪人勇于直面现实、承担责任。

只有在保护和关注犯罪人的刑事和解中，惩罚才可能尽量减少其对于犯罪人人格的进一步贬低和损害，也才可能使犯罪人在接受刑事和解后形成更加健全的人格。通常，改过自新只能在促使其人格健全的过程中才能实现，通过贬损其人格不太可能促使犯罪人重新融入社会。

▶▶▶▶ **立法理由**

为什么恢复性司法会在 20 世纪 70 年代的西方国家复兴？恢复性司法与传统刑事司法具有怎样的联系和区别？这不仅是西方国家的学者们对传统刑事司法进行反思的结果，也是资本主义社会发展到后现代及社群主义、团体主义、参与制民主滥觞的结果。

一、对传统刑事司法的批评

传统刑事司法的范式——报应主义、功利主义和一体论面临困境的根源在于单线式推理模式，才促使它们认可同样的理论预设，进而造成危机。传统刑罚观就像科学研究所要求的"抽象"一样，抽掉了具体行为的细节，而只关注其中的某个部分。"犯罪学家使用归纳法，可能抽掉了犯罪或犯罪人的一些特殊方面——如犯罪人穷困潦倒——来为特定种类的犯罪——甚至是为所有犯罪——设定一个抽象的原因。相反，哲学家则使用演绎法从一个抽象的证成法则演绎出适恰的刑罚，如罚当其罪的刑罚之施予或者最大社会福利的追寻。这两种抽象乃是为了同一个目的——让一个人可以用更容易和更有效的方式来理解复杂的问题，也即提供了一种'逻辑卫生学'（Logical Hygiene），其方法就是'扔掉废物'"。此外，国家-犯罪人中心的理论预设也不符合现代社会的要求。"将焦点集中在犯罪人身上，这种做法左右了刑事司法系统。结果是刑事被害人被置于完全被动的地位，他们甚至经常得不到帮助或者信息。一种无力和易受伤害的感觉是绝大多数刑事被害人的共同体验。一些人甚至觉得，刑事司法系统给他们的非个别化的待遇使他们遭受了第二次伤害。这个系统经常以犯罪人对待他们的方式对待他们——作为一个客体、一件证据，而不是一个有感觉和利益的人。犯罪人很少有机会理解或者面对他们的罪行对他人的真正影响，很少能够将被害人也看作是人，而不是虐待的目标和客体。那些违法者会为自己的罪行作出诸多辩解，对于被害人与加害者双方而言，经过报应性司法过程，愤怒、沮丧和冲突会步步升级。"

换言之，对传统刑事司法的批评主要集中在如下几个方面：

第一，传统刑事司法无力应付犯罪率、再犯率的上升。刑事古典学派正是因无力应付 19 世纪中后期汹涌的犯罪浪潮才遭到近代学派的猛烈批判，从而直接导致近代学派一度占据主流学术地位；而到 20 世纪 70 年代，盛行于美国的矫正主义也濒临破产边缘，犯罪率的上升导致公众的强烈不满，报应主义影响下的严打刑事政策左右了美国的学界和实务界，并最终导致监狱人满为患、罪犯人权状况饱受人权组织批评。正是在这种情况下，西方国家的学者开始系统、全面反思包括报应主义、功利主义在内的传统刑罚理论。

第二，传统刑事司法的犯罪观存在严重缺陷，其合法性受到质疑。通过对传统刑罚理论的系统反思，西方国家的学者惊人地发现：不论是在古代东方还是古代西方，几乎在所有世界文明发展的早期，大部分犯罪案件都是通过邻里间的协商、调解，以金钱补偿、道歉等方式解决的，而国家立法也承认这种解决方式的合法性与有效性；国家的刑罚虽然存在，但是总被当作社会控制的最后手段。只是到 19 世纪以来，国家才开始完全垄断刑罚权。12 世纪以前，处理犯罪几乎都是依靠"社区司法"，而国家司法代替社区司法并非存在什么天然的正当性，只是诺曼征服以后，为了解决债务问题，英国宣布所有犯罪由国家提起诉讼并收取犯罪人的罚金。后世的思想家对此毫不批判地接收下来，认为民族国家形成以后，犯罪不是个人对个人的侵害，而是个人对国家的侵害。但是这种思想并没有天然的正当性。为此，倡导恢复性司法的学者们认为，传统刑事司法排斥了被害人参与诉讼的权利，不利于对问题的解决。这模糊、淡化了犯罪行为的人际冲突性质，被害人的权利救济只能被动地仰仗于自己无权参与的刑事诉讼，缺乏争取自身利益的手段和能力。倡导恢复性司法的学者认为，在绝大多数场合，犯罪都是从犯罪者（加害者）和被害人之间的对立和纠纷中产生的，直接侵犯的是被害人利益，而这种利益是相对独立于国家和社会利益的。因此，恢复性司法强调被害人的参与，强调保护被害人的权利，强调被害人因犯罪受到的损失应当得到恢复。

第三，基于对传统刑事司法犯罪观的质疑，恢复性司法对犯罪原因论、刑事责任论也有自己的观点。恢复性司法基本上赞同古典学派的自由意志论，反对实证学派提出的社会决定论。一度自由意志论受到强烈批评，不少犯罪学家认为犯罪是个人因素与社会因素综合作用的结果，而在其中社会因素占据核心地位。这种观点本身并没有什么不妥，但是一部分学者由此推出犯罪人也是社会的受害者的结论，并最终否定自由意志论，主张犯罪人不应当接受道德上的非难与否定。这种观点蔓延到社会，以至于不少犯罪人对自己的犯罪行为缺乏羞耻感，以"贫穷""歧视""排斥"等作为辩解的借口。没有耻辱感、认识不到自己错误的罪犯，不可能从根本上悔罪并消除反社会意识。恢复性司法认为，承认犯罪是错误的行为是公正处理犯罪案件的必要前提。"我们应该帮助犯罪人认识到他们不是受害者，恰恰相反，他们是被害人的制造者。"恢复性司法的宗旨正是通过为犯罪人提供与被害人面对面交流的机会，使他们感受到自己的行为给他人带来多么惨重的痛苦，并对自己产生道德上的否定。传统刑事司法强调罪犯承担一种抽象的刑事责任，对抗制的辩论导致刑事审判不是处理犯罪、帮助罪犯认识错误，反而实际上鼓励罪犯逃避责任，这种刑事司法显然已经沦为一场游戏。恢复性司法强调解决问题，强调弥补、修复因犯罪造成的损害，因而比传统刑事司法那种强烈的形式主义更能适应社会的现状。尽管世界各国基本上都建立了刑事附带民事诉讼制度，但是法院对罚金的兴趣远比对被害人的赔偿更大。这种情况在我国更为严重，刑事附带民事诉讼竟然不承认精神损害赔偿，即使是有限的损害赔偿，法院似乎也并不热心，犯罪人也往往以自己缺乏经济能力为由拒绝赔偿，其结果是被害人除了满足些许的报复心之外什么也没有得到。

二、社区服刑人员回归社会需要社区矫正机构采取恢复性的和解措施

社区矫正与恢复性司法似乎是不同的概念，以至于在部分学者提出"恢复性矫正"的提法后，遭到部分学者的质疑。但无论如何，社区矫正与恢复性司法、刑事和解之间存在沟通的内在可能。荷兰学者约翰·布拉德（John Bullard）以社区矫正与恢复性司法的关系为切入点，讨论了社区矫正与恢复性司法之间的沟通路径，认为社区矫正具有拘禁刑在结构上所不具有的融合性潜质，围绕犯罪人周围的"关爱社区"（community of care）可以帮助犯罪人执行恢复性协议条款，帮助他成功履行协议所规定的义务。

以恢复性司法理念为指导，采取切实可行的措施，促使社区服刑人员与被害人、社区之间达成恢复的目标是完全可能的。江苏省镇江市司法局曾有这样一个案例：镇江市润州区和平路街道的社区服刑人员王某因犯故意伤害罪被判处有期徒刑6个月，缓刑1年，并对被害人张某附带民事赔偿6500元。王某的家人因王某被判刑及经济赔偿一直觉得冤枉、委屈，认为张某不该报案，因此经常辱骂张某的妻子，两家的关系自案发以后一直非常紧张。镇江市润州区和平路街道司法所进行了穿插调解，最后通过会面、道歉的方式达成了口头和解协议。

正如前文所述，刑事和解在司法实践中有一定异化，被告人为达到从轻处罚的目的，往往愿意支付一定的补偿金。但在获得社区刑罚后，并不一定从内心真正悔过，与被害人或者社区未必能真正达成和解。社区服刑人员在社会内服刑，生活在特定社区，如果与被害人、社区关系紧张，既不能确保其自身再融入社会，也难以获得包括被害人在内的社区居民的谅解，影响社会和谐。因此，社区矫正机构完全可以通过社区服务来达成服刑人员与所在社区的恢复，通过道歉、沟通、协商、叙述的方式达成服刑人员与被害人的和解。这才是符合现代司法理念的社区矫正，仅仅是形式上的讲讲课、写写悔过书，并不能完全达到社区矫正的预定目的。

第七条【检察监督】

人民检察院对社区矫正依法实行监督。

条文释义 ◀◀◀◀

《宪法》第 129 条规定，中华人民共和国人民检察院是国家的法律监督机关。宪法作为国家的根本法，具有最高的法律效力。一般认为，人民检察院的法律监督是狭义的监督而非一般监督，而刑罚的执行作为刑事诉讼的终结阶段应纳入狭义法律监督范围。《刑事诉讼法》第 265 条规定，人民检察院对执行机关执行刑罚的活动是否合法实行监督。社区矫正是执行刑罚的方式之一，因此，人民检察院同样对社区矫正是否合法实行监督。《人民检察院刑事诉讼规则》（高检法释字〔1999〕1 号）

第十章第五节用 25 个条文对人民检察院的执行监督作了相关规定，其中涉及社区矫正的条文共 11 条，而这其中暂予监外执行和假释的条文占到 10 条。《关于开展社区矫正试点工作的通知》第三节明确规定了检察机关的社区矫正监督权。2006 年 5 月，最高人民检察院又下发了《关于在社区矫正试点工作中加强法律监督的通知》，要求试点地区检察机关在社区矫正试点工作中认真履行法律监督职责，发现法院、公安、司法行政机关在社区矫正工作中有违法情形的，可以视情况以口头方式、发出检察建议书或纠正违法通知书，督促其及时纠正。2008 年 2 月 22 日，最高人民检察院第十届检察委员会第九十四次会议通过的《人民检察院监外执行检察办法》把监外执行检察业务内容从《人民检察院劳改检察工作细则（试行）》中独立出来，专门加以规定。该《人民检察院监外执行检察办法》就有关人民法院、监狱、看守所交付监外执行活动，公安机关监督管理监外执行罪犯活动、收监执行活动，监外执行罪犯减刑活动，监外执行罪犯终止执行活动的检察内容、检察方法和提出纠正意见的情形等作出了具体规定，为实现监外执行检察与社区矫正监督的有机结合奠定了良好的法律基础。2012 年修订的《人民检察院刑事诉讼规则（试行）》第十四章第八节对刑罚执行监督进行了专门规定，第 643～648 条规定了对暂予监外执行的监督，第 649～655 条规定了对减刑、假释的监督，第 659 条专门规定了对社区矫正执法活动的监督。

人民检察院对社区矫正的监督有两个层次：第一个层次是对社区刑罚的适用给予监督，即对人民法院适用管制、缓刑、假释、监外执行的监督，对监狱决定暂予监外执行进行监督；第二个层次是对社区矫正机关的社区矫正活动进行监督。《人民检察院监外执行检察办法》中所指的社区矫正检察监督主要是指第二层次意义上的监督，即对社区矫正实行过程的监督。检察监督应当通过如下途径实行：①建立统一的社区矫正监督机构。人民检察院设有专门的监所监督机构，对监狱、看守所、劳教所的活动实行监督，目前还没有针对社区矫正设立专门的监督机构。在《社区矫正法》制定以后，人民检察院应当尽快研究成立专门的社区矫正监督机构（处、室、科），对社区矫正的合法性进行监督。②监督的主要内容是对社区矫正机构开展的对管制、缓刑、假释、监外执行实行社区矫正合法性的监督，包括社区矫正机构是否正常履职、是否积极开展社区矫正活动、是否对社区服刑人员的权利造成不正当侵害等进行监督。③监督的主要方式是通过建立社区服刑人员的统一信息档案并与人民法院、社区机构的信息网络进行联合，落实和加强对社区矫正的监督，防止脱管、漏管；同时通过定期和不定期的专项执法检查对社区矫正的合法性进行监督。此外，还可以通过设立专门的举报人信箱，通过发动社区力量来实现对社区矫正的全面监督。④社区矫正机构对社区服刑人员的惩罚，尤其是撤销缓刑、假释、监外执行，应当由人民检察院进行审查。

>>> 立法理由

在我国，审判权、执行权、监督权之间并非绝对的分立，而是分工配合、相互监督。社区刑罚的决定权、社区矫正的执行权、社区矫正的监督权分别归属于人民法院、社区矫正机构、人民检察院，这有助于合理划定权力界限，保障社区矫正的合法性、合理性。尤其在大力倡导社区矫正的当下，必须注意到社区刑罚与自由刑之间存在巨大差异，在如何适用社区刑罚的问题上存在量刑不规范、不统一的现象，决定机关的自由裁量权过大，社区刑罚的适用偏于随意的情况下，更有必要加强社区矫正的检察监督。检察监督权固然要通过立法来保证权力的有效行使，但社区矫正监督权要有节制，要保持适度的张力，放任不管会导致社区矫正偏离立法轨道，而过度介入则会导致执法的僵硬。社区矫正毕竟是新生事物，由于法律机制的不完善和矫正工作人员的素质等原因，社区矫正实践短期内不可能达到理想状态。作为监督者的检察机关在认真履行职责时应给予充分的理解，对法院的非监禁刑的判决予以法律尺度内的理解和支持，在执行环节于教育、服务等方面则应探索更有效、更全面的介入方式，不能代替执行机关作决定。检察机关应避免在权力运行中的互相摩擦，以达到最大限度的相互配合，在社区矫正工作中发挥联动作用和监督效能。

第八条【公安机关的协助义务】

公安机关应当依法协助社区矫正机构开展社区矫正工作。

条文释义 ◀◀◀

在社区矫正试点工作开展之前，管制、缓刑、假释、暂予监外执行的执行和监督管理都由公安机关负责；试点工作开展以后，上述四种制度所涉服刑人员才移交司法行政机关并由其负责管理，成立了正式的社区矫正机构。尽管社区矫正的主体是司法行政机关，但公安机关作为刑事侦查主体和治安管理主体，其与社区矫正机构开展的社区矫正工作并不能完全脱钩。具体表现在如下几个方面：首先，社区服刑人员脱管、漏管后的追查，社区矫正机构尽力追查无果后，应当及时通知公安机关并由其依法追查。社区矫正机构缺乏相应的编制、人员、经费、设施配备以及相应的追查权，只有公安机关具有上述职权和人员配备。其次，社区服刑人员严重违反监督管理规定或者人民法院判处的禁止令的，依法应当由公安机关给予治安管理处罚的，社区矫正机构应当及时通知公安机关依法处理。再次，当人民法院裁定撤销缓刑、假释或者对暂予监外执行罪犯决定收监执行的，社区矫正机构应当及时将服刑人员送交监狱或者看守所，公安机关予以协助；如果服刑人员潜逃或者拒绝配合的，社区矫正机构必须通知公安机关并由其负责执行。最后，在社区矫正过程中，如果社区矫正工作者的人身权利或者其他权利遭到不法侵害的，应当通知公安机关并由其依法处理，确保社区矫正工作者不受非法侵害。

立法理由

公安机关是具有武装性质的国家行政机关，其自身的独特地位意味着社区矫正离不开公安机关的协助。在调研中我们发现，一些基层社区矫正工作者认为公安机关配合不力。由于缺乏明确的法律依据，公安机关对社区矫正机构的工作有时候并不给予强有力的支持和协助。社区矫正工作者有时甚至会受到来自于社区服刑人员的或明或暗的威胁，但公安机关认为其不法侵害尚未发生，并不予以立案处理，这导致社区矫正工作者的工作积极性受挫。在追漏时，由于缺乏相应的装备和必要的武装训练，社区矫正工作者难以对抗极少数固态萌发的社区服刑人员。因此，有必要在《社区矫正法》总则中明确公安机关的协助义务，并在分则中明确公安机关的具体义务。

第九条【经费保障】

国家保障社区矫正所需经费。各级人民政府应当将社区矫正机构的工作人员经费、服刑人员矫正经费、社区矫正设施经费及其他专项经费列入本级政府预算。

居民委员会、村民委员会协助社区矫正机构开展工作所需经费从社区矫正经费中列支。

条文释义

社区矫正是严肃的刑事执行活动，是国家刑罚权力的实现，是国家的义务所在，因此社区矫正的经费必须由国家充分保障。国家保障社区矫正所需的经费，主要包括如下两种内容：①国家保障社区矫正机构运行所需专门经费。实行社区矫正，必须设立专门的社区矫正机构。社区矫正机构的设立，应当由国家以法律加以规定，并由同级人民政府编列专门的财政预算，对地方司法行政机关设立的社区矫正机构给予必要的编制、人员、运行等费用。②国家保障社区矫正机构矫正活动所需经费。设立社区矫正机构的目的，在于统一社区矫正的实行，强化对社区服刑人员的监督、教育、引导和帮助。综上，同级人民政府不仅要编列社区矫正机构必备的人员和办公费用，还要对社区矫正活动所需经费编列必要的财政预算。

立法理由

社区矫正一贯强调充分调动社区资源、发动社区力量，引导非政府组织加入社区矫正活动。但是，这并不意味着社区矫正主要的工作经费由社区来承担，不能因此产生错误认识——

认为社区矫正全权是社区的事情。实际上，社区矫正强调调动社区资源，主要是指充分利用社区力量来参与矫正活动以帮助、保护社区服刑人员，而不是利用社区力量来实行刑事执法活动。尤其在 GDP 考核成为地方政府主要考核指标的大背景下，地方政府对推动社区矫正本身并无太大积极性，反而认为其增加了行政成本。监狱、劳教所、戒毒所等一般是由省级司法行政机关主管，地方政府还没有对刑事执法活动编列单独财政预算的经验，因而倾向于以各种理由阻止列支社区矫正经费。在这样的背景下，尤要强调国家充分保障社区矫正所需经费的重要性。

我们在调研中发现，基层社区矫正机构经常抱怨缺乏专项工作经费。法律依据的缺乏导致政府列入预算的社区矫正经费很少或者没有专项预算而只有临时经费。因此，有必要对此作出明确规定，强化各级政府的财政保障义务。同时，社区矫正离不开服刑人员所在社区的村民委员会、居民委员会，因此应明确规定相应经费在社区矫正经费中列支。

第二章

社区矫正机构和工作人员

> **第十条【社区矫正机构】**
>
> 司法行政机关是主管社区矫正的专门国家机关。司法行政机关设立社区矫正机构，统一实施辖区内的社区矫正。
>
> 司法所承担社区矫正日常工作。

条文释义 ◀◀◀◀

司法行政机关指的是司法部以及各级司法局，司法行政机关主管辖区内的社区矫正，但司法行政机关并不是社区矫正机构而是社区矫正的主管机构。社区矫正机构，指的是专司社区矫正的司法行政机关的下属机构。正如我们说监狱管理局及其主管的监狱是监狱行刑机构一样，并不会直接说司法部或者司法厅是监狱行刑机构。

从目前的社区矫正实践来看，市县司法行政机关的社区矫正机构在全国范围内尚不统一。大致上，社区矫正机构有如下几个层面：①司法局社区矫正科室。例如，四川省绵阳市司法局就设立了社区矫正科，一些基层县则设立了社区矫正股。社区矫正科室主要负责社区矫正中的刑罚执行工作以及政策性管理，并不直接负责社区矫正的日常工作。②司法局社区矫正执法大队。有的市县则成立了社区矫正执法大队，专司社区矫正执法工作。例如，四川省德阳市司法局成立了全国首个社区矫正执法大队，区县司法局则成立社区矫正执法中队，专司社区矫正执法，将执法主体与工作主体相分离。③司法局社区矫正中心。例如，四川省着力建设社区矫正中心，社区矫正中心将主要功能区域划分为综合办公区和执法管理区，设有报到室、宣告室、训诫室、心理矫治室、检察警务室等九个功能室，打造集刑罚执行、监督管理、教育帮扶多项功能于一体的综合性社区矫正工作平台，实际上是规模化的社区矫正平台。④司法所。司法所是司法局在乡镇、街道的派出机构，具体负责的职能较多。就社区矫正而言，司法所主要负责社区矫正的日常工作以及与服刑人员所在社区的沟通与协调工作。

>>>>> **立法理由**

一、社区矫正管理体制

2003年7月10日最高人民法院、最高人民检察院、公安部、司法部联合下发《关于开展社区矫正试点工作的通知》。该通知指出，开展社区矫正试点是一项综合性很强的工作，有关部门要依法履行各自的职责，相互配合、相互支持，保证试点工作的顺利开展。该通知在北京和上海试点的基础上，确定了在北京、上海、天津、江苏、浙江等八省市开展社区矫正试点，并确定了人民法院、人民检察院、公安机关、司法行政机关以及其他单位在开展社区矫正工作中的分工职能：①人民法院要严格准确地适用刑事法律和刑事司法解释，依法充分适用非监禁刑刑罚措施和减刑、假释等鼓励罪犯改造、自新的刑罚执行措施。在判处非监禁刑、减刑、假释工作中，可以征求有关社区矫正组织的意见，并在宣判、宣告后，将判决书、裁定书抄送有关社区矫正组织。②人民检察院要加强法律监督，完善刑罚执行监督程序，保证社区矫正工作依法、公正进行。③司法行政机关要牵头组织有关单位和社区基层组织开展社区矫正试点工作，会同公安机关搞好对社区服刑人员的监督考察，组织协调对社区服刑人员的教育改造和帮助工作。街道、乡镇司法所要具体承担社区矫正的日常管理工作。监狱管理机关要依法准确适用暂予监外执行措施，对符合假释条件的人员要及时报请人民法院裁定假释，并积极协助社区矫正组织的工作。④公安机关要配合司法行政机关依法加强对社区服刑人员的监督考察，依法履行有关法律程序。对违反监督、考察规定的社区服刑人员，根据具体情况依法采取必要措施；对重新犯罪的社区服刑人员，及时依法处理。⑤试点工作要在各级党委、政府的统一领导下进行。各有关部门要积极参与，大力协作，切实解决试点工作中的实际困难和重大问题，使社区矫正试点工作顺利开展。要充分发挥基层群众自治组织、社会团体和社会志愿者的作用，积极参与和协助社区矫正的试点工作。在试点工作取得的经验的基础上，促进有关社区矫正方面的立法工作，为改革和完善中国特色的刑罚执行制度提供法律保障。从该通知的内容来看，基本上确定了司法行政机关具体负责组织实施、与公安机关共同承担监督考察社区矫正犯的工作、其他单位负责配合并充分发动社会团体和社会资源参与的工作格局。从北京等地区的社区矫正工作试点情况来看，实践中已经基本形成了"政法委统一领导，司法局组织实施，相关部门协作配合，司法所具体执行"的工作格局。应当承认，《关于开展社区矫正试点工作的通知》确定的工作机制在保证尽量不违反当时法律的前提下，基本上能够满足社区矫正工作的需要，具有较强的实践性与可行性。试点阶段的社区矫正工作的管理体制具有很强的临时性、试验性特征，因此在肯定其优势的同时，也需要认识到这种试验性管理体制的不足，以为未来全面开展社区矫正工作、建立高效的社区矫正管理体制提供不同的视域。即便现在，由于《社区矫正法》迟迟未能出台，社区矫正管理体制仍然具有一定的临时性、试验性特征。

（一）社区矫正的主管机关应当明确为司法行政机关

目前的社区矫正管理体制，可以概括为党委政府社区矫正工作领导小组领导下的多机构协作、司法行政机关牵头的共同管理模式，这种模式在目前试点时期具有一定的优势，但这种模式也存在一些问题：①只有司法行政机关才应是社区矫正机关，其他机关都不是社区矫正机关。社区矫正的本质是刑罚执行。人民法院的主要工作是量刑，即社区刑罚的适用；人民检察院的主要工作是法律监督，即对社区刑罚适用过程的监督；公安机关的职责是预防、打击犯罪，即负责社区刑罚适用过程中矫正对象再犯新罪、发现漏罪的侦查工作。因此，只有司法行政机关才是真正的社区矫正执行机关。我们打开各种社区矫正的专著，在描述社区矫正管理体制时，几乎千篇一律地提到社区矫正领导小组、人民法院的职责、人民检察院的职责、司法行政机关的职责、公安机关的职责、其他政府部门的职责等等。但是，比较成熟的社区矫正管理体制应当主要研究社区矫正执行机关——司法行政机关内部如何设置的问题，而不是研究各政法机关之间如何配合、协作的问题。②基层司法所目前难以胜任社区矫正工作。在2003年社区矫正工作试点以前，传统的社区矫正是由基层公安机关负责的，主要是由基层派出所承担社区矫正工作、治安保卫委员会具体负责落实监督管理。因此，2003年社区矫正试点推开以后，比较顺理成章的思路就是将派出所改为司法所。但是，这种思路忽略了派出所与司法所的巨大差异。根据我们的调查，尽管派出所的警力配备仍然普遍感到不足，但是相对于派出所来说，司法所的人员配备连"寒酸"都谈不上。我们在四川省一个市辖区调研，该区司法局总编制不足四十人，而且还包括各乡镇、街道司法所的编制。部分司法所的工作人员是由乡镇、街道其他公务员兼任；部分司法所的工作人员是专职的，但最多有2~3人。同时，目前我国法律服务业还存在二元管理模式：律师事务所提供的法律服务与法律服务所提供的法律服务。不少乡镇、街道司法所的工作人员同时是"法律工作者"，从事各种民商事法律服务活动，演变而来的现实就是"专职当法律工作者，兼职当公务员"。而且，这些基层司法所工作人员的文化素质普遍不高，年龄层次偏大，难以胜任社区矫正工作。

（二）社区矫正管理体制

目前，地方社区矫正管理体制都是在省市县三级司法行政机关内设部门专设负责社区矫正的处室、科室，但有学者对此提出了批评，其认为在市、县、区一级司法局不宜设置社区矫正的行政管理机构，而应当由省司法厅社区矫正处实行垂直领导，在市、县、区设立独立的社区矫正工作站。上述观点看似合理，实则存在重大缺陷：①上述观点的论据之一就是监狱管理归省司法厅监狱管理局领导，市、县、区三级司法局的劳改管理科取消。这种论证是不严谨的，我国监狱的规模一般比较庞大，关押几千名罪犯的监狱比比皆是。监狱的行政级别一般为正处级，相反市司法局的级别为正处、县区司法局的级别为正科，显然其内设机构无法管理监狱。而且，很多市县区辖区内根本就没有监狱，如何管理？但社区矫正不同。社区矫正的本质是将罪犯置于所在社区服刑，既然是社区服刑，最终罪犯必然是在基层政府辖区内服刑，这与监狱的设置根本不同。社区矫正要依赖社区资源，不取得基层政府、基层村民、居民自治组织的支持是不可能完成的；监狱则一般不依赖社区资源，与当地基层政府并没有直接的业务联系。因此，以监狱来类比社区矫正是不妥当的。②上述观点的论据之二是美国、英国的社区矫正是垂直管理，且效果不错，因而我国也应当学习，以避免地方保护主义。我们认为，这种论证也不够妥当。社区矫正的方法、技术可以说是跨国界的，"拿来主义"不会产生什么问题，但社区矫正管理体制则是个政治问题，具体的管理模式必须结合本国的政治体制、行政管理体制来确定。到底是垂直管理还是横向管理，是需要考虑本国国情的。社区矫正管理体制的设计必须考虑到社区矫正的本质。社区矫正要利用社区资源、要促进罪犯与社区的融合、要促进罪犯重返社区，这就注定了社区矫正必须与地方政府尤其是县区政府、乡镇、街道、社区打交道。如果实行垂直管理，这些横向资源难以整合，显然不符合社区矫正的宗旨。我们认为省市县三级司法局行政机关都应内设社区矫正管理机构，分别设立社区矫正处、科，实行条块结合、以块为主的管理体制。但是，社区矫正执行机构的末端应是县区司法局，而不应是基层司法所。前面已经谈到，基层司法所并非专职的社区矫正机构，而是乡镇、街道的法律服务机构，其本身难以承担这样一项职能。但是，社区矫正的本质既然是"社区"矫正，离开罪犯所在社区，社区矫正又不可能得到切实有效的执行，如何解决这个问题？我们认为，应当在基层司法局社区矫正执行机构设立社区矫正工作小组，每个小组由一名司法局公务员负责，并吸纳所在地社区司法所工作人员、治安保卫委员会工作人员等成员，由司法局下属的社区矫正工作小组作为基本工作单元。社区矫正工作小组并非常设机构，而由县区司法局社区矫正科负责人在法院立案之后即指定专人负责并组建相关人员参与的工作小组。承担社区矫正基本职责的机构应当是区县司法局社区矫正中心，社区矫正中心常规项目由社区矫正工作小组承担。社区矫正工作小组应当吸纳基层司法所、社区治安保卫委员会、社区基层党组织、其他群众组织成员参加，由社区矫正中心公务员担任项目主任。未来社区矫正发展成熟以后，可以考虑在人民检察院受理刑事案件以后，为每个犯罪人都专门成立一个社区矫正工作小组。这个工作小组负责提供起诉阶段的人身危险性评估报告（为缓起诉、不起诉服务）、审判阶段的人身危险性评估报告（提供量刑依据）、罪犯在监狱服刑的社区联络、罪犯假释阶段的人身危险性评估报告及罪犯假释、释放、缓刑后的社区矫正。总之，可以考虑建立一个刑事司法的全程跟踪工作小组，如此一来可为社区矫正提供全天候服务，因为除死刑立即执行外，罪犯始终要回归社区。

我们认为，社区矫正管理体制的建立、完善应当保障人员编制向基层倾斜。司法部社区矫正局主要负责相关规章制度的建立、社区矫正业务的管理；省、市司法厅（局）社区矫正局（处）主要负责本省市辖区范围内规章制度的建立、社区矫正业务的管理；区县司法局具体负责执行社区矫正。区县司法局设立社区矫正中心，具体负责社区矫正的执行、非政府组织的联络、社区资源的开发等工作。

二、司法所具体负责社区矫正日常工作

我们认为，区县司法局社区矫正科室、社区矫正中心主要负责社区矫正的执法工作、流程管理以及社区矫正的集中统一教育，但社区矫正科室、社区矫正中心不能取代司法所的地位。

《社区矫正实施办法》明确规定由司法所负责社区矫正的日常工作，而《社区矫正法（征求意见稿）》则未作如此表述。

这主要是因为学术界不少同志反对由司法所负责社区矫正的日常工作，认为司法所不具备工作条件。应当承认，司法所建设确实严重不足，存在工作经费短缺、编制不足与工作人员综合法律素质不高等问题。我们在调研中发现，大部分司法所都存在工作经费短缺与编制不足的问题。我们在四川省绵阳市游仙区进行调研，该区总共有25个司法所，但实际配备有1名占用政法专项编制人员的司法所只有13个，共配备人员13人；其中12个司法所没有一名专职政法编的工作人员。其他学者的调研也普遍印证了社区矫正面临经费短缺、编制不足的问题。即便是最早实施社区矫正、经济发达的北京市也存在这一问题。经费短缺、人员不足导致社区矫正工作很难落到实处，难以根治脱管漏管现象。社区矫正的对象是社区服刑人员，其工作性质具有较强的综合性与复杂性。社区矫正首先需要根据社区服刑人员的人身危险性确定分类，其次根据不同的类型及其个性心理特征确定矫正方案；同时，社区矫正既需要控制社区服刑人员的人身危险性，又要针对其犯罪心理结构予以个别化的矫正。因此，社区矫正需要综合运用法学、心理学、社会学、教育学等多学科知识手段，对社区矫正工作人员的综合素质要求较高。长期以来，监狱行刑已经具有相对稳定的行刑模式，工作人员只要因循陈规基本上就可以完成监狱矫正工作。但社区矫正属于新生事物，多数司法所的工作人员对此尚不熟悉，容易在工作中出现偏差。实践中，由于司法所政法编人数不足，多数地方采取聘用协管员的方式扩充矫正工作队伍，这反而使该问题更加严重。

正是由于司法所的先天不足，不少学者对司法所承担社区矫正工作提出质疑。早在社区矫正试点阶段，刘强教授就以司法所不是国家刑事执法机关、司法所难以胜任社区矫正工作为由否定试点管理体制，认为应由省垂直管理社区矫正工作；但未丽副教授则认为司法所不能胜任社区矫正工作，建议在市县司法局设立社区矫正专门执行机构，并对部分地区市县司法局成立的社区矫正执法大队表示高度认可。上述观点虽然各有其合理的逻辑出发点，但却忽略了"社区矫正"的"社区"这一基本理念。乡镇、街道司法所贴近社区，容易吸纳社区资源，如果社区矫正实行垂直管理，则社区矫正与社区完全疏离，与社区矫正的本质相去甚远；社区矫正执法大队的落脚点在市县，与社区距离也远，而且忽略了一个现实问题：难道让居住于农村的社区服刑人员跑几十公里甚至几百公里去县城接受社区矫正？这显然不切实际。如果不由司法所负责社区矫正日常工作，则必然呈现如下局面：①集中教育的社区矫正中心成为新类型短期"监狱"；②对社区服刑人员缺乏监管；③社区矫正沦为单纯的"开放式处遇"。

司法所最大的优点就是贴近社区。社区矫正的本质就是通过开发、组织、利用社区资源参与矫正活动，而不是单纯的非监禁处遇。脱离司法所，让市县司法局直接实施矫正，远离社区，那就违背了社区矫正的本旨。同时，司法所已经逐渐形成了相对稳定的社区矫正工作机制。将社区矫正的职能移植到新的机构，又将存在较长的空白期，不利于已经相对成熟的社区矫正工作的推行。我们认为，司法所作为承担社区矫正日常工作的机构，已经在长期的实践中证明了其相对合理性，不宜另起炉灶。因此，化解社区矫正主体困境应当继续坚持司法所作为承担社区矫正日常工作的机构，同时也要清醒地认识到司法所的先天不足。目前看来，现实的方案就是加强对司法所的投入，夯实司法所的基础建设。具体说来：①中央政法专编专项编列社区矫正编制。社区矫正的本质是刑罚执行工作，必须专人专职从事社区矫正工作。按照国际惯例，可以按 1∶25 的比例编列社区矫正编制，至少要确保每一个司法所有一个政法专编。②将社区矫正工作经费纳入财政预算，具体数额可以按照监狱服刑人员人头经费的 1/4~1/3 编列，确保每个社区服刑人员工作经费不低于 1500 元/年。③市县司法局成立社区矫正科（执法大队）专司执法工作，负责社区矫正的撤销、社区服刑人员的奖惩以及与公检法三机关的法律衔接。如此一来既可以确保社区矫正的社区性，又可以保证执法工作的严肃性与统一性。

此外，社区矫正机关普遍认为其工作经费短缺、编制不足还与社区矫正的分类处遇制度不合理有关。根据我们的调研，社区矫正机关一般将服刑人员分为严管、普管、宽管三类，但即便是宽管，对于集中教育、报告、社区服务等都有明确要求。某些省市的社区矫正实施细则人为地增加了社区矫正机关的工作量，没有真正贯彻分类处遇制度。我们认为，社区矫正机关的工作重点是严管人员，普管、宽管人员不必参加社区服务；除入矫阶段外，普管、宽管人员也不必参加集中学习。这样，普管、宽管人员只需定期报告（可以采用电子邮件报告等多种方式）、定期上交学习体会即可，不必携带电子监控设施、不必参加社区服务；允许宽管人员外出请假的条件可以放宽。这样一来，社区矫正机关可以集中精力对严管人员进行监督管理，既保证工作效率，又节约司法资源。

第十一条【社区矫正官】

社区矫正机构根据实际需要配备必要的社区矫正官，具体实施社区刑罚执行工作。

社区矫正官是人民警察。

　　社区矫正官，是指社区矫正机构中专门负责社区刑罚执行工作的人员，一般并不直接负责社区矫正日常工作。将社区矫正一般工作人员与社区矫正官相区别，能够提升社区矫正执法的严肃性，同时又不至于大规模扩大警察编制。

　　目前，一些地方突破现行法律，建立了社区矫正警察队伍；一些人大代表、政协委员也提出议案，要求修改《人民警察法》，将社区矫正工作者纳入警察编制。但是，公安部回应不宜将社区矫正执法人员纳入警察编制。目前，社区矫正执法人员是否纳入警察编制，在实践中有以下几种做法：第一种是北京市和上海市的做法，其将监狱警察调至司法行政机关从事社区矫正工作，这样社区矫正工作者本身就具备了警察身份；第二种是四川省德阳市的做法，其于2011年成立了全国首个社区矫正司法警察支队，但这种做法突破了《人民警察法》的规定，其正当性存在很大疑问；第三种是一些省市组建社区矫正工作小组，派出所警察参与社区矫正工作，但在司法行政机关正式成为社区矫正机关之后，这种规定的正当性也存在疑问。学术界对社区矫正执法人员是否纳入警察编制也存在不同观点。有学者在分析利弊之后，认为社区矫正工作者不宜全部纳入警察编制，但是社区矫正机关应当配备一定数量的警察。我们认为，社区矫正机关确实应当配备司法警察，否则难以解决社区矫正执法的权限问题。但是，不能简单地得出这个结论，而应重点说明社区矫正警察的职责定位。

　　第一，区分社区矫正工作人员与社区矫正官。社区矫正工作人员承担社区矫正日常工作，社区矫正官承担社区矫正执法工作。有些学者认为，社区矫正官与社区矫正工作人员的关系类似于法官、检察官与司法警察的关系。但我们不赞成这种类比关系：在法院、检察院，法官、检察官是司法官，司法警察是司法辅助人员；而在社区矫正机关，社区矫正工作人员负责日常的社区矫正工作如监督、管理、辅导、帮助社区服刑人员，社区矫正官则负责社区矫正执法工作如奖惩、提请治安处罚及提请撤销缓刑、假释、追查脱管人员。社区矫正官并不介入日常的社区矫正工作，以避免给社区服刑人员带来标签化效应，为其回归社会带来烙印性耻辱。

第二，赋予社区矫正机关明确的执法权限，这些执法权均由社区矫正官负责。执法权内容如下：①关于追查脱管人员。追查由社区矫正官负责，同时明确社区矫正官拥有查询权（通过信息网络查询脱管人员的酒店入住记录、火车飞机等交通记录）、搜索追捕权（搜索、查找、临时控制、押解脱管人员）。②关于提请治安处罚。社区矫正机关提请公安机关给予治安处罚，社区矫正对公安机关的决定有异议的，法律应当赋予社区矫正机关向上级公安机关申请复核的权利。③关于提请撤销缓刑、假释。法律应当赋予社区矫正机关刑事拘留权（如果社区矫正机关提请撤销缓刑、假释，同时认为社区服刑人员有高度人身危险性的，社区矫正机关有作出刑事拘留决定的权力）、押解权（如果原裁判人民法院决定撤销缓刑、假释，由社区矫正机关的社区矫正官负责押解至监狱服刑）。

>>>> **立法理由**

目前，社区矫正机关普遍存在执法权限不明的问题。社区矫正的核心是矫正工作，因此社区矫正机关的日常工作并不以执法为主。但是既然是刑罚执行工作，必然涉及奖惩、追查脱管、提请撤销社区矫正等执法工作。《社区矫正实施办法》对社区矫正机关的执法权限作了一些规定，但由于缺乏相应的法律依据，社区矫正工作者的执法权限不明，这导致在社区矫正工作出现问题时难以有效应对。社区矫正机关的硬性执法权主要涉及三类：追查脱管人员、提请治安处罚以及提请撤销社区矫正等。我们在调研中发现，社区矫正工作者对这三类执法工作都感到缺乏法律依据，工作不好开展：其一，社区矫正机关追查脱管人员的执法困境。《社区矫正实施办法》第19条第2款规定：社区矫正人员脱离监管的，司法所应当及时报告县级司法行政机关组织追查。可见社区服刑人员脱管，追查的主体是司法行政机关。上述规定看似明确，但却存在如下问题难以解决：首先，司法行政机关追查的方式有哪些？具体有哪些追查权限？对此《社区矫正实施办法》并没有作出规定。例如，司法行政机关是否有权调取脱管人员的酒店入住信息、火车飞机的交通信息？是否有权调查其通话记录？是否有权对其进行手机定位？这些都没有相关规定。按照现行法律，司法行政机关似乎无权进行上述调查，只能请求公安机关予以协助。但公安机关不予协助或者拖延协助怎么办？对此没有规定予以明确。也就是说，司法行政机关的追查权实际上是虚置的，没有规定具体的追查权限、追查方式。其次，司法行政机关追查到脱管人员，能否对其进行人身控制并将其带回居住地？法律没有规定，似乎也只能请求公安机关协助。问题是，当社区矫正工作者发现脱管人员后，如果无权对其立即实施控制，而只能请求公安机关协助，在警察出警之前，脱管人员又跑了怎么办？法治国家的理念要求执法需有法律授权，在法律没有授权的情况下，司法行政机关似乎束手无策。其二，社区矫正机关提请治安处罚的执法困境。《社区矫正实施办法》第24条规定：社区矫正人员违反监督管理规定或者人民法院禁止令，依法应予治安管理处罚的，县级司法行政机关应当及时提请同级公安机关依法给予处罚。公安机关应当将处理结果通知县级司法行政机关。从该条规定可以看出，社区矫正机关并没有治安处罚的权限，而只有提请公安机关予以治安处罚的权限。问题在于：如果公安机关认为不需要进行治安处罚或者治安处罚的具体决定与社区矫正机关不一致的，社区矫正机关并没有任何制约的权力，连申请复议的权利都没有。在监狱，服刑人员如果严重违反监狱管理规定，监狱可以对其提升管理级别、关禁闭等方式进行惩罚，具有较强的威慑力。但社区矫正机关却没有任何惩罚权限，其执法的权威性难以得到有效保障。最终，要么社区矫正机关给予警告等象征性处罚，要么直接提请撤销社区矫正，缺乏中间制裁。其三，社区矫正机关提请撤销社区矫正的执法困境。《社区矫正实施办法》第 25 条规定了社区矫正机关提请撤销缓刑、假释的程序，并明确了提请撤销缓刑、假释的条件。但该规定在实践中同样存在问题：首先，如果社区矫正机关提请缓刑、假释，是否有权提请公安机关予以羁押？如果不提前予以羁押，那么只能等到人民法院裁定撤销缓刑、假释以后才能由人民法院发布逮捕决定书并交由公安机关网上追逃。问题在于，长期脱管的法律风险如何控制？由谁承担？现行法律并没有规定。其次，如果社区矫正机关提请撤销缓刑、假释，而原裁判人民法院（很可能与社区矫正机关不在同一省市）决定不撤销缓刑、假释的，怎么办？现行法律并没有规定救济途径，一旦出现这种现象，将严重损害社区矫正的执法权威性。

要解决上述执法权限问题，赋予社区矫正官警察身份是解决方案之一。关于社区矫正工作人员是否需要纳入警察编制，学术界和实务界存在重大分歧，吴宗宪教授对此有过详细讨论。具体来说，反对将社区矫正工作人员纳入警察编制的理由如下：

①警察身份会改变社区矫正的风格，妨碍社区矫正工作的顺利进行；②纳入警察编制没有必要，公安机关可以承担社区矫正工作中需要由警察负责的工作；③警察入职资格要求不高，会影响社区矫正官的素质；④不利于改善国家形象，树立"警察国家"的不良印象；⑤不符合国际准则。支持将社区矫正工作人员纳入警察编制的理由如下：①警察身份符合社区矫正刑罚执行工作的性质；②警察身份有利于开展社区矫正工作；③试点阶段的警察身份发挥了积极作用；④警察身份符合《人民警察法》规定的警察职责。

应该说，支持和反对社区矫正机构设立警察的观点都各有其道理。但是，综合中国社区矫正的理论与实践，结合中国国情，我们认为，社区矫正机构有条件地设立警察是适当的。除其他学者已经讲过的理由外，还有如下理由：①社区矫正官专司刑罚执行工作，而不负责社区矫正日常工作，因此不会强化社区服刑人员的标签效应。更为重要的是，将社区矫正日常工作与刑罚执行工作相分离，社区矫正官与社区矫正工作者相分离，既有利于强化社区矫正的严肃性和权威性，又不会导致社区服刑人员强烈的抵触情绪。同时，社区矫正工作者与社区服刑人员往往生活在同一社区，具有一定的"熟人关系"，如果社区矫正工作者也负责刑罚执行，一定程度上会存在"人太熟、不好意思下手"的尴尬局面。②赋予社区矫正官警察身份和警察权力，并不违背联合国相关司法规则。有的学者认为，赋予社区矫正官警察身份，违反了联合国《囚犯待遇最低限度标准规则》，这实际上是一种误读。《囚犯待遇最低限度标准规则》第60条第2款规定："刑期完毕以前，宜采取必要步骤，确使囚犯逐渐纳入社会生活。按个别情形，可以在同一监所或另一适当机构内制定出狱前的办法，亦可在某种监督下实行假释，来达到此项目的；但监督不可委之于警察，而应该结合有效的社会援助。"这里，明确的是"监督不可委之于警察"，而不是说假释执行过程完全不能有警察。我们在前面强调过，社区矫正官并不负责社区矫正日常工作，社区矫正的日常工作主要由司法所的社区矫正工作者负责。因此，如果将所有的社区矫正工作人员赋予警察身份，的确不妥当。但是，如果区分社区矫正官和社区矫正工作人员，这一问题将完全得到解决。

> **第十二条【社区矫正官的义务】**
> 　　社区矫正官应当严格遵守宪法和法律，尊重和保障人权，忠于职守，秉公执法，严守纪律，清正廉洁。

>>> 立法理由

　　社区矫正官作为人民警察，专司社区刑罚执行工作，应当严格遵守宪法和法律。《监狱法》第 13 条规定："监狱的人民警察应当严格遵守宪法和法律，忠于职守，秉公执法，严守纪律，清正廉洁。"2016 年《人民警察法（修订草案稿）》第 7 条规定："人民警察必须以宪法法律为行为准则，尊重和保障人权，严禁滥用、超越权力。人民警察实施限制人身自由的强制措施和处罚，应当严格遵守法律规定的条件和程序。"《公务员法》第 12 条规定："公务员应当履行下列义务：①模范遵守宪法和法律；②按照规定的权限和程序认真履行职责，努力提高工作效率；③全心全意为人民服务，接受人民监督；④维护国家的安全、荣誉和利益；⑤忠于职守，勤勉尽责，服从和执行上级依法作出的决定和命令；⑥保守国家秘密和工作秘密；⑦遵守纪律，恪守职业道德，模范遵守社会公德；⑧清正廉洁，公道正派；⑨法律规定的其他义务。"

我们认为，综合上述法律规定，并考虑刑罚执行的特殊性，社区矫正官作为人民警察，首先，应当模范地遵守宪法和法律，这是应有之义。其次，应当尊重和保障人权。社区刑罚执行尽管是社会内处遇而非机构内处遇，但也会剥夺或者限制服刑人员某些人身自由。服刑人员首先是人，其次才是处于服刑状态的人，因此必须尊重和保障服刑人员的人权。最后，忠于职守，秉公执法，严守纪律，清正廉洁是对社区矫正官的纪律要求。

第十三条【社区矫正工作人员】

社区矫正机构根据实际需要配备必要的工作人员，负责社区矫正的日常工作。

社区矫正机构配备工作人员，应当优先保障司法所人员编制。

条文释义 ◀◀◀◀

社区矫正工作人员，是指在社区矫正机构中具有正式公务员身份、承担社区矫正日常工作的公务员，是社区矫正的专职工作人员。社区矫正是刑罚执行活动。管制是刑种，缓刑、假释、监外执行、附条件不起诉是刑罚执行方法，不论是刑种还是刑罚执行方法，其具体的执行都属于刑罚执行活动。既然是刑罚执行活动，就必须强调刑事执法的严肃性、专门性。对罪犯权利的剥夺、对罪犯自由的限制，都必须于法有据，而且必须由专门的刑罚执行机关的国家工作人员来实施。因此，尽管社区矫正强调要运用社区资源、发动社区群众，但涉及具体的执法活动，则必须由社区矫正机关的国家工作人员负责实施，社区矫正志愿者对社区服刑人员在社区矫正期间的活动进行监督、报告。同时，既然是刑罚执行活动，就必须强调执法的严肃性。涉及对罪犯权利的剥夺、限制等措施的运用，必须严格依照法定程序，不能随意任性而为。正因为社区矫正是严肃的刑事执行活动，社区矫正主体就必须是社区矫正机构的专门工作人员。

一、坚持专业化、精英化的选拔标准

当前我国社区建设面临巨大困难，社区涣散、社区力量薄弱。在这样的现实背景下，社区矫正欲主要依靠社区居民来参与就具有相当大的困难。实际上，英、美、日等国家的社区矫正、社区建设也存在同样的问题，不过它们的中介组织比较发达，因而在一定程度上弥补了这个缺陷。因此，我们在建设高效的社区矫正工作者队伍时必须坚持专业化、精英化的选拔标准。

如前所述，社区矫正本身是一项专业性很强的技术工作，非经长期的专业训练难以胜任该项工作。犯罪原因千差万别、犯罪人的个体情况也存在重大差异，社区矫正的本意就是要通过对罪犯的帮助、保护、教育、治疗、监督，击破其原有的犯罪心理结构。社区矫正工作需要工作者既当"保姆"（对矫正对象进行心理咨询、辅导、生活咨询、帮助其申请社会保障等福利）又当"父亲"（对矫正对象发布必须遵守的指令、监督其遵守各种指令、要求其汇报思想等），还要当"母亲"（要与邻居"拉家常"，即做好社区居民的公关工作，营造有利于矫正对象回归社会的舆论氛围）。这种工作的难度、复杂性比监狱行刑的难度、复杂性更大，所需的技术性更高。因而，即使是上海、北京等地目前将监狱管教人员派驻社区司法所从事社区矫正，可以这样说，也很难说其必定能够胜任这一工作。

基于上述认识，社区矫正工作者的选拔必须坚持专业化、精英化的标准。乡镇司法所、街道司法所的工作人员可以保持原有规模，可以吸纳其进入社区矫正工作小组，但其不能成为专职的社区矫正工作者。专职的社区矫正工作者应当设立在区县司法局的社区矫正中心，并应取得专业的社会学、心理学、法学、教育学等领域的学士学位，经过在司法实践中长期训练方能专职、独立从事社区矫正工作。

二、社区矫正专职工作者队伍建设

社区矫正工作者有广狭两义：广义的社区矫正工作者是指一切参与社区矫正工作的人；狭义的社区矫正工作者仅指社区矫正专职工作者。在我国，社区矫正专职工作者就是指从事社区矫正的公务员以及在社区矫正服务中心专职从事社区矫正工作的工作人员。

（一）社区矫正工作者的招录

我国社区矫正工作者的招录主要有两种方式：一种是从其他国家机关中选拔，如从监狱、劳教所、司法所中选拔调用；另一种是直接面向社会从在职工作人员和应届大学毕业生中招录。社区矫正工作是比监狱行刑更讲究技术性的工作，其工作难度更大，因而在建设社区矫正队伍的初始阶段就必须坚持较高的选拔标准。

如果是从监狱、劳教所、司法所等司法行政部门内部选拔调用，必须坚持如下标准：①40周岁以下的骨干力量。社区矫正工作队伍的创建，最初只能是采取从监狱、劳教所等单位选拔人才的方式，因为这些单位对于管理、教育、监督犯罪分子或者违法人员具有丰富的经验。这批选拔的人才，就是将来社区矫正工作队伍的核心骨干力量，因此必须选拔调用年龄较轻的工作人员，否则等到其具备社区矫正丰富经验时就已经到退休年龄了，这将不利于社区矫正工作的可持续发展。②具有比较丰富的工作经验。尽管监狱、劳教所的工作性质与社区矫正存在很大差异，但毕竟都是对违法犯罪人员的监督管理、教育帮助，至少面对的群体具有一定的相似性。选拔过来从事社区矫正工作的人员要为将来社区矫正的全面开展奠定人力资源基础，这就必须选拔具有比较丰富工作经验的工作人员。因此，应当要求这些工作人员具有 3 年以上的监狱、劳教所管教经验。

如果是从社会在职人员或者应届大学生中招录，则应当坚持更为严格的选拔标准：①应当具有社会学、心理学、教育学、法学等与矫正工作有关的学士学位。②应当参照警察的标准进行体检。社区矫正工作要经常与罪犯打交道，具有一定的危险性，因而必须具备过硬的身体素质。③应当进行心理测试。社区矫正平时多是琐碎的事务性工作，但是可能要面对社区居民的不理解、被害人的愤怒与抱怨、矫正对象情绪的低落与自暴自弃或者狂妄无礼，这都需要社区矫正工作者具备较好的心理素质。④按照公务员的标准进行考察。

（二）社区矫正工作者的培训

改造保护犯罪人是一项非常复杂的专业性工作。它看起来是一些不需要特别训练的帮助、保护、关怀等事务性工作，但犯罪人的再社会化是一件困难的事情，如犯罪人之调查、犯罪人之监督改造、犯罪人之保护关怀、犯罪人之心理调适、出狱人之社会保护等无不涉及法学、犯罪学、心理学、社会学、教育学等各项学科知识。鉴于社区矫正工作的复杂性与专门性，应当高度重视社区矫正工作者的培训工作。我们认为，应当逐渐形成新招录的社区矫正工作者的培训制度。培训制度可以分为学院培训和实践训练两种：学院培训是指对社区矫正工作者进行封闭式的培训班教育，聘请专家学者讲解矫正的基本业务理论；实践训练是指采用公安部门刑警队的工作方式，在社区矫正工作者独立开展工作以前，先由经验丰富的社区矫正工作者进行"师傅带徒弟"式的训练，并可采取交叉训练的方式，派遣新招录的社区矫正工作者到发达地区进行训练。

（三）社区矫正工作者的考核与奖惩制度

要特别指出，社区矫正工作者的考核与奖惩制度与一般公务员的考核与奖惩制度应该有所区别，着重考察如下因素：①管教对象的再犯率。尽管再犯的风险并非社区矫正工作者所能全部掌控，但这是衡量社区矫正效果的基本指标。②管教对象重新融入社会的成功程度。管教对象成功地重新融入社会的原因很多，但与社区矫正工作者的工作也有一定联系。③当地社区基层组织的评价。这是衡量社区矫正工作者社区社会工作是否有效的重要参照。④当地社区居民的观感指标。这是衡量社区矫正工作在当地社区舆论氛围是否营造良好的重要参照。

附1：在美国劳工统计局网站上查阅到2008年9月版本的《职业展望手册》，其中详细描述了缓刑官与矫正专家的职业、资质、晋升，择其概要翻译如下：

1. 工作的性质

许多人犯罪以后都被判处缓刑而非被送往监狱，在监狱服刑的罪犯在过一段时间之后也往往被假释。在缓刑、假释期间，罪犯必须要置身于犯罪行为之外并遵守各种各样的其他要求。缓刑官、假释官、矫正专家与犯人一起工作并监督犯人不再犯罪。

缓刑官，在某些州被称为社区监督官，主要负责监督缓刑犯。矫正专家，也被认为是案件管理人或者罪犯的法律顾问，他们为已经出狱或者已经不在缓刑监督状态的人制定更生计划。假释官，承担的职责与缓刑官大体一致，区别仅在于假释官监督从监狱中假释的罪犯，而缓刑官监督的是没有被判入狱而是被判缓刑的罪犯。审前服务官，指挥审前调查，据此确定被告是否需要在审前释放。

缓刑官与假释官通过与罪犯及其家属的个人联系来监督缓刑犯、假释犯。不是要求罪犯到官员办公室会见，而往往是官员到罪犯的家庭或者工作地点或者诊所访问。缓刑、假释机构也经常寻求当地的宗教慈善组织、邻里互助组织等社区组织以及当地居民的支援，以求更好地监视罪犯。一些缓刑犯被要求安装电子监控设备，以便于缓刑官能够监视他们的位置以及行动。缓刑官、假释官也会安排罪犯药物滥用复原或者工作训练。缓刑官通常要么仅做成年罪犯的监督工作，要么仅做未成年罪犯的监督工作，只有在很小的、通常是乡村的司法才允许缓刑官同时监督成年犯与未成年犯。在某些州，缓刑与假释的工作是结合在一起的。

缓刑官通常会花费大量时间为法庭工作。他们调查被告的背景，撰写判决前的报告，提出判决建议。在将建议书交到法庭前，他们将与罪犯及其家属一起评估建议书。缓刑官也可能被要求对他们的调查结论、判决建议在法庭上作证。他们也会出席听证会，以更新法庭对罪犯关于其更生的努力和对判决条款的服从。

矫正专家在监狱、缓刑机构、假释机构工作。在监狱，他们通过调查问卷与心理测试来评估囚犯的进步。他们也会与囚犯、缓刑官或者其他机构合作以发展缓刑与假释计划。当他们的委托人有资格获得释放时，他们讨论囚犯的历史与再犯的可能性的案件报告将提交假释委员会。另外，他们发展教育与培训计划来增进囚犯的工作技能，并且个别地或者团体地提供愤怒控制、性侵犯咨询。他们通常会为每个委托人撰写处遇方案和总结。在缓刑机构、假释机构工作的矫正专家担负的职责与在矫正机构工作的职责在很大程度上相似。

缓刑官与矫正专家在同一时期处理案件的数量取决于罪犯的需要以及他们的风险。高风险的罪犯以及需要更多咨询的罪犯通常要花费官员更多的时间与资源。待处理的案件数量随司法裁判而有所变化，因此，官员可能每次要处理 20~100 有余的案件。

计算机、电话、传真机有助于官员来管理待处理的案件数量。缓刑官可以使用远距离的计算机终端在家办公。其他的技术进步，如电子监控、药物检验也可以帮助缓刑官与矫正专家监督罪犯并提供咨询服务。

审前服务官指挥审前调查，他们的调查结论帮助决定嫌疑人是否能够获得审前释放。当嫌疑人获得释放以后，审前服务官需要监督嫌疑人是否遵守释放条款并确保嫌疑人准时出庭。在联邦法院系统，缓刑官承担审前服务官的职责。

工作环境。缓刑官及矫正专家与犯罪分子打交道，因而其工作带有一定的危险性。在监督罪犯的过程中，他们通常与其他个人相互配合，如罪犯的家属、朋友。这些人或许会生气、失望，可能很难相处。雇员可能会被指派到高犯罪地区或者有高犯罪风险、疾病传染风险的地方进行实地调查。

缓刑官和矫正专家必须遵守法庭确定的最后期限，这带来很大的工作量。另外，会见缓刑犯、假释犯可能会要求大量的旅行和实地调查。他们还会被要求佩戴枪支或其他武器来自卫。他们会被要求收集罪犯的尿样以供毒品检查。所有这些因素造成有压力的工作环境。虽然这些压力可能会令工作有时候显得非常困难，但这工作仍然很值得做。许多职员通过对社区成员的咨询和帮助他们成为有益的公民而获得个人的满足感。

缓刑官和矫正专家每周通常工作 40 小时，但他们有时候会工作更长时间。他们可能会被要求 24 小时处于待命状态，以监督和帮助罪犯。

2. 培训、其他资质条件和晋升

资质条件根据机构的不同而有所差异，不过，通常都要求具有学士学位。大部分的雇主都要求进行面试、笔试和心理测试。

教育和培训。学士学位通常应当是社会服务、刑事司法、心理学或者其他相关领域的学位，一些雇主可能会要求没有工作经验的候选人需要具有刑事司法、社会服务、心理学或者其他相关领域的硕士学位。不同的雇主对何谓相关经验有不同的要求，它可能会包含在缓刑机构、审前服务机构、假释机构、矫正机构、刑事调查、药物滥用治疗、社会服务或咨询等领域的工作经验。

大部分缓刑官、矫正专家都被要求参加州或联邦政府组织的培训计划，然后会获得相关的培训证书。大部分缓刑官和矫正专家在被授予永久职位之前长达一年的时间内会作为见习者工作或者确定一个试用期。

其他资质条件。求职者通常都需要接受面试、笔试、心理测试和身体检查。未来的缓刑官和矫正专家需要有良好的身体条件与心理素质。大部分机构都要求应聘者年满21周岁，在联邦机构还要求不超过37周岁。那些曾被判处重罪者不能申请该职位。

由于在缓刑和假释工作中计算机技术的运用日渐广泛，因此熟悉计算机的操作也往往被作为申请者的要求之一。求职者也需要通晓与矫正有关的法律和规章。缓刑官和矫正专家需要有极强的写作能力，因为他们经常要撰写大量书面报告。他们还需要很好的倾听与人际交往技巧，以高效地从事对罪犯的相关工作。

晋升。一个典型的机构都有关于缓刑官、假释官、矫正专家的好几个级别，管理者也是一样。晋升主要是基于工作经验的长短与工作业绩。研究生，如刑事司法、心理学、社会服务学科的硕士学位可能更有助于晋升。

3. 职位

缓刑官与矫正专家在2006年大约有94 000个职位，大部分职位都在州或者地方政府。在某些州，州政府雇佣所有的缓刑官与矫正专家；在另一些州，由地方政府雇佣缓刑官与矫正专家；还有一些州，每个级别的政府都可以雇佣缓刑官与矫正专家。城市的职位更为充足。在联邦政府，缓刑官由法院雇佣；矫正专家由美国司法部矫正机构雇佣。

4. 工作展望

直到2016年，缓刑官与矫正专家的职位将与其他工作的平均增长率一样快速增长，工作机会也被预估为良好。

工作变化。从2006—2016年，缓刑官与矫正专家的职位将增长11%（达到105 000人），这个数字也是其他职位的平均增长率。强制性判决的指导方针要求更长期的监禁刑和减少假释导致监狱人口大幅增长。然而，因为预算的限制、法院的决心和对强制性判决指导方针效果的质疑，强制性判决的指导方针已经在很多州被要求重新评估。相反，许多州将更加重视更生与诸如缓刑这种惩罚方式的变换，这刺激了对缓刑官、假释官、矫正专家的需求。另外，还存在对假释官的需求，以监督正在监狱服刑但将要释放的罪犯。

然而，工作前景主要依赖政府分配给矫正尤其是缓刑系统的预算。虽然社区监督的支出远少于将犯人关押在监狱，但政治趋势的变化倾向于将犯人关押在监狱而不是置于社区，这将会削减工作机会。

工作前景。除了职位的增长之外，需求还来自于岗位的替换，尤其是大批的工作人员的退休计划。这份工作吸引不了某些潜在的预期者，尤其是因为较低的收入、较大的工作负担、较强的压力等因素。上述原因导致此类工作机会仍然比较充裕。

5. 收入

2006年5月的统计结果显示，缓刑官与矫正专家的平均年收入是42 500美元。中等收入的人占50%，收入在33 880美元~56 280美元之间；最低收入的人占10%，年收入低于28 000美元；高收入的人占10%，年收入高于71 160美元。2006年5月统计的结果显示，在州政府工作的缓刑官与矫正专家的平均年收入是42 970美元，而那些在地方政府工作的缓刑官与矫正专家的平均年收入是43 100美元，高收入者一般都是在城市工作的官员。工资也在不断地增长。根据2008年5月的统计，缓刑官与矫正专家的平均年收入已经增长到49 520美元，最低年收入已经增长到29

490 美元，最高年收入已经增长到 78 210 美元。这份收入已经算不错，当年小学和中学教师年平均收入为 51 730 美元，州政府雇员的平均年收入为 51 130 美元，地方政府雇员的平均年收入为 48 780 美元。

附 2：我们登陆英国沃里克郡缓刑局网站，其中"Jobs and Careers"一栏介绍了招聘缓刑官的详情，现择其概要翻译如下：

1. 缓刑官工作简介

一名合格的缓刑官，必须要取得缓刑研修的文凭，这文凭是受承认的职业资格证书，研修文凭是社区司法的学士学位与社区司法的国家 4 级职业资格证书的综合授予。缓刑官的求职者没有年龄的限制，但是一般需要与他人沟通的能力、与团队共事的能力、与人工作的能力、沟通能力、计划与组织能力、自我管理、献身精神、价值观、接受新事物、问题解决能力等多方面的综合素质要求。

2. 见习缓刑官

在成为缓刑官之前，必须要申请作为一名见习缓刑官。见习缓刑官要经历长达两年的训练，然后获得相应的研修文凭以后才能成为正式的缓刑官。要申请成为见习缓刑官，必须对缓刑服务有一定的了解，但是缓刑局更希望招聘曾经有其他丰富工作经验的人士。申请成为见习缓刑官的竞争比较激烈，2008 年英国国家缓刑局要招聘 300 名见习缓刑官，但预估有 15 000 人提出申请。见习期内的培训是学术训练与缓刑工作实践的综合，这将教给见习缓刑官以必要的知识、技巧、价值观、工作能力。

3. 缓刑官

缓刑官需要很强的分析能力、阅读技巧，明智的判断能力，激励他人在生活中做出有益的、重大的变化。大部分新加入者都需要先作为见习缓刑官，完成一个为期两年的培训计划。但是如果申请人拥有社会工作的文凭或者曾经有与罪犯打交道的工作经验，也可以直接申请成为缓刑官。

4. 缓刑局官员

申请者必须要真正具有与人打交道的工作兴趣，能够对他人提供建议并引导他人改变生活。缓刑局官员将全面地介入工作的每一个方面，当然也可能专门从事某个领域如缓刑集体宿舍或者社区惩罚。整个工作的广泛性包括：法庭工作，帮助准备报告，面试罪犯——有时候就在罪犯的家里，处理转交来的药物滥用、健康以及食宿问题，解决、现场处理麻烦，安排罪犯的社区工读课程，同政府组织以及志愿者保持有效的联系，在特定居所监督罪犯，等等。

其他还包括行政人员、计算机技术人员、人力资源管理人员、财务人员等。

三、司法所

社区矫正机构配备的工作人员主要有以下几类：一是社区矫正中心的工作人员。社区矫正中心是集中开展社区矫正工作的场所，一些地方司法行政机关推动建立这类中心，主要是解决集中短期教育的场所问题，另外也是鉴于司法所的专职工作人员短缺的现状。二是为司法所增配工作人员。不过客观地讲，最近这几年司法所人员缺乏的现状并无多大改善，如经济比较发达的成都市，截至 2015 年 2 月，全市共有 317 个司法所，但全市有政法专编的司法助理员仅 388 人，平均每个司法所 1.22 名。

前文中已经谈到，我们不同意那种取消司法所承担社区矫正日常工作任务的观点，其根本原因就在于司法所与社区联系紧密，如果司法所不承担社区矫正日常工作任务，则社区矫正就会脱离社区，就失去了社区矫正的"社区性"这一本质特征，社区矫正就不再是社区矫正，充其量只是"社会内处遇"或者"开放式处遇"，因此必须加强和夯实司法所建设。此外，应在法律条文中明确规定，社区矫正机构配备工作人员，应当优先保障司法所人员编制。事实上，如今公安机关的警务改革都在强调强化基层建设、强化派出所建设，而不是充实机关人员。甚至可以认为，社区矫正机构新入职工作人员，必须首先到司法所工作 1~3 年，方能到社区矫正机关或者社区矫正中心工作。

社区矫正目前也有所谓的恢复性矫正理念，这正是司法所工作人员的长处。司法所承担的职能之一就是调处社区纠纷，而调处工作最为考验工作人员的职业素养，一般刚入职的工作人员与社区联系很浅，根本无法承担这项任务。

▶▶▶ 立法理由

一、社区矫正性质的多重性

社区矫正的性质是什么？一般认为，社区矫正是一项严肃的刑事执法工作，与一般的社会工作是不同的。这是从刑罚意义的角度来看待社区矫正的，这种意义上的矫正还未能意识到罪犯的再社会化需要全社会的共同努力。我们认为，社区矫正就是对犯罪人以及虞犯进行矫正，矫正可以分为犯罪前的预防矫正、犯罪后的刑罚矫正、刑罚执行完毕后的后续矫正和帮助，从统合刑事政策的角度来看，应当将社区矫正的范围拓宽，以成功达到预防和控制犯罪的目的。从这个基本看法出发，社区矫正的性质具有多重性：①犯罪前对那些有犯罪倾向或犯罪可能性大的人进行的预防性矫正，是社区矫正的第一个组成部分。警务工作中的重点人口管理、安全社区建设等内容就属于这个范畴的预防性矫正，预防性矫正的性质不是典型意义上的刑罚执行，而是行政工作与社区社会工作的结合。本书所研究的社区矫正，主要从犯罪后的矫正来谈，因此不多涉及预防性矫正工作，但是却不能否认，预防性矫正具有一定的社会价值，西方国家刑法中推行的预防性的"社会防卫措施"就有预防性矫正的意思在内。②犯罪后在社区中执行社区刑罚，是典型的刑罚执行意义上的社区矫正，它的性质就是一项严肃的刑事执法活动。从我国已经开展的社区矫正的试点来看，社区矫正的对象主要是被决定缓刑、假释、监外执行、管制和剥夺政治权利的犯罪人，社区矫正的内容就是要在社区中执行对犯罪人的非监禁刑罚，因此它需要专门的负责机关和工作人员，需要严格依据法律规定来执行。当然在社区矫正的试点时期，难免有突破法律规定的情况出现，而这通常是中国改革现行制度的前兆。③刑满释放后或者假释后的出狱人社会保护工作是社区矫正的第三个组成部分。出狱人社会保护在许多西方国家已经成功开展，但是我国由于受传统重刑思想和报应思想的束缚，出狱人社会保护基本上还是一片空白。出狱人社会保护是矫正工作的延续，没有良好的出狱人保护制度，矫正的效果就得不到维持，出狱人再次犯罪的可能性则会大大增加。出狱人社会保护工作不仅应当运用社会力量，而且应当由专门的国家机关负责。监狱行刑社会化还要依靠社区的协助才能完成，在这个意义上的社区矫正更多是一种社会工作。

总之，社区矫正是一项复杂的社会系统工程，其性质是专门机关工作与社会工作的结合体，是融合社区刑罚执行、监狱行刑社会化和出狱人社会保护等多方面内容于一体的综合性制度。

二、社区矫正的专门性与群众性

社区矫正首先是一项专门机关的工作。无论是对潜在犯罪人和那些违法青少年的矫正和教育，还是那些在社区中执行非监禁刑罚的犯罪人，或者是那些刚刚出狱的犯罪人，都需要作为政府的一项专门工作以扎实推进社区治安的稳定。在日本，由专门的法务省保护局、地方改造保护委员会和保护观察所来负责执行社会内处遇；在美国，由专门的缓刑局和假释委员会等机构负责执行缓刑和假释，由专门的缓刑官和假释官来负责社区矫正工作。中国上海在社区矫正试点工作中设立了社区矫正工作领导小组，在市司法局下设办公室。因此，社区矫正工作首先是政府机关的专门工作。尤其是我国正处于社会的转型期，政府机关还掌握着社会绝对多数的资源，真正体现市民社会本质的社会自治团体、社会福利机构等中介组织还处于萌芽阶段，我国的社区建设真正取得成绩也只在极少数经济文化发达的地区，多数地区的社区建设包括社会中介组织建设仍然处于艰难起步的阶段。我国现阶段的缓刑、假释、管制等刑罚执行情况不好，关键原因就在于市民社会的基础还未能成熟，掌握的资源过于匮乏。在这样的情况下，必须首先强调社区矫正工作的专门工作性，否则社区矫正工作必将处于软弱涣散的状态。

其次，社区矫正具有浓厚的群众性。社区矫正的实质，就在于将犯罪人、潜在犯罪人或者其他刑满释放人员放在社区中进行矫正，必然要求充分利用社区各种资源，动员社区内各种群众力量参与改造和矫正工作。在世界其他推行社区矫正的国家，都非常重视社区力量的参与。尽管社区矫正是一项严肃的官方事业，但同时社区在社区矫正工作中发挥着更为积极的作用，民间力量是社区矫正的主要资源。我国在社区矫正试点过程中，要积极探索适合我国国情的利用社区资源参与社区矫正的具体方式和途径。充分发挥国家专门机关的业务优势，并积极组织社会力量参与社区矫正事业，增强矫正的力量，促进社区矫正的专门性与群众性相结合是社区矫正工作取得成功的关键。

三、当前我国社区建设的不足

社区矫正的本意，就蕴含了发动、培育社区资源参与矫正，然而这必须建立在我国社区建设的基础上。社区建设搞得不好，社区矫正就难以有效地利用社区资源。社区矫正的本质在于：将符合法定条件的犯罪人置于社区中进行矫正，其本来含义就是需要发动社区资源、整合社区优势使犯罪人得到成功的再社会化。社区矫正的价值与预期效果，实际上就是将犯罪人矫正成功的希望寄托在社区的上述功能以及社区建设的现实基础之上。没有社区的有效配合，犯罪人显然无法成功地融入社区，其矫正也不可能获得成功。社区矫正要能够获得成功，其首要前提就是社区建设的成功，否则"社区"不存"矫正"焉附？故此，社区建设是社区矫正的前提和基础，我国学者早有人提出要扩大假释、缓刑的适用范畴，推进行刑社会化，但是为什么我国社区矫正最早于2002年才在上海这样的大城市试点？原因很简单，社区矫正只有在成功的社区建设的基础上才能进行，而诸如上海这样的国际性大都市，其雄厚的财政实力和开放的政治革新观念可以保证社区建设的顺利进行。所以，尽管理论上学者早就提出了社区矫正，但是只有在社区建设成功的现实条件下，才可能逐渐推广社区矫正。本书后文将谈到，无论是社区矫正机构的设立还是社区矫正工作者的选拔，抑或是社区矫正工作的开展，无不与社区建设紧密相关。当前，我国社区建设的不足主要体现在以下方面：

（一）传统的单位体制解体，新的社会整合机制尚未建成

这主要体现在如下几个方面：①我国原来实行单一的公有制和计划经济体制，城镇居民基本上都固定在某个单位。单位不仅是人们工作的地方，而且也是人们生活的地方，对人们起着重要的社会控制作用，维持着社会关系的平衡。随着社会主义市场经济的发展和完善，越来越多的单位改变了"单位办社会"的体制，单位成为人们工作的场所，而不是生活的地方，也不是管理居民的机构。人们失去了对单位的依赖，他们真正回到了社区。这就需要社区承担相当一部分原来单位承担的职工管理和后勤服务的功能，但是原有的社区管理体制却不能适应这种局面，因此社区建设就提上了议事日程。②市场经济为经济的发展带来了活力，但是竞争的加剧使得下岗人员大量增加，社会闲散人员增多。这些人员的重新安置、管理、服务、教育等与原单位脱钩，但是现有社区管理体制又无法有效解决这些问题。③市场经济的发展，带来了第三产业的蓬勃发展，但是这些产业有相当一部分都是个体、私营企业，这些人一开始就脱离于单位的控制，对他们的社会控制和组织、管理几乎就等于零。④市场经济要求建立全国性的统一大市场，资源要在全国进行配置，这当然也包括人力资源。不仅城市居民在不停地变换工作，甚至到陌生的城市生活和工作，而且祖祖辈辈生活在土地上的农民也在市场经济的大潮中开始了大规模的流动，据统计每年大约有一亿以上的流动人口。这就给原来的人口管理体制带来了巨大的冲击，因为城市原有的居委会只是管

"具有本地户口"的社区居民，而对外来人口缺乏有效的控制和管理，社会控制大大削弱，为社会增加了许多不安定因素，近年犯罪率的急剧上升，就跟社会控制的削弱有关。⑤我国已经开始进入老龄社会，退休职工大量增加，这个群体的社会保障、文化娱乐、生活服务等已经不能再依靠计划经济时期的单位，这个任务自然落到了社区的头上。上述种种情况，归结到一起，就是单位人转变成社会人或者叫做社区人。人不一定固定属于某个单位，但是总要居住在某个社区。因此要重新建立一套有效的组织、管理体制，即以社区为基点建立全新的社区控制、管理体系。

总之，传统单位体制的解体，使得国家无法再利用单位来达到对人民的社会控制以将他们整合到国家体系中来。市场化带来经济的迅速发展，也带来了社会疏离、社会失范、社会失控、社会冷漠等一系列问题。传统单位体制的解体，使得大量的社会事务从单位中剥离出来并需要由社区来承受，但是这是传统的居委会无法胜任的，这就需要城市社区管理体制的新变革，通过培育社区，通过社区建设将这些自主而分散的社会成员再组织起来，整合和动员社会资源，重新构造城市管理的微观基础，变传统的"单位主导"社会为"社区主导"社会。

（二）社区基层组织建设不足，力量薄弱

1999年民政部制定的《全国社区建设实验区工作实施方案》中就提出，要"在强化社区功能的基础上，充分发挥社区力量，合理配置社区资源，大力发展社区事业，逐步完成城市基层管理体制由行政化管理体制向法制保障下的社区自治体制的转变"。社区自治是在政府指导下通过开发自身资源，实行社区的自我管理、自我教育和自我服务，进行社会整合，不仅可以节约行政化管理体制的成本，为社区建设注入活力，还可以促进城市结构合理分化，使得政府专门从事公共事务管理，而从大量繁杂的社会事务中解脱出来。这样既可以提高政府工作效率，精简政府机构，也可以分散矛盾，建立风险分担机制。从而形成政府管公共事务、社区管社会事务、市场管经济事务的合理格局，无论是对于政治体制改革，还是经济体制改革都具有重要价值。同时，强调社区自治，即要求广泛发动社区成员参与，实行民主选举、民主决策、民主管理、民主监督，可以为中国的政治民主化提供实验性的借鉴，作为民主化的起点。社区居民通过参与社区事务的管理，获得与政府的沟通与互动渠道，不仅可以减少改革的阻力，增加人民对于政府的信任，提升基层政权的权威和办事效率，改进和改善政府的管理，从而对基层政权的稳定起到重要作用。整个社区建设都需要居民的广泛参与，这不仅可以充分利用资源，而且还可以将许多社会闲散人员重新纳入社会控制体系，发动他们参与社区建设，促进政治和社会的稳定。但是，这一理想目标到目前为止尚未建成。社区组织建设主要包括社区党建工作、社区自治组织建设、社区中介组织建设三个方面的内容。

城市社区党建工作面临的困难主要包括：①城市社区党组织与驻社区单位党组织未能形成合力；②城市社区党员的管理和教育工作难度较大，社区党组织直接管理的居民党员普遍年龄偏大、分布零散、体弱多病、参加活动困难，离退休党员的组织关系虽然转入了社区党组织，但大多数党员的人事档案、劳资关系等仍由原单位管理，这部分同志过去与社区基本上不打交道；③城市社区党务工作者力量薄弱，普遍年龄偏大、文化素质偏低，难以吸引青年人参与社区党建活动；④城市社区党建活动经费、活动场所缺乏，难以有效开展丰富多彩的社区党建活动。农村社区党建面临的困难则更为巨大，以我们家乡四川省绵阳市三台县紫河镇青龙嘴村为例：①党员年龄偏大，基本上都是 60 岁以上的老党员，他们虽然热心公益，但是已经心有余而力不足；②长期缺乏中青年党员加入，大部分中青年人都外出打工，只有过年过节和农忙才回家，社区党建工作难以开展；③党建活动形式老套，缺乏吸引力，中青年人对社区利益不甚关心。

社区自治组织建设包括居民委员会、村民委员会建设都面临同样的困难：①有调查显示，目前社区居委会干部队伍主要存在年龄偏大（50 岁以上的占 68.5%）、文化素质偏低（初中以下文化的占 66%）这两大问题。②社区居民对于社区居民委员会建设基本上不关心。我们所在的成都市青羊区太升路街道鼓楼社区，连选举居民委员会的投票工作都难以展开；我们故乡的村民对于谁当村民委员会主任也持淡然态度。③社区居民委员会开展活动与社区居民利益关系不密切，缺乏自治组织的基本特征。社区自治组织基本上沦为基层政府的传声筒、非政府协助力量，而很少从事与本社区共同利益有关的自治性建设事项。

社会中介组织是指"受职能部门委托，按照有关法律、法规和章程的规定独立开展社会活动，在市场体系中发挥其服务、沟通、公证、监督作用的社会服务机构"。社会中介组织通常具有以下几个特征：①正规性，拥有法人地位、正式的组织章程、组织结构、必要的设施以及经费来源等；②独立性，是指它独立开展工作，不受政府部门的直接领导；③非营利性，即不以营利为目的，即使有积累资金，也是用于社会服务事业；④公众利益性，社会中介组织开展社会服务的目的是为了奉献社会，满足公众利益需求。实际上，我们可以看出，社会中介服务组织基本上表现为社团法人的形式。目前，社区中介组织主要包括业主委员会、老年人联谊会等组织，但基本上没有形成规模，社区居民处于涣散状态。

> **第十四条【社区矫正工作人员的职责及其保障】**
>
> 社区矫正机构工作人员依法监管社区服刑人员，根据矫正社区服刑人员的需要，开展社区矫正工作。
>
> 社区矫正工作人员依法实施社区矫正的活动，受法律保护。

条文释义 ◀◀◀

社区矫正机构工作人员是具有专业法律素养、矫正素养的国家公务员，其主要职责在于开展监督、教育工作。

一、监督管理

社区矫正首先是一项严肃的刑事执法活动，其工作的中心内容就是发展各种矫正犯罪人的社区矫正项目，最终实现矫正犯罪人、促使其成功再社会化的目的。既然是刑罚执行活动，当然就会对犯罪人实行程度不等、内容不同的监督管理。我国的缓刑、假释、管制、剥夺政治权利、监外执行，都不是简单地将犯罪人置于社会放任不管，而是要求其必须遵守一定的法律、规则、纪律，要对其行为及其活动进行一定的监督和管理。如我国《刑法》第39条第1款规定，被判处管制的犯罪分子，在执行期间，应当遵守下列规定：①遵守法律、行政法规，服从监督；②未经执行机关批准，不得行使言论、出版、集会、结社、游行、示威自由的权利；③按照执行机关规定报告自己的活动情况；④遵守执行机关关于会客的规定；⑤离开所居住的市、县或者迁居，应当报经执行机关批准。我国《刑法》第54条规定，剥夺政治权利是剥夺下列权利：①选举权和被选举权；②言论、出版、集会、结社、游行、示威自由的权利；③担任国家机关职务的权利；④担任国有公司、企业、事业单位和人民团体领导职务的权利。我国《刑法》第75条规定，被宣告缓刑的犯罪分子，应当遵守下列规定：①遵守法律、行政法规，服从监督；②按照考察机关的规定报告自己的活动情况；③遵守考察机关关于会客的规定；④离开所居住的市、县或者迁居，应当报经考察机关批准。《刑法》关于假释犯人应当遵守的规定与缓刑犯人的规定相同。暂予监外执行的罪犯，必须严格遵守国家法律法规以及公安机关制定的有关监督管理规定，自觉接受监督改造，未经批准不得离开所居住的市、县或者迁居，必须在指定医院治疗而不得随意转院，或者从事治疗疾病以外的其他社会活动。随着我国社区矫正制度的建立、健全和完善，有关的监督管理规定还将进一步健全。

二、帮助保护

社区矫正的首要目的在于以人性化的处遇方式来矫正犯罪人，以促使其成功的再社会化，因此社区矫正不仅是消极地要求犯罪人遵守监督管理规定，还要求社区矫正工作者针对犯罪人制定个性化的处遇方案，实施个性化的矫正。这就要求社区矫正工作者应当尽力帮助犯罪人解决在矫正过程中遇到的困难，对犯罪人给予帮助保护。此外，由于我们认为应当将社区矫正的范围扩展到出狱人社会保护，对于出狱人更是要强调帮助保护的一面。具体说来，帮助保护主要应当包括如下内容：①通过与矫正对象恳谈，针对矫正对象在生活中遇到的困扰和思想负担甚至各种适应性心理障碍，给予恰当的心理辅导，缓和矫正对象的紧张情绪。要帮助矫正对象认识和分析生活中遇到的难题，帮助其树立正确认识和解决问题的生活态度。②对缺乏生活技能的犯罪人，应当采取适当的方式给予一定的就业指导和生活训练，帮助其树立正确的择业意识和寻求恰当合适的工作。要对矫正对象给予一定的职业道德和素质训练，坚定其积极追求幸福生活的决心，坚定其克服困难的勇气。③对于处于饥饿、贫困、病患状态的矫正对象，应当采取适当的方式给予救助，帮助其申请各种应当享有的社会福利性保障。④其他各种利于矫正的适当的帮助保护。

三、社区社会工作

社区矫正工作者的前两项工作内容——监督管理和帮助保护——都是直接针对矫正对象的工作，但是社区矫正工作者的工作决不仅仅限于此。社区矫正工作者还应当面向社区，开展各种利于发展社区矫正项目的社区社会工作，联系和沟通矫正项目与所在社区的关系。原因在于，只有在社区力量的支持与配合下，才能最大限度地调动各种资源开展社区矫正工作，增强矫正对象与所在社区的联系。这不仅可以扩大矫正项目的财政来源，还可以充分促进矫正对象与所在社区的和解，从而促进其再社会化过程。我们认为，社区矫正的社区社会工作主要包括如下内容：

第一，建立矫正机关和矫正项目与所在社区的良好合作关系。社区矫正工作者要做好宣传工作，向所在社区居民宣传社区矫正的意义，取得居民对于矫正项目的谅解与合作。矫正工作者可以采取适当的形式，将矫正项目与社区建设内容巧妙结合起来，如利用矫正对象的社区服务来增进社区福利，建设社区法制文化环境，从而获得社区居民的理解与支持。

第二，组织和发动社区居民以各种适当形式参与社区矫正项目。在保证矫正项目科学性和尊重矫正对象的基本权利的前提下，充分发动社区居民以物质帮助、精神抚慰、义务监督、协助管理等各种方式参与矫正项目。这样不仅可以扩大矫正项目的支持力量，还可以丰富矫正项目的内容，并逐步建立矫正对象在社区的各种正常社会关系，使其感受到社区的温暖，从而最终完成再社会化过程。

第三，培育各种支持矫正项目的民间组织，发动支持矫正项目的社区义工，逐渐将社区力量参与矫正项目的方式、渠道规范化、组织化，从而将社区矫正工作建立在深厚的群众基础上，这是社区矫正工作取得成功的关键环节。只有全社会行动起来，不仅关心打击犯罪，更促使社会关心矫正犯罪人、帮助出狱人，社区矫正工作才能取得最终的胜利。

▶▶▶ 立法理由

在中国阶层迅速分化、社会转型期矛盾尚较突出，尤其是我国的法治状况还十分落后的情况下，社区刑罚同样面临一系列问题。推行社区刑罚制度，我们必须事先对可能出现的弊病进行悲观的预测，以避免这些"可能"变成"现实"或找到避免这些弊病的方法。前面已经讨论过在是否给予社区处遇以及给予何种社区处遇时存在不公正的问题，这里主要讨论社区刑罚执行过程中，社区矫正工作者在具体开展矫正工作时可能出现的弊病。

一、矫正工作者对被矫正对象生活的过度干预

社区矫正，是将犯罪人置于社区之中以对之进行改造保护。社区矫正的本义就是避免短期自由刑带来的"监狱化"弊端，而将犯罪人置于正常社会关系中，以促进其再社会化。一些学者反对矫正的一个重要理由就是"矫正的成功必须以被矫正者的配合与积极参与为前提"，而罪犯自身"没有理由自愿接受与

配合矫正"。这种反对理由虽然显得有些绝对，从本质上否认教育的不可能性，但是却告诉我们一个道理：矫正应当在可能的情况下，尽量促进犯罪人的内心觉醒，而不应过度干预其生活。尽管为数不少的学者反对矫正论，认为矫正将不可能获得成功，但是矫正仍然在世界主要国家的刑罚根据论中占据重要地位，现行刑罚执行的目的，也很少真正排除矫正的目的。

作为改造保护犯罪人的社区矫正，不可能不面对来自其他刑罚根据论者的批评。正是为了达到使犯罪人重新社会化的目的，社区矫正才将犯罪人置于社区之中给予改造保护，而尽量减少官僚化的机构对犯罪人施加的标签效应和给犯罪人带来"监狱化"的负面效应。因此，社区矫正应当避免矫正工作者过度干预被矫正对象的生活，影响其正常融入本地社区。但是，由于矫正工作本身的随意性和社区矫正的自身特点，很容易出现矫正工作者对被矫正对象生活的过度干预现象。这种现象具有如下负面效果：①过度干预被矫正对象的生活，可能使被矫正对象随时感受到自己的"被矫正对象"的特殊身份，影响其参与社会生活的正常、健康心理，同时可能促使被矫治对象对自己的身份逐渐认同，出现更加严重的反社会情绪或者自卑消极的不良情绪。接受社区矫正的受刑人，本以为在社区处遇下能够相对正常地融入社会生活，但干涉过度或限制过于严格的社区矫正，可能令受刑人长期处于"罪犯"这一身份标志下，其心理上也认同自己的受刑人身份，可能导致其出现各种消极不良情绪，不利于其重返社会。②过度干预被矫正对象的生活，可能给被矫正对象带来"标签效应"，令社区对被矫正对象施加有形或无形的压力或歧视，让被矫正对象感到被社会隔离，这不仅违背社区矫正的本义，也将给被矫正对象的再社会化带来巨大阻力。而且可能引起被矫正对象的逆反心理，自暴自弃，不能树立重返社会的决心和信念。社区矫正机关和社区过于强调受刑人的身份将可能给予受刑人强烈的心理暗示——自己是需要矫正的"坏人"，社区矫正机关过于热心的矫正工作很有可能促使受刑人变得更坏。③过度干预被矫正对象的生活，可能为矫正工作者提供侵犯被矫正对象的各种合法权益的便利，引发职务滥用或其他腐败行为。同时，还可能恶化与被矫正对象的关系，酿成信任危机，从而引起被矫正对象对矫正的反抗，引发其更加严重的反社会意识。社区矫正工作由于相对较强的随意性，矫正工作者在工作中具有较大的自由处理问题的权力，这些缺乏监督的权力行使空间可能会衍生出滥用职权的行为。社区矫正本身就比较强调树立矫正工作者的人格魅力与人格权威，试图以社区中符合社会权威意识形态的正常的行为模式来消解受刑人原有的犯罪心理结构。如果社区矫正工作者利用职权实施违法行为或不道德行为，这将大大破坏社区矫正本来就有限的价值。再社会化的本来含义就是破除被矫正对象原有的心理结构，使其学习和树立新的符合社会权威意识形态的行为模式，如果受刑人看到最接近的制度权威遵从非法的或者反社会的行为模式，再社会化还可能实现吗？

二、矫正工作者对被矫正对象的放任自流

强调矫正工作者对被矫正对象生活不能过度干预的同时，要防止其另一个极端——对被矫正对象放任自流。社区矫正尽管是将被矫正对象置于社区之中进行改造保护，而且要利用这种正常的社会关系并发动社区各种资源参与矫正工作，但是社区矫正不仅仅是让被矫正对象生活在社区"自动完成矫正"。被矫正对象无论其人身危险性如何、犯罪的轻重程度如何，都具有一定程度的不良心理，他需要矫正工作者对其提供程度不同的帮助、关心、教育才能完成再社会化的目标。换言之，矫正

机构和矫正工作者不仅要积极参与矫正工作，而且还要组织社会力量参与矫正工作。实践中，我国的缓刑、管制、假释、监外执行等各种非监禁刑罚往往等同于没有刑罚，主管机关既不给予监督管理也不给予改造保护，形同虚设。这种情况显然就是美国学者艾兹恩（Eitzen）和蒂默（Timo）所谈到的"花费便宜"的真相——什么也不干，当然不花钱。矫正工作者对被矫正对象的放任自流，将可能引起如下弊端：①被矫正对象不能得到应有的帮助和保护，令其在面临生活困境时极易再次走上犯罪道路。犯罪的根源在于社会，许多犯罪人实施犯罪行为的直接原因就在于面临实际的生活困难——当然不限于经济困难，也包括情感危机、心理障碍等。如有同志在研究流动人口犯罪时指出，流动人口犯罪的重要原因之一在于其缺乏相应的利益保障环境和保障机制。犯罪行为的外在和内在压力没有及时得到消解，很难说矫正就能够取得成功，再犯率也能够得到遏制。②被矫正对象不能得到应有的教育和监督，令其不能成功完成再社会化过程，反社会意识没有消灭。同时极易因不良社会交往和面临犯罪诱因时重新犯罪，影响改造效果。一些受刑人尤其是未成年犯罪人，虽然其犯罪心理结构并未定型，但相对而言，其人身危险性实际上比成年犯罪人更大——如果其犯罪心理结构不及时得到消解，未成年人实施的犯罪行为往往对社区具有更直接的破坏性——未成年人多实施抢劫、盗窃、寻衅滋事、性犯罪等，而这些传统犯罪往往就发生在所在社区或者附近，对社区居民的情感造成的冲击非常强烈。犯罪人固有的犯罪心理结构不会自动消解，反社会意识不会自动消失，不良行为模式不会自动被合法行为模式取代——如果不给予合理的教育、帮助、矫正、保护，社区刑罚失败的尴尬局面就非常可能出现。③被矫正对象不能得到适当的监督、控制，部分被矫正对象可能给社区带来巨大的危险，引发社区居民的恐慌，从而使社区矫正面临合法与合理之生存危机。如上所述，受刑人的人身危险性不会自动降低，在没有得到合理及时的矫正帮助的情况下，受刑人又处于行为不受控制的自由放任状态，其再次实施犯罪的可能性极大。实践中经常出现被给予社区刑罚处遇的受刑人因再次实施犯罪而被取消社区处遇的情况，虽然犯罪人得到了"及时"的处理，但是再次实施犯罪就说明社区刑罚执行过程中的"矫正"或者"监督"工作出现了问题。既然这样，社区居民支持社区刑罚的理由何在？④矫正工作者对被矫正对象放任自流，将会激发公民对于刑罚的疑问，对于国家改造保护责任的疑问，可能使政府面临严重的信任危机。受刑人在自由放任的状态中再次实施危害社会、扰乱社区安宁的犯罪行为，不仅破坏社区刑罚在公民心目中的形象，而且可能引发公民对整个刑罚机制的信任危机。缺乏社区居民支持、理解与配合的社区刑罚甚至整个刑罚执行，都不可能取得真正的成功。

三、社区矫正对矫正工作重点的分配不平衡

社区矫正的主要任务是什么？我们认为，无非就是两点：监督管理和帮助保护。只有两者并重，才可能获得矫正工作的成功。应当注意：现代各国的刑罚目的大多都是多元论，社区矫正的目的决不仅仅是教育，也不仅仅是惩罚，而应当在可能的情况下，充分涵盖各个利益群体的合理要求。社区矫正工作要注意避免两个极端：重视监督管理而忽视帮助保护，或者重视帮助保护而忽视监督管理。社区矫正的主要内容之一就是刑罚的执行，如果仅仅重视帮助保护而忽视监督管理，则刑罚的惩罚性不能得到体现，这就可能引起被害人或社区的不满；如果仅仅重视监督管理而忽视帮助保护，矫正工作就难以达到预期的目的，则被矫正对象的重返社会计划就可能受阻。

首先，社区矫正重视对被矫正对象的监督管理而忽视帮助保护可能引起如下弊端：①不能建立矫正工作者与被矫正对象之间的和谐与信任关系，导致矫正无法得到被矫正对象的内心认同，从而影响矫正的实际效果；②若不能在被矫正对象面临经济或思想或其他困境时提供适当的帮助保护，将可能使其重新走上犯罪道路，令改造保护的前期工作毁于一旦。

其次，社区矫正重视对被矫正对象的帮助保护而忽视监督管理可能引发如下弊端：①令部分人身危险性高的被矫正对象脱离监管，这可能给当地社区的安宁生活造成破坏，引起社区居民的恐慌情绪，从而导致社区矫正无法获得社区的支持，面临破产的绝境；②令潜在犯罪人不能感受到刑罚的威慑，从而无助于一般预防，威胁社会安全；同时，可能引发被害人和社区的不满，导致私人刑罚的产生。

当然，强调监督管理和帮助保护两者兼顾，不是说矫正工作中对具体的被矫正对象的工作方法没有区别，或者没有一定灵活性，而是强调矫正工作必须随时注意自己面临的多重使命，避免可能出现的任何一种危机。

四、社区矫正工作的随意性

社区矫正工作最大的弊病就在于其具有极大的随意性，从而对被矫正对象或受害人都造成不公平。美国社区矫正工作受到的最大批评也是因为其随意性带来的对正当程序的违反和对公民权利的侵害。美国的假释经历了一个限制与反限制的过程，原因也在于其严重的官僚化和高度的随意性对正义的践踏和侵蚀。尤其是社区刑罚的执行，基本上是一种行政工作：涉及判断缓刑、假释、管制、监外执行等受刑人的人身危险性而决定其监管的严厉程度；涉及可能导致被收监执行的判断缓刑、假释违反相关管理规定的严重程度；涉及对出狱人给予的保护帮助的方式和程度；等等。在上述情况下，矫正工作者实际上具有较大的自由裁量权或对最终的结果具有重要影响。这些权力如果不受到一定限制或给予一定的监督，就可能导致权力滥用以及侵犯当事人权利的事件的发生。

第十五条【社区矫正工作人员的禁令】

社区矫正工作人员不得有下列行为：

（一）索要、收受、侵占社区服刑人员及其亲属的财物；

（二）体罚、虐待社区服刑人员；

（三）侮辱社区服刑人员的人格；

（四）利用社区服刑人员牟取私利；

（五）非法将监管社区服刑人员的职权交予他人行使；

（六）玩忽职守，怠于履行职责或者滥用职权；

（七）其他违法行为。

社区矫正工作人员有前款所列行为，构成犯罪的，依法追究刑事责任；尚未构成犯罪的，依法予以行政处分或纪律处分。

▶▶▶▶ 立法理由

没有责任的法律，是不完善的法律；没有保障的权利，是不真实的权利。为确保社区矫正的严肃性、公正性，必须对社区矫正工作人员的纪律提出高标准的要求，人民检察院对社区矫正实施检察监督时，对上述行为有明确的法律监督权。

社区矫正工作者，包括专职工作人员和社区矫正志愿者都必须严格遵守道德戒律和工作纪律。社区矫正工作缺位，影响的是个别或者一批社区服刑人员的再社会化；社区矫正工作者违法乱纪，影响的是整个社区矫正工作的公信力，导致社区凝聚力的下降，因此社区矫正工作者不得有任何违法乱纪的行为。社区矫正专职工作人员属于国家工作人员，有违法乱纪行为，构成犯罪的，依法追究刑事责任；尚未构成犯罪的，给予党纪、政纪处分。

第十六条【社区矫正志愿者】

社区矫正志愿者是社区矫正的辅助人员。社区矫正志愿者的主要职责是帮助、保护社区服刑人员；在社区矫正工作人员的统一安排下，也可以协助监督社区服刑人员。

国家支持和鼓励志愿者参与社区矫正工作。

条文释义 ◀◀◀

社区矫正的工作内容主要包括监督管理、帮助保护、社会支持三大类，其中监督管理属于严肃的刑事执行活动，必须由专门的社区矫正机构工作者来承担，社区矫正志愿者不具有特定国家工作人员的身份，不适宜从事监督管理工作。社区矫正志愿者的工作，应当以帮助保护和社会支持为核心，具体说来，包括如下工作：①社会福利。包括为生活困难的社区服刑人员争取各种社会保障、救济措施，对有身心障碍的社区服刑人员提供心理疏导、温情关怀，对未成年社区服刑人员提供各种社会保护。②就业服务。包括对有工作能力的社区服刑人员提供职业技能培训、择业辅导、协助就业等工作。③在社区矫正机构工作者的统一安排下，协助社区矫正机构对社区服刑人员尤其是附加社区禁止令的社区服刑人员的活动范围进行监督，防止其与街头不良社会交往。

应当注意的是，目前不少地方司法行政机关招聘了不少社区矫正协管员，类似于公安机关的"辅警"或者城市管理执法机构的"协管员"，这并不是社区矫正志愿者。由于我国目前非政府组织并不发达，民间志愿者尚未形成气候，多属于"走秀"型，因此地方社区矫正机构在正式编制不足的情况下，招录了部分社区矫正协管员，从事社区矫正的辅助性工作，其本质是受委托从事公务的人员，而非社区矫正志愿者。

▶▶▶▶ 立法理由

社区矫正的基础，乃是完善的社区中介组织、非政府组织和强大的社区资源。但是目前中国正处于乡土社会瓦解、城市社会蜕变为陌生人社会的阶段，社区共同体意识尚未形成，公民的社会参与意识比较淡薄，"义工"等社区参与形式还处于发展初期。在这样的社会大背景下，指望社区矫正志愿者能够迅速为社区矫正提供重要动力是一种奢望。因此，社区矫正开战之初，社区矫正机构培育社会力量参与社区矫正，还必须依赖于社区基层自治组织、社区基层党组织等机构，逐渐由半官方的管理走向非官方的管理。鼓励社区矫正志愿者参与社区矫正，不是要形成一张社会全方位监控的大网，而是要形成一张社会全方位参与的大网。基于上述理由，社区矫正志愿者一般不能参与监督管理，而主要参与帮助保护、社会支持工作。这也是政府主导、社会参与原则的体现。

第十七条【社区矫正志愿者的资质】

担任社区矫正志愿者，应当符合下列条件：

（一）遵守宪法和法律、法规，无人身危险性；

（二）身体和心理健康，无传染性疾病；

（三）在社区内有较高的道德声望；

（四）有完成职务所必需的时间和热情。

以下人员不得担任社区矫正志愿者：

（一）因故意犯罪被判处有期徒刑以上刑罚，刑满释放后不足五年者；

（二）五年内累计接受治安管理处罚两次以上者。

条文释义

一、担任社区矫正志愿者的积极条件

（1）遵守宪法和法律，无人身危险性。遵守宪法和法律，是法治社会公民的基本素质。作为社区矫正志愿者，本身要参与社区矫正活动，当然应当是守法的典范。所谓"无人身危险性"，是指其人格健全、社会化水平高，没有或基本没有犯罪的可能性。

（2）身体和心理健康，无传染性疾病。社区矫正工作琐碎、繁杂，社区矫正志愿者更多要承担对社区服刑人员的帮助保护工作以及其他社会福利工作，这就要求其本身具有较好的身体和心理素质。同时，为确保社区服刑人员的安全，还应当要求志愿者没有传染性疾病。

（3）在社区内有较高的道德声望。道德声望是指志愿者能够代表所在社区符合社会规范的主流道德意识形态，符合社区服刑人员对"好人"形象的期望。志愿者较高的道德声望能够

为社区服刑人员树立明确的道德示范形象，同时也能够调动、激发更多的社区资源参与社区矫正工作。

（4）有完成职务所必需的时间和热情。社区矫正不是短时期的精力投入，而是一个较为长期的过程，需要志愿者投入较多的时间和精力，因此在申请成为志愿者之前，申请人应当对社区矫正工作本身的复杂性具有清晰的认识，防止走形式、走过场。

二、担任社区矫正志愿者的消极条件

（1）被判处有期徒刑以上刑罚，刑满释放后不足 5 年者。客观地讲，因为犯罪的种类繁多，犯罪的原因也非常复杂，被判处有期徒刑以上刑罚、刑满释放后不足 5 年者，未必具有再犯罪的人身危险性，也未必在社区内声望较低。但是，社区对犯罪人的形象容易僵化固定，媒体也容易对犯罪人进行妖魔化报道，为保持社区矫正志愿者整体上较高的道德形象及示范效应，应当禁止该类人员担任社区矫正志愿者。

（2）5 年内累计接受治安管理处罚两次以上者。司法实践中存在部分"大错不犯、小错不断；累死公安、气死法院"的人，这类人员往往代表了社区内不符合社会主流规范的非主流道德意识形态。应当避免这类人成为社区矫正志愿者，以免对社区服刑人员造成负面示范效应。

>>>> **立法理由**

社区矫正是严肃的刑事执行活动，社区矫正志愿者不能凭借短时间的热情与好奇心来参与，而必须对自身有长远的规划，对社区矫正工作有清晰的认识。社区矫正具有很强的专业性，又带有浓厚的社会工作的特征。从某种方面来说，社区矫正所需要的技术性比监狱行刑所需要的技术性还要强得多。社区矫正不仅需要根据罪犯的个体特征制定矫正方案，需要对不同类型的罪犯进行技术性矫正，而且还要做社区社会工作、罪犯的慈善福利保障工作；相对来说，监狱行刑不需要或者较少需要做社区社会工作，其矫正方案的实施往往比较单纯。社区矫正这样一项复杂的技术工作、社会工作，要求社区矫正工作者不仅要有社会服务、心理辅导、刑罚执行方面的综合的知识背景，而且要求社区矫正工作者具有良好的人际交往能力、纠纷处理能力、沟通协调能力；除了高业务素质之外，还要求社区矫正工作者具有强烈的爱心、社会责任感、荣誉感等道德品质。面对罪犯存在的各种问题，只有真正地以人道主义的情怀与罪犯相处，才可能彻底打破罪犯的封闭的犯罪心理结构。欧美国家社区矫正的规模庞大，尤其是美国，其需要社区矫正的人数高达500万。这样庞大的规模，单凭有限的缓刑官、假释官、矫正专家是完全不够的。所幸，这些国家的缓刑实践最初就是从一种慈善活动发端，浓厚的宗教气氛导致各种宗教慈善团体纷纷加入到罪犯的矫正过程中，志愿者活动具有很强的社会群众基础。因此，这些国家的慈善团体以及其他非政府组织积极地投入到社区矫正过程中，是社区矫正取得成功的关键因素。社区矫正志愿者与专业性的矫正官不同，基本上不具有法律的强制性，而更多是从道德的救赎、物质的帮助、精神的抚慰、心理的重塑等方面来帮助、保护罪犯，容易与罪犯建立良好的心理沟通渠道，以促进罪犯的更生。社区矫正专业力量与社区矫正志愿者力量相互配合，专业的社区矫正官更多地从事社区监督、社区惩罚，社区矫正志愿者更多地从事社会保护、帮助，既能够有效保障社会的安全，又能够有效保障社区矫正的效果。

综上，社区矫正志愿者应当具备较高的道德修养、良好的教育素养和积极的人生态度。

> **第十八条【社区矫正志愿者的管理】**
>
> 　　社区矫正机构统一管理辖区内的社区矫正志愿者。社区矫正机构应当为社区矫正志愿者提供法律培训和矫正专业技能培训。培训合格后，方能成为社区矫正志愿者。
>
> 　　志愿者参与社区矫正，应当经社区矫正机构登记。志愿者从事社区矫正工作，应当接受社区矫正机构的指导。

条文释义

　　社区矫正在实践中的运行，仅依靠专职的公务员是完全不够的。而社区矫正的本意，也要求开发、利用社区资源，引入社区力量参与矫正工作。首先，通过引入社区资源，可以促进罪犯与社区的更深层次的联系，促使其重返社会。其次，社区矫正本身也可以为社区建设提供重塑、再造的动机与项目规划。社区矫正志愿者参与社区矫正工作有三种基本方式：一是非常明确地担任社区矫正的某种荣誉性职位，比较专业地从事社区矫正辅助工作；二是通过加入社区矫正志愿者组织，零星地从事社区矫正志愿者工作；三是单独、不固定地从事社区矫正的某些支持性工作。

一、建立全国社区矫正志愿者协会

　　国外社区矫正志愿者队伍比较庞大，志愿者主要通过两种方式参与社区矫正：一是加入各种志愿者协会，从事包括社区矫正在内的诸多领域的社会服务工作；二是加入专业的社区矫正志愿者协会，专门从事这方面的社会服务工作。例如，英国伦敦缓刑局拥有一个相关的专业性志愿者协会 SOVA（Supporting Others through Voluntary Action），该组织是伦敦缓刑局的合作者，主要从事如下工作：陪伴罪犯在社区中遵守各种指令，向罪犯提供各种实际的帮助如申请救济金等社会福利，帮助罪犯参与各种积极的社会活动、参与各种社会联系以减少孤独。此外，日本的保护司也是非常典型的社区矫正志愿者。参照国外的经验并结合中国国情，我们认为，我国应当参照全国律师协会的形式成立全国性的社区矫正志愿者协会。也就是说，社区矫正志愿者协会具有准官方性的特点。这是因为我国非政府组织本身发育不充分，社会资源参与各种福利活动的路径非常有限，因而社区矫正志愿者如果没有官方的参与和支持，很难长久地持续下去。

笔者认为，可以考虑建立全国性的社区矫正志愿者协会，在各级司法局（厅）管辖范围内成立社区矫正志愿者协会，由当地司法行政机关的社区矫正主管部门指导、监督、支持。例如，中国社区矫正志愿者协会由司法部社区矫正局负责指导、监督、支持；各省市社区矫正志愿者协会由该省市司法厅（局）社区矫正局处（科）指导、监督、支持；各区县社区矫正志愿者协会由区县司法局社区矫正服务中心指导、监督、支持。这种组织形式类似于日本的保护司制度。我们之所以考虑这种组织形式，也是考虑到社区矫正工作要发掘社区资源，目前还必须依靠政府的积极主动的工作。如果单凭社区自己发掘，志愿者参与的力度必然非常薄弱。我们自身也曾参与北京市、四川省某些地区的社区矫正志愿者工作，可惜除了交张照片办个证件之外，就只开过一场会。某些地区的社区矫正志愿者看起来数字非常庞大，但实际上真正能够实际参与社区矫正的极为有限，而且也大多是浮光掠影，走走过场，搞搞形式。

二、志愿者参与社区矫正的基本方式：组建社区矫正工作小组

我们认为，社区矫正志愿者由于缺乏矫正的相关知识与经验，很容易好心办坏事，也很容易因遇到困难而懈怠、难以坚持。加之我国社区矫正发育之初，容不得任何闪失，因而我们认为志愿者参与社区矫正的基本方式是组建社区矫正工作小组，具体运行机制如下：

每个刑事案件从人民法院受理之日起，人民法院就应书面通知当地司法局社区矫正中心；社区矫正中心主任随即指定某个社区矫正公务员担任工作小组组长，负责组建由罪犯所在乡镇/街道司法所的法律工作者、所在社区居民委员会/村民委员会成员、所在地社区志愿者参加的工作小组，全程跟踪该案件的进程。从提供判决前调查报告到缓刑的监督到入狱后的探视到提供假释前调查报告，再到假释后的监督、释放后的安置帮教，全程负责。这样的组织形式、工作形式，当然是一个理想状态，是社区矫正发展到一定程度才能实现的理想状态。但是，我们可以尽量按照这个标准并贴近司法实践来运行社区矫正。

志愿者参与社区矫正，必须加入到某个具体的工作小组，否则不允许零星的、随机的访问。直到社区矫正发育得比较充分、完善以后，方可考虑其他多种参与形式。

三、社区矫正志愿者的组成

目前，我国各地试点过程中组织的志愿者大多以大学生、专家学者为主，但这部分人很少实际参与社区矫正工作。我们认为，基于社区矫正与社区建设相互促进的原则，社区矫正志愿者应当着重考虑如下成员的吸纳：

（1）社区党组织的党员。社区的核心骨干力量就是社区党组织中的党员。社区自治组织建设，首先要加强社区党建工作：

一方面，社区矫正志愿者协会要积极吸纳社区党员；另一方面，社区党员参与社区矫正工作也能促进社区党建。

（2）社区自治组织中的成员。城市社区要将社区矫正纳入到社区工作的规划中，社区居民委员会的主要成员要积极参与社区矫正工作。农村社区要积极吸纳村民委员会的委员和村民小组组长。

（3）业主委员会的主要成员。业主委员会并非社区基层自治组织，但是业主委员会在小区却是比社区更有权威性（更有实际意义）的组织。由于人际关系的疏离，小区居民或许对整个社区的利益并不关心，但是小区居民绝对不会对这个小区居住了一个罪犯不关心；小区居民或许不关心整个城市是否推行社区矫正，但是小区居民绝对会关心本小区是否有社区矫正的对象。因而，社区矫正志愿者协会要积极吸纳业主委员会的主要成员参与社区矫正工作。

（4）社区警务室工作人员。我国自公安部杭州会议以后就在全国推广社区警务战略。社区警务战略的推进，使得基层派出所民警与小区治安联防联勤，在实践中就是将每个小区的门卫室改组为社区警务室。将社区警务室主要工作人员吸纳到社区矫正志愿者中，将极大地有利于对罪犯的监督。

四、社区矫正志愿者的培训与管理

我们上面重点列举的四类人员是社区矫正志愿者队伍建设的骨干力量。这些人员对社区安全、社区利益都比较关心，大多善于做社区社会工作，对社区矫正应该能够培养出足够的热情。但是，他们一般不具有社区矫正的专门知识和专门经验，因而就需要经过系统的培训；同时他们都有各自的本职工作，在社区矫正工作小组中如何各司其职也需要一定的管理。

培训主要采取两种方式：①在社区矫正工作小组中进行个

案训练。由专职的社区矫正公务员作为组长组建社区矫正工作小组，专门针对个案开展矫正工作。组长的主要职责就是职责分配、业务指导和监督以及相关的执法工作。组长就个案必须对小组成员进行具体的训练，以确保社区矫正的效果。②开设大规模的社区矫正培训班。将各社区中的骨干社区矫正志愿者集中起来，统一进行相关的专业培训。这种培训更多的是政策解读、价值观的塑造，不必就非常具体的专业知识进行讲解，具体的专业知识由社区矫正工作小组针对个案进行培训。

社区矫正工作小组成员众多，因而需要一定的管理。我们认为，一个社区矫正工作小组可以进行如下分工：①社区警务室工作人员、业主委员会成员主要对矫正对象进行监督，监督其是否遵守指令，并定期或者不定期地向组长汇报；②社区党员主要通过家访对矫正对象进行思想教育，并通过家访确保其行踪，不至于脱管；③社区居民委员会或村民委员会成员主要负责帮助矫正对象安置工作、恢复生产、申请救助等社会服务和社会保障工作，并通过这种工作确定矫正对象的行踪。可以认为，群防群治的观念并没有过时，在新时期必须发掘其内蕴的合理因素，并予以充分利用。只要充分地将群众发动起来，将社区中的积极力量利用起来，矫正对象脱管漏管的现象必将得到有力遏制。

立法理由

由于志愿者对社区矫正相关法律工作并不熟悉，因此在中国开展社区矫正工作之初，还必须对社区矫正志愿者统一管理、强化指导。申请成为志愿者，应当由社区矫正机构统一登记，并组织实施培训，经考核合格方能担任社区矫正志愿者。社区矫正机构也可以通过社区矫正志愿者协会来对社区矫正志愿者实施统一管理，社区矫正机构与社区矫正志愿者协会的关系，类似于司法行政机关律师主管机构与律师协会的关系。这样，既可以促进社区矫正工作的开展，又能够有效防止"联防队"成立之初衍变为"二警察"的不良后果。

为保证社区矫正志愿者的良好素质，社区矫正机构应当规定社区矫正志愿者的任期，期满后符合条件的，可以续任。如果社区矫正志愿者在任职期间有违法行为或者对社区服刑人员行为不当的，社区矫正机构有权取消其志愿者身份。志愿者在任职期间对社区服刑人员有敲诈勒索、借机生财行为的，不仅严重影响社区服刑人员的生活，而且将对社区矫正的严肃性、公正性产生负面影响，必须严格监管。

社区矫正社会工作不是业余爱好，而是一项专门性比较强的工作。例如，广东省社区矫正就已经充分运用社会工作的重要手段，建立了市、区（县级市）、街（镇）三级社区矫正社会组织社工队伍，并在社区矫正工作中全面推行社会工作的理念、方法、技巧，实现社区矫正工作中执法职能与帮教辅导职能的合理分配，从而实现行政执法与社会服务的有机结合；另一方面，志愿者作为社工的天然同盟军，由专职社会工作者带领社区矫正志愿者开展专业的矫正服务，进行各种专业咨询、结对帮教工作。专职社会工作者参与到对社区矫正志愿者的管理、协调工作之中，建立健全司法社会志愿者的聘用、管理、考核、激励机制，有效提高了社区矫正志愿者的服务水准。例如，广州市各区均成立了"友善社会服务中心"。"友善社会服务中心"以社会工作个案管理的服务模式为主体，针对每一个社区矫正对象一人一档，建立专门的个案服务档案。针对不同类型的社区矫正对象，"友善社会服务中心"通过一整套科学的评估方法对社区矫正对象进行科学的分类管理，并在分类管理的基础之上有针对性地制定个性化的矫正方案。与此同时，社会工作实务所常用的危机干预模式、认知行为治疗、家庭治疗模式、情绪控制、心理复康治疗等方法，皆被"友善社会服务中心"运用于矫正服务之中，并在具体实践中取得了一系列的突出成效。其他地方也有类似机构，如海南政法职业学院以社会工作专业资源为依托，注册了"海口市友善社会工作服务中心"这一民办非营利市级社工服务机构。"海口市友善社会工作服务中心"主要在社区、福利院、司法、青少年、老年人、社区矫正、戒毒及劳务工、社会工作者培训等领域开展专业服务。当然，这种运行主要由专业社工队伍操作，但是志愿社工队伍仍要了解社会工作的方法、流程，否则很可能"好心办坏事"。因此，有必要在志愿者入职之前进行专门培训，培训合格者方授予社区矫正志愿者身份，才能参与社区矫正工作。

第十九条【社区矫正志愿者的活动经费】

对社区矫正志愿者，不支付报酬。

受社区矫正机构统一安排，协助社区矫正工作人员执行职务者，可以由社区矫正机构支付必需的工作费用。

条文释义 ◄◄◄◄

社区矫正志愿者参与社区矫正，不支付报酬，而是依赖于自身资源和社区资源，为社区服刑人员提供各种帮助保护。但是，社区矫正志愿者在社区矫正机构统一安排下，协助执行职务的，可以由社区矫正机构支付必需的工作费用。

社区矫正机构不能将帮助保护责任一律推卸到社区矫正志

愿者身上，而应当对帮助保护所必需的经费编列预算。社区矫正机构也可以将对社区服刑人员提供的帮助、保护、服务外包给社区非政府组织，社区非政府组织只能收取必需的办公成本，而不能以营利为目的。非政府组织可以组织大批社区矫正志愿者对社区服刑人员提供统一、规范、有序的帮助保护和社会服务。

>>> **立法理由**

社区矫正志愿者的工作，不能由社区矫正机构提供报酬。这不仅是因为提供报酬就失去了"志愿者"的本质，更是因为提供报酬将使得志愿者变异，蜕变为"二警察"，志愿者将因此失去独立性，恢复到原来政府大包大揽下的官僚主义格局。

志愿者的工作具有复杂性。当志愿者从事帮助保护等工作时，具有鲜明的个人特质，完全基于志愿者自身的资源和发动社区其他力量的资源；但是当志愿者接受社区矫正机构的统一安排，协助社区矫正机构工作者执行职务的，是对国家执法活动的分担与参与，此时其身份属于受委托的国家工作人员，应由社区矫正机构支付必需的工作费用。但此处"必需的工作费用"不是报酬，仅是误工费、差旅费等工作经费。

第二十条【社区矫正志愿者的禁令】

社区矫正志愿者不得有下列行为：

（一）索要、收受、侵占社区服刑人员及其亲属的财物；

（二）体罚、虐待社区服刑人员；

（三）侮辱社区服刑人员的人格；

（四）利用社区服刑人员牟取私利；

（五）其他违法行为。

社区矫正志愿者前款所列行为，构成犯罪的，依法追究刑事责任；尚未构成犯罪的，依法予以行政处分或纪律处分，并取缔其参与社区矫正的资质。

>>> 立法理由

社区矫正志愿者应当是社区内具有较高道德声望和较高思想素养者，其主要从事的工作是为社区服刑人员提供帮助保护等福利、慈善性社会服务。志愿者利用其自身的优势，有可能侵犯社区服刑人员的合法权利，对此必须予以关注。但是，社区矫正志愿者并非国家工作人员，因此当其违法乱纪尚未构成犯罪的，只能依照《治安管理处罚法》给予治安管理处罚。例如，侮辱社区服刑人员人格但尚不构成侮辱罪的，可以给予治安管理处罚。同时，为了强化社区服刑人员的权利保障，强化社区矫正志愿者的道德素养和纪律要求，如果尚未构成犯罪但经核实确实具有上述行为之一的，在必要的情况下，可以将其违法行为书面告知其所在单位。

第二十一条【社区矫正的协助单位和协助人员】

居民委员会、村民委员会应当依法协助社区矫正机构做好社区矫正工作。

社区服刑人员的监护人、保证人，应当协助社区矫正机构做好社区矫正工作。

一、居民委员会、村民委员会的协助义务

居民委员会、村民委员会都是基层群众性自治组织，似乎《社区矫正法》不应强行规定其协助社区矫正的义务。但是，这一自治组织本身并不是绝对"自治"的：一方面，自治事务的开展要接受基层人民政府的指导；另一方面，法律也赋予了居民委员会、村民委员会协助基层人民政府开展工作的协助义务。

《居民委员会组织法》第 2 条规定，居民委员会是居民自我管理、自我教育、自我服务的基层群众性自治组织。居民委员会协助不设区的市、市辖区的人民政府或者它的派出机关开展工作。《居民委员会组织法》第 3 条规定，居民委员会的任务包括协助维护社会治安、协助人民政府或者它的派出机关做好与居民利益有关的公共卫生、计划生育、优抚救济、青少年教育等项工作。

《村民委员会组织法》第 2 条规定，村民委员会是村民自我管理、自我教育、自我服务的基层群众性自治组织，实行民主选举、民主决策、民主管理、民主监督。村民委员会办理本村的公共事务和公益事业，调解民间纠纷，协助维护社会治安，向人民政府反映村民的意见、要求和提出建议。村民委员会向村民会议、村民代表会议负责并报告工作。《村民委员会组织法》第 5 条第 2 款规定，村民委员会协助乡、民族乡、镇的人民政府开展工作。

根据上述法律的规定，居民委员会、村民委员会除了承担群众自治性工作以外，还有承担协助人民政府其他工作的义务。因此，在《社区矫正法》中规定居民委员会、村民委员会协助开展社区矫正工作的义务，符合《居民委员会组织法》《村民委

员会组织法》的规定。

同时，社区矫正之所以为"社区"矫正，其本质就要求充分依托社区资源、社区力量，在中国非政府组织不发达的情况下，居民委员会、村民委员会是凝聚社区资源、达成社区共识的最大组织，不依靠居民委员会、村民委员会开展工作，社区矫正也将失去其社区性，不能称其为真正意义上的社区矫正。

二、社区服刑人员的监护人、保证人的协助义务

社区服刑人员的监护人承担社区矫正的协助义务，于法有据。首先，《民法总则》规定了监护人的义务。《民法总则》第26条第1款规定，父母对未成年子女负有抚养、教育和保护的义务。《民法总则》第34条第1款规定，监护人的职责是代理被监护人实施民事法律行为，保护被监护人的人身权利、财产权利以及其他合法权益等。综合上述法律规定，监护人对被监护人具有保护、监管的义务。因此，当未成年人实施犯罪行为而被定罪量刑后实施社区矫正时，监护人有义务协助社区矫正机构开展社区矫正工作。

社区服刑人员的保证人应当承担社区矫正的协助义务。在《社区矫正法》尚未出台之前，为社区服刑人员确定保证人是社区矫正实践的惯常做法，这已被实践证明行之有效。《社区矫正实施办法》第3条第3款规定了社区服刑人员的保证人有义务协助社区矫正机构进行社区矫正；第8条规定司法所开展社区矫正的基本组织形式是组成矫正小组。实践中的做法是为社区服刑人员指定或者协议确定保证人，并明确保证人的权利义务，同时保证人加入矫正小组。但是各省市制定的"社区矫正实施细则"多未明确规定如何确定保证人以及保证人的权利义务，实践中通常由社区服刑人员的家庭成员担任保证人。《社区矫正法》应当明确规定保证人的协助义务，以及如何确定保证人。

第三章

社区服刑人员的权利和义务

> **第二十二条【被剥夺的权利】**
>
> 非经人民法院依法判决确定，社区服刑人员的权利不能被剥夺。剥夺社区服刑人员的权利，必须采用列举的方式。

条文释义 ◀◀◀

剥夺社区服刑人员的权利必须经过法定程序，在中国的司法体系中，只有人民法院拥有对社区服刑人员权利的最终剥夺权，并且这种剥夺必须遵循严格的刑事诉讼程序。剥夺社区服刑人员的权利，必须采取列举的方式。没有明确剥夺其权利，但是宣告刑中对应的被剥夺的权利自然相应被剥夺。除此之外，社区服刑人员的其他权利仍然享有。

▶▶▶ 立法理由

《社区矫正法（征求意见稿）》第 8 条第 2 款规定："社区矫正人员依法享有的人身权利、财产权利和其他未被依法剥夺或者限制的权利，不受侵犯。社区矫正人员合法权益受到侵害的，有权提出申诉、控告和检举。"我们认为，这一规定的精神是妥当的，但这一条文过于"原则化"，有必要细化，否则不利于保护社区服刑人员的合法权益。

宪法赋予公民的基本权利在任何时候都处于原初的相同状态，但是公民的权利可能因为违反法律而被暂时停止、限制或者剥夺。作为罪犯存在的社区服刑人员，其更多作为被管教的对象，而被忽略其权利。但是，作为现代意义上的法治国家，矫正论在刑事政策中的地位被确立后，罪犯权利保障成为重要的学术与实践命题。中国监狱学在研究的初期阶段，较为重视对罪犯权利的保障，往往对罪犯的权利进行列举。但是，列举罪犯的权利看起来对罪犯权利的保障到位，但这容易被误认为只有列举的权利才是罪犯的权利，反而不利于保障罪犯的权利。因此，比较妥当的思路是仅列举罪犯被剥夺的权利，凡是没有被剥夺的权利都属于罪犯拥有的权利，这样就扩大了罪犯权利的范围。

> **第二十三条【被限制的权利】**
>
> 社区服刑人员在服刑期间，其人身自由和相关权利被依法限制。未经法定程序，不得为社区服刑人员行使权利设置刑法、刑事诉讼法、社区矫正法规定以外的其他限制性条件。

条文释义

社区服刑人员在服刑期间，其人身自由被依法限制。《刑法》第 39 条第 1 款规定：被判处管制的犯罪分子，在执行期间，应当遵守下列规定：①遵守法律、行政法规，服从监督；

②未经执行机关批准，不得行使言论、出版、集会、结社、游行、示威自由的权利；③按照执行机关规定报告自己的活动情况；④遵守执行机关关于会客的规定；⑤离开所居住的市、县或者迁居，应当报经执行机关批准。《刑法》第75条规定：被宣告缓刑的犯罪分子，应当遵守下列规定：①遵守法律、行政法规，服从监督；②按照考察机关的规定报告自己的活动情况；③遵守考察机关关于会客的规定；④离开所居住的市、县或者迁居，应当报经考察机关批准。《刑法》第84条规定：被宣告假释的犯罪分子，应当遵守下列规定：①遵守法律、行政法规，服从监督；②按照监督机关的规定报告自己的活动情况；③遵守监督机关关于会客的规定；④离开所居住的市、县或者迁居，应当报经监督机关批准。《刑法》第38条第2款规定：判处管制，可以根据犯罪情况，同时禁止犯罪分子在执行期间从事特定活动，进入特定区域、场所，接触特定的人。

社区服刑人员在服刑期间，其人身自由在一定程度上被限制，限制的范围根据《刑法》《刑事诉讼法》和人民法院判决的社区禁止令确定。除此之外，社区服刑人员的权利仍然如同普通公民。

▶▶▶ 立法理由

相对于罪犯的权利被随意剥夺而言，罪犯的权利被随意限制的现象更为严重。因为剥夺罪犯的权利需要人民法院明确决定，国家机关一般不会随意明确剥夺罪犯的权利，但往往习惯于为罪犯仍然享有的权利设置种种障碍。因此，有必要在《社区矫正法》中明确规定：社区服刑人员的权利除被依法限制的以外，不得设置其他限制权利行使的条件。

> ### 第二十四条【仍然享有的权利】
>
> 社区服刑人员的人格不受侮辱，其人身安全、合法财产和辩护、申诉、控告、检举以及其他未经依法剥夺或者限制的权利不受非法侵犯。

条文释义 ◀◀◀◀

社区服刑人员生活在社区内，表面看来其享有很大的自由，但实际上极容易蜕变为社会的全天候监控，受到各种监视。社区服刑人员的基本权利遭受侵犯，可能来自两个方面：社区矫正工作人员的过度干预以及社区成员的欺凌。

本条具有双重含义：①本来，按照本建议稿第 22 条的规定，凡是没有被人民法院明确判决剥夺或者限制的权利，都属于社区服刑人员的权利范围。但为强调某些最为重要的基本权利，本条专门规定社区服刑人员的人格不受侮辱，其人身安全、合法财产和辩护、申诉、控告、检举以及其他未经依法剥夺或者限制的权利不受侵犯。②即使是按照本建议稿第 22 条的规定，人民法院判决确定剥夺或者限制社区服刑人员的权利的，在社区矫正过程中，仍然不得超越矫正所必要的限度来剥夺或者限制社区服刑人员的权利，而应在尊重其人格、便利其回归社会的大原则上予以执行。

▷▷▷ 立法理由

福柯在回顾惩罚的历史时，介绍了惩罚艺术的表象技术学。他指出，"寻求对一种罪行的适当惩罚，也就是寻求一种伤害，这种伤害的观念应当能够永远剥夺犯罪的观念的吸引力。这是一种操纵相互冲突的能量的艺术，是锻造经久不变的稳定联系的艺术。这就需要确立对立价值的表象，确立对立力量之间的数量差异，确立一套能够使这些力量的运动服从权力关系的障碍——符号体系"，为此，刑罚必须遵守以下几项条件：①它们应当尽可能不带任意性，应当在犯罪与刑罚之间"建立一种尽可能直接的联系，相似、类比和相近的联系"。这种"相似的刑罚"并不是对犯罪直接对称的报复，而是"一种能够被感官直接领悟的、可以作为一种简单计算的基础的关系，即一种合理的惩罚的美学"。②这种符号系统应该干预暴力机制，减少人们使犯罪变得诱人的欲望，增强人们使刑罚变得可怕的兴趣，使关于刑罚及其伤害的表象变得比关于犯罪及其兴趣的表象更加活跃。③使用一种时间调节方法，时间因素应该有利于惩罚行动本身："一种使人类免于酷刑的恐怖却持续地令人痛苦的剥夺，在罪犯身上产生的效果比转瞬即逝的痛苦大得多，……它不断使看到它的民众记起复仇的法律，使所有的人对有教益的恐怖时刻历历在目。"④对于犯罪人来说刑罚是一种关于符号、利益和时间的机制，但是刑罚的目标不仅包括犯罪人，也包括潜在的罪犯。应当尽快将犯罪人观念中的障碍——符号传播，让所有的人利用这种话语来制止犯罪。⑤发明一套宣传经济学，儆戒作用的基础是教训、话语、可理解的符号、公共道德的表象。惩罚的仪式的每个因素都应当揭示和重申法律，使人想起法律，显示惩罚的必要性，证明惩罚的适度性。"惩罚应当成为一个学校而不是节日，成为一本永远打开的书而不是一种仪式"，令惩罚的宣传随时令群众回忆起犯罪与刑罚的联系。⑥设想一个"惩罚之城"，让惩罚成为一个教训，一个寓言。通过这种符号产生对犯罪的恐惧，遏止犯罪欲望。在这样的刑罚哲学的指导下，法国大革命时期的刑罚改革者就主张公益劳动是最佳刑罚之一，并得到"陈情书"（1789年法国革命前夕各地各阶层向国王和三级会议呈交的陈情书）的支持："让那些不能够判处死刑的犯人为国家做公益劳动，时间的长短依罪行而定。"公益劳动包含两个含义：一是惩罚犯人的集体利益，二是指惩罚的可见性和可证实性。因此犯人的付出是双重的付出：一方面是他所提供的劳动，另一方面是通过他而产生的符号。在社会的核心部位，在公共广场和大路上，犯人是利益和意志的作用的汇聚点，人们看到的是：他为每个人服务；与此同时，他使得犯罪——惩罚符号偷偷溜进一切人的头脑。后一方面是次要的、纯道德的功利，但也是更现实的功利。上述内容虽然仅涉及公益劳动，但其实也适用于社会内处遇的社区矫正。

明确规定社区服刑人员的权利，可以防止社区蜕变为"惩罚之城"，能够充分保障社区服刑人员的基本权利。

第二十五条【心理矫治的自主参与权】

社区矫正机构经评估认为社区服刑人员存在心理障碍或者心理疾病的，可以对社区服刑人员开展心理矫治工作，但应征得社区服刑人员的书面同意。

条文释义 ◀◀◀◀

心理矫治是个很特殊的问题。经验和证据都表明，心理矫治对存在心理障碍和罹患心理疾病的人具有重要意义，可以帮助他们重塑健康丰富的心理状态。本条主要阐述的是心理矫治的自主参与权。所谓自主参与权，即当社区矫正机构评估认为社区服刑人员存在明显的心理障碍或者罹患心理疾病的，应当告知、劝说社区服刑人员参与心理矫治，但不得强迫其参加。心理咨询和心理治疗非常强调知情同意原则，即指在医务人员为患者提供足够医疗信息的基础上，由患者作出决定（同意或拒绝）。知情同意作为患者的一项基本权利，患者在作出自主抉择之前，有权了解自身的病情、医生所建议治疗的利弊、其治疗方法及其利弊。

>>> **立法理由**

心理矫治与精神病治疗不同，如果社区服刑人员罹患精神病，则应按照相应法规进行强制医疗，而心理矫治针对的并非精神病患者，而仅是有一定心理障碍的正常人。在心理治疗的过程中，被治疗者与治疗者只有建立起相互信任的良好感觉时，才可能发挥出心理矫治的效果。如果强制社区服刑人员参加心理矫治，很可能存在"被矫治"的危险，进而侵犯社区服刑人员的基本权利。各国的《精神卫生法》一般都只对患有精神疾病并且被认定为需要治疗或者具有人身危险性的人进行强制医疗。国外法规多数并没有明确规定心理矫治的自主参与权，但鉴于中国目前的服刑人员人权保护状况，这一规定相当有必要。

曾经有学者认为，由于在治疗者和患者之间不可避免地有权力差异，因而治疗不可避免地存在着不道德。"心理治疗的根本思想是错误的。心理治疗是这样一种结构，不论治疗者本人多么善良，一旦他从事了这一行业，他就注定会采取一些行动，削弱前来求助的人的尊严、自主和自由。"尽管这一观点过于极端，但充分说明一个问题：心理矫治过程中，社区服刑人员不可避免地将要袒露心扉，倾诉心底的秘密，同时将自己矮化为人格上、心理上有病的人，这势将导致不平等的权力结构，在这一结构中，如果不遵循心理矫治的自主参与原则，社区服刑人员的基本权利必将存在被侵犯的重大可能性。而且，研究表明，不适当的心理矫治还可能导致心理疾病进一步加重。因此，自主参与原则不仅是捍卫社区服刑人员人格尊严的必要，也是保障其人身健康权利所必需。

> **第二十六条【社区服刑人员应当遵守的义务】**
>
> 社区服刑人员在矫正期间应当遵守法律、行政法规和社区矫正机构的监督管理规定，积极参与社区矫正。

条文释义

首先，社区服刑人员应当遵守法律、行政法规。遵守法律、行政法规是每个公民的义务。对于社区服刑人员来说，除了一般意义上的遵守法律、法规外，还必须特别遵守《刑法》《刑事诉讼法》《治安管理处罚法》等规定的特殊义务。《刑法》第39条规定了管制犯应当遵守的义务、《刑法》第75条规定了缓刑犯应当遵守的义务、《刑法》第84条规定了假释犯应当遵守的义务、《刑事诉讼法》第272条第3款规定了被附条件不起诉的未成年犯罪嫌疑人应当遵守的义务。值得品味的是，《刑事诉讼法》和《监狱法》均未规定暂予监外执行犯应当遵守的义务。《刑事诉讼法》第257条仅规定严重违反暂予监外执行监督管理规定的，应当及时收监，但无论是《刑事诉讼法》还是《监狱法》，均未明确规定暂予监外执行犯应当遵守什么义务。而最高人民法院、最高人民检察院、公安部、司法部、国家卫计委2014年出台的《暂予监外执行规定》（司发通〔2014〕112号）也未明确暂予监外执行犯应当遵守什么义务，这个问题看来只能留待《社区矫正法》或者司法部相关规定来落实。

遵守法律、行政法规，还意味着社区服刑人员必须遵守相关司法解释、行政解释。因为法律条文的规定相对比较原则，司法解释、行政解释对相关问题规定得更为明确。遵守相关司法解释、行政解释，就是遵守司法解释、行政解释上位的法律、行政法规。

其次，社区服刑人员还应当遵守社区矫正机构的监督管理规定。监督管理规定是广义的监督管理，既包含监督，也包含管理（管理不一定是监督）。社区矫正机构的监督管理规定可以分为两个层面：第一个层面是成文性的监督管理规定，如司法部发布的规定、司法厅发布的规定，这些规定是一般规定；第二个层面是针对特定社区服刑人员的具体的区县社区矫正机构的监督管理规定，不同级别（分级处遇）、不同类型的社区服刑人员遵守的具体监督管理规定存在差异，社区服刑人员不能以缺乏成文具体规定为由不予遵守。

>>>> **立法理由**

《社区矫正法（征求意见稿）》第 8 条第 1 款规定："社区矫正人员应当遵守法律、行政法规和社区矫正机构的有关规定，服从管理，接受教育。"按照该条文，社区服刑人员有如下义务：①遵守法律、行政法规和社区矫正机构有关规定；②服从管理；③接受教育。

本书认为，社区服刑人员应当遵守的义务不必加上"服从管理""接受教育"的文本，因为前面已经规定社区服刑人员应当遵守法律、行政法规和社区矫正机构监督管理规定，这已经包含了服从管理和接受教育。同时，社区服刑人员的义务也不仅仅是服从管理和接受教育，本书为社区矫正设定的具体内容包含监督管理、教育矫治、帮助保护，这些都属于社区矫正的内容。

第四章

社区刑罚的执行程序

第一节 接 收

第二十七条【管辖】

社区服刑人员由其住所地社区矫正机构接收管理。

对于适用社区矫正的罪犯，人民法院、公安机关、监狱应当核实其住所地。社区服刑人员有多个住所地的，应当在征求其意见的基础上，以便于开展社区矫正工作为原则综合确定社区矫正执行地。

户籍所在地与住所地不一致的，由住所地社区矫正机构接收管理，户籍所在地社区矫正机构协助、配合。

条文释义 ◀◀◀◀

不同的法律、规范性文件对住所地使用的称谓存在细微的差异，有住处、住所、处所、居所、居住地、经常居住地等。如《刑事诉讼法》第 73 条第 1 款规定："监视居住应当在犯罪嫌疑人、被告人的住处执行；无固定住处的，可以在指定的居所执行。"可见，《刑事诉讼法》一般采用的是"住处"。《民法通则》第15条规定："公民以他的户籍所在地的居住地为住所，经常居住地与住所不一致的，经常居住地视为住所。"可见，《民法通则》采用的是"住所"，而住所的确定方式为"经常居住地"与"户籍所在地"相结合的方式。《社区矫正实施办法》采用的则是"居住地"的称谓，但未明确如何认定居住地。有关省市出台的地方性文件对此给予了明确，如《江苏省社区矫正工作流程》中明确规定，"本流程中所称的'居住地'应该同时具备下列条件：①社区服刑人员在居住地有固定住所且能够连续居住6个月以上；②社区服刑人员在居住地有固定的生活来源。根据上述标准不能确定居住地的，社区服刑人员户籍所在地视为居住地。"《四川省社区矫正实施细则》第32条第1~3款规定得更为细致，"被告人、罪犯具有下列情形之一，且在当地有生活来源的，可以认定为居住地：①在当地购有（自有）房产，并能出具产权证或者其他具有法律效力的房产所有权、使用权证明的；②在当地租用房子，已连续居住6个月以上，并能出具与产权人签订继续租赁1年以上合同的；③在当地借用房子，已连续居住6个月以上，并能出具与产权人签订继续借用1年以上合同的；④在当地企、事业单位提供的居住场所已连续居住6个月以上，并且企、事业单位愿意为其提供可以继续居住1年以上担保的；⑤能够出具学校等行政事业单位为其提供的需要在当地就学6个月以上证明的；⑥近亲属或者监护人、保证人具有以上①、②、③项情形，愿意予以收留、接纳，履行协助监管义务，并为其提供可以居住1年以上担保的。以上连续居住时间以当地公安机关发放的《居住证》《暂住证》时间或者村（居）民委员会提供的证明材料为准。如果裁定的社区矫正期限不满1年，上述继续租赁、借用、居住的时间以及提供就学证明需要的时间可以为社区矫正期限。社区服刑人员系未成年人的，其监护人应当符合上述条件。"

《民法通则》第 15 条规定："公民以他的户籍所在地的居住地为住所，经常居住地与住所不一致的，经常居住地视为住所。"我们认为，按照《民法通则》的规定，《社区矫正法》采用"住所"一词较为妥当，便于保持法律词汇的统一性。

▶▶▶ 立法理由

中国正在成为一个流动人口大国。报告显示 2016 年中国流动人口的规模达 2.4 亿人。不仅如此，越来越多的人在不同的城市购有房产，因此，登记的住所即户籍所在地与经常居所不同的现象越来越普遍，不仅如此，在不同的城市有不同经常居所的比例也越来越高。在这种情况下，确定社区服刑人员的管辖地就成为一个值得重视的问题。从现实情况来看，可以说，目前我国社区矫正处于"流动人口无法入矫、入矫人员限制流动"的状况。这种做法当然有利于对社区服刑人员的管理，但是弊端也很明显。关于"入矫人员限制流动"的问题，到"监督管理"一章再加以论述；在此，仅就"流动人口无法入矫"的问题而言，我们认为，流动人口也有符合社区矫正基本条件、接受社区矫正的资格。从是否便于管理的角度来区分能否对服刑人员适用社区矫正，这在某种程度上也是一种不平等，尤其是在流动人口数量较大的地区，这种限制在很大程度上制约了社区矫正之功能的发挥。正如有的学者所指出的，"资料表明，许多大中城市，流动人口犯罪均占到所有犯罪的 50% 以上。以广东省为例，如果广东省限定只有具有本市户口的居民才能适用社区矫正，也就意味着 86.66% 以上的流动人口犯罪案件的行为人将会被排除在社区矫正以外，广东省的社区矫正适用率再提高也不会突破 13.33%。这种趋势下中国的社区矫正要达到外国 70%左右的适用率的水平，也就只能是痴人说梦，难以实现。"不仅如此，还有部分服刑人员既不在户籍所在地居住，也没有固定的经常居所。事实上，这类人员并没有现成的真正意义上的"社区"。因此要想对他们进行社区矫正，首要任务就是为他们构建"社区"，提供生存所必要的住宿、饮食、医疗、就业等方面的保障。在这方面，国外已经有"中途之家"等比较成熟的做法。我国各地也可以借鉴国外经验，尝试设立具有"中途之家"性质的机构，为此类社区服刑人员构建"人造社区"。

在我们看来，当社区服刑人员有不同住所时，确定管辖地时应当尊重社区服刑人员的自由选择。服刑人员根据自己的工作、生活状况，最清楚自己在哪个住所服刑最适合自己。有的服刑人员不愿意在犯罪发生地住所服刑，其原因可能是感觉社区排斥现象严重，也可能是担心被害人的报复；有的服刑人员不愿意在户籍所在地住所服刑，其原因可能是担心"无颜见江东父老"，不愿意在家乡人面前丢脸而愿意选择在相对陌生的城市服刑。对这些心态，社区矫正机构应当予以充分尊重，以提高服刑人员回归社会的可能性。如《四川省社区矫正实施细则》第 32 条第 4 款就规定"符合上述规定的外省籍罪犯、被告人明确要求回原籍接受社区矫正的可予准许"，这实际上就是赋予服刑人员以选择权。当然，上述细则考虑得仍然不够细致，因为服刑人员的住所可能有多个，而不一定仅仅是在户籍所在地和经常居所地之间选择，还可能是在不同的经常居所地之间选择。

此外，由于社区服刑人员的人口档案信息很多留在户籍所在地公安机关，因此当社区服刑人员在非户籍所在地的住所地服刑时，原户籍所在地的公安机关、社区矫正机构都有义务予以协助。

第二十八条【社区矫正决定的告知】

对于适用社区矫正的罪犯，人民法院、公安机关、监狱应当在向其宣判时或者在其离开监所之前，书面告知其到住所地县级司法行政机关报到的时间期限以及逾期报到的后果。

▶▶▶ 立法理由

《社区矫正实施办法》第5条规定："对于适用社区矫正的罪犯，人民法院、公安机关、监狱应当核实其居住地，在向其宣判时或者在其离开监所之前，书面告知其到居住地县级司法行政机关报到的时间期限以及逾期报到的后果。"但《社区矫正法（征求意见稿）》未明确上述规定。

本书认为，明确规定社区矫正决定的告知程序是必要的。适用管制、缓刑的判决书、适用假释的裁定书以及暂予监外执行的决定书，仅仅是人民法院的裁判结果或者决定机关的决定，此时罪犯尚不明确社区矫正报到的必要程序。如果对社区服刑人员不予告知社区矫正报到的必要程序，很可能造成脱管漏管，且此时脱管漏管的责任并不在社区服刑人员，因为社区服刑人员主观上不一定有脱管的故意。为确保社区服刑人员不出现脱管、漏管现象，保证社区矫正决定机关与社区矫正机构的稳定衔接，作出上述规定是十分必要的。

第二十九条【法律文书的送达】

社区矫正决定机关应当自判决、裁定或者决定生效之日起3日内通知执行地社区矫正机构，并在10日内向社区矫正机构送达有关法律文书，同时抄送社区矫正机构执行地人民检察院。

条文释义 ◄◄◄◄

社区矫正的接收，一方面要讲求效率，使社区服刑人员的法律身份及时得到确认，并且尽快纳入矫正，因此要为各个环节设定一定的时限，要求限期完成；另一方面还要本着有利于今后开展矫正工作的需要，在所送达的文件中，不仅要包括接收所必需的程序性法律文书，而且还应当包括犯罪人的表现、心理测评情况等有关材料，作为开展矫正工作的依据。

法律文书的送达应当采取送寄或者专人送交的方式，禁止由社区服刑人员本人自行携带、转交。在相关法律文书寄出的当日，应以电话形式告知接收社区服刑人员的社区矫正机构。

各类社区矫正所需送达的法律文书类别包括：①决定附条件不起诉的，包括起诉书副本；附条件不起诉决定书；社区矫正保证书等；②判处管制、宣告缓刑的，包括刑事判决书、裁定书；起诉书副本；刑事案件执行通知书；结案登记表；社区矫正保证书等；③裁定假释的，包括刑事判决书、裁定书；起诉书副本；刑事案件执行通知书；释放证明书；罪犯身份登记表；出监鉴定表；罪犯评审鉴定表；社区矫正保证书等；④决定暂予监外执行的，包括刑事判决书、裁定书；起诉书副本；刑事案件执行通知书；罪犯身份登记表；批准暂予监外执行决定书；监外执行病情鉴定书、具保书；罪犯评审鉴定表；社区矫正保证书等。

▶▶▶ 立法理由

《社区矫正实施办法》第5条规定社区矫正决定机关应当将社区矫正有关法律文书抄送社区服刑人员居住地县级人民检察院和公安机关，但《社区矫正法（征求意见稿）》第11条仅规定抄送人民检察院。本书认为，首先，应当明确规定社区矫正有关法律文书应当抄送社区矫正机构执行地县级人民检察院，这是便于人民检察院开展社区矫正检察监督。《社区矫正法（征求意见稿）》并未明确抄送社区矫正决定机关所在地人民检察院还是社区矫正执行机构所在地人民检察院，容易引起误解和混乱。笔者认为，对于刑罚执行的监督应当由刑罚执行地人民检察院进行。其次，社区矫正法律文书不必送达社区矫正机构执行地公安机关。一方面不必要地加重了社区矫正决定机关的文书送达负担，另一方面公安机关并非社区矫正执行机构。

司法实践中，造成社区服刑人员脱管、漏管的重要原因之一是公、检、法、司四机关的衔接机制不畅通、不规范，各省市多出台了实施细则，对各机关的衔接沟通机制予以规范，但仍存在不如意之处。主要表现之一就是法律文书的送达不规范，或者有规范但未落实。

有人对合肥市社区矫正法律文书的送达进行了专项统计，发现其存在如下问题：①同一城市法律文书送达率低。纳入此区社区矫正监管人员多由合肥市中院、各县区法院判决，依据相关规定，各法院判决生效后3日内应及时将法律文书抄送至检察院，但检察院实际接收的法律文书仅占应收文书的16.1%。

②法律文书送达不及时。就仅此区检察院接收罪犯法律文书来看，很大一部分未按照规定的要求在 3 日内将相关材料抄送至执行地检察院。但是现实生活中经常出现罪犯社区矫正时间届满已解除矫正后，相关法律文书才抄送至检察院的情况，这就易造成罪犯的脱漏管。③法律文书及相关材料送达有缺漏项。在接收的社区服刑人员的材料中，法律文书及相关材料有缺项的情况主要集中在法院判决书上。从收到法院寄送的法律文书看，大多只有刑事判决书而没有执行通知书，这导致登记的被判处管制、缓刑的罪犯矫正时间出现误差，这对在矫人员的管理是极为不利的，导致检察院方面不能及时对矫正过程进行监督。尽管作者仅仅是对区检察院接收社区矫正法律文书的情况进行了统计，但法律文书送达不规范或者不及时的现象由此可见一斑。

生效的判决、裁定、决定确定对服刑人员实施社区矫正时，中间存在空档，即尚未到社区矫正机构报到，但判决、裁定、决定已经生效。监外执行还要好些，因为一般有专人护送，但管制、缓刑、假释则存在这种空档。因此，一方面，要强化法律文书的送达责任；另一方面，在可预期的将来，应该建立全国性的刑罚执行信息网络，接通公安、检察、法院、司法四机关，有关法律文书、档案可以实行全程信息化资料传递、送达，四机关实现刑罚执行数据共享。这样，一方面，便利于检察机关实现有效的法律监督；另一方面，社区矫正机构与其他机关之间可以实现有效的互联互通，及时制定社区服刑人员的个性化矫正方案。同时，公安机关在社区重点人口管理警务活动中也可以开展有效的管控工作。

第三十条【社区服刑人员的报到和移送】

被人民法院判处管制、宣告缓刑、裁定准予假释的社区服刑人员，应当自判决、裁定生效之日起或者解除羁押之日起 10 日内到执行地社区矫正机构报到。

被人民法院决定暂予监外执行的社区服刑人员，由看守所或者执行取保候审、监视居住的公安机关自收到决定之日起 10 日内将社区服刑人员移送社区矫正机构。

被监狱管理机关、公安机关批准暂予监外执行的社区服刑人员，由监狱或者看守所自收到批准决定之日起 10 日内将社区服刑人员移送社区矫正机构。

服刑人员未按规定到指定社区矫正机构报到的，或者应送达的相关法律文书未按规定送达社区矫正机构的，社区矫正机构应当立即通知社区矫正的原决定机关和社区矫正机构所在地县级人民检察院、公安机关。经确认社区服刑人员脱管的，由社区矫正机构通知公安机关抓捕。

▶▶▶▶ 立法理由

《社区矫正实施办法》和《社区矫正法（征求意见稿）》对本条规定大致相似，但《社区矫正实施办法》区分了是否是审前羁押，因而有"生效之日或者离开监所之日"的规定；而《社区矫正法（征求意见稿）》并未进行区分，而是径行规定"生效之日"。本书认为，规定"判决、裁定生效之日或者解除羁押之日"较为妥当，否则对于被审前羁押的服刑人员时间要求过紧，也不公平，因为判决、裁定生效之日与解除羁押之日可能存在时间差。

《司法行政机关社区矫正工作暂行办法》（司发通〔2004〕88号）第20条规定的报到时间为7日，《社区矫正实施办法》第6条和《社区矫正法（征求意见稿）》第11条规定的报到之日为10日。本书认为，规定10日较为妥当，因为社区矫正决定机关与社区矫正执行机构可能存在较远的物理距离，而社区服刑人员购买机票、火车票或者汽车票往往需要提前预订，尤其是火车票须提前预订。例如，新疆维吾尔自治区的人民法院判处罪犯管制，而服刑人员要回海南省接受社区矫正，期间就需花费较长时间。

此外，本书规定了因社区服刑人员不报到造成脱管的处理程序，这可以强化社区服刑人员的报到意识，加强对社区服刑人员的监管，确保不出现脱管、漏管。

第三十一条【社区服刑人员的接收】

社区矫正机构接收社区服刑人员，应当遵循接收服刑人员与接收法律文书相统一的原则。

社区矫正机构经核实发现报到的服刑人员与法律文书不一致的，应当先行办理接收手续，然后通知社区矫正的原决定机关和社区矫正机构所在地县级人民检察院。

条文释义 ◀◀◀

社区服刑人员已经到社区矫正机构报到，但是相关法律文书和有关材料还没有送达的，社区矫正机构应当本着有利于社区矫正活动顺利进行的原则进行处理，及时为社区服刑人员办理登记手续，发放社区矫正相关材料。

相关法律文书和有关材料不齐备的，也应先为社区服刑人员办理登记手续，同时积极协调有关机关尽快补齐。

相反，相关法律文书和有关材料已经送达，但是社区服刑人员未在规定时间内报到的，社区矫正机构应当向有关机关了解核实情况，并通过电话、走访等方式与社区服刑人员取得联系，对其未按时报到的行为进行批评教育，责令其尽快办理登记。如果通过上述方式仍无法确定社区服刑人员下落的，则应及时通知公安机关。

社区服刑人员报到时，如其所述本人情况与送达的相关法律文书和有关材料不符，可以先按照社区服刑人员本人所述情况办理登记手续，再对不符之处与有关机关进行核实。

▶▶▶ **立法理由**

社区矫正的接收包括两方面内容：一是对人的接收；二是对材料的接收。对人的接收即社区服刑人员的报到，对材料的接收即各种法律文书的送达。社区服刑人员报到后，社区矫正机关对不符合接收条件的，应当先予接收，并同时通知原裁量机关和同级检察院，避免出现脱管漏管现象，然后再对不符情况作出处理。此外，如法院的立案一样，法律应当规定接收程序。

第三十二条【社区矫正的宣告】

社区矫正机构接收社区服刑人员后，应当及时成立矫正小组、制定矫正方案，并向服刑人员书面宣告，同时告知其应当遵守的义务和享有的权利。宣告后，应当及时通知社区服刑人员所在地村民委员会、居民委员会。

　　《社区矫正实施办法》第 7 条规定了社区矫正的宣告程序：
"司法所接收社区矫正人员后，应当及时向社区矫正人员宣告判
决书、裁定书、决定书、执行通知书等有关法律文书的主要内
容；社区矫正期限；社区矫正人员应当遵守的规定、被禁止的
事项以及违反规定的法律后果；社区矫正人员依法享有的权利
和被限制行使的权利；矫正小组人员组成及职责等有关事项。
宣告由司法所工作人员主持，矫正小组成员及其他相关人员到
场，按照规定程序进行。"地方省市的社区矫正实施细则也多规
定了宣告程序，如《四川省社区矫正实施细则》第 48 条第 1 款
规定：社区矫正宣告在司法所进行，由司法所工作人员主持，除
未成年社区服刑人员外，社区矫正宣告应当按照以下程序公开
进行：①宣布宣告纪律；②宣读判决书、裁定书、决定书、执
行通知书等有关法律文书的主要内容；宣布社区矫正期限；宣
告社区服刑人员应当遵守的规定、被禁止的事项以及违反规定
的法律后果；宣告社区服刑人员依法享有的权利和被限制行使
的权利；③宣布矫正小组人员组成及职责；④发放社区矫正宣
告书。

　　我们认为，社区矫正宣告是一项严肃的法律程序，并不仅
仅是简单的仪式。宣告代表服刑人员正式进入社区矫正程序，
应当遵守特别的义务，同时享有法定的权利。同时，通过宣告
程序，可以树立社区矫正的严肃性、权威性，令社区服刑人员
感受到刑罚的威严。当然，社区矫正的宣告程序不一定都是威
慑感，还应该有尊重感，要帮助社区服刑人员树立回归社会的
勇气与信心，促使服刑人员认罪悔罪。

第三十三条【社区矫正档案的建立与管理】

社区矫正机构应当在社区服刑人员报到之日，建立社区服刑人员档案，实行一人一档。

档案内容应包括：情况登记表；相关法律文书；矫正方案；参加矫正的材料；考核奖惩材料；解除矫正材料，以及其他应归档的重要材料，并应根据矫正情况及时补充。

条文释义 ◀◀◀

具体而言，社区矫正档案的内容包括：①社区服刑人员的情况登记表，内容包括性别、年龄、民族、文化程度、犯罪原因、犯罪类型、危害程度、悔罪表现、家庭及社会关系等情况；②相关法律文书，包括前一法条中社区矫正裁量机关所送达的法律文书，以及其他与社区矫正有关的法律文书；③为社区服刑人员制定的矫正方案；④按照矫正方案，社区服刑人员参加矫正的材料，包括思想汇报等材料；⑤考核奖惩材料，包括考核台账、奖惩登记表、奖惩审批表等材料；⑥解除矫正材料，包括社区矫正期满鉴定表、解除社区矫正宣告书、社区矫正对象死亡通知书等材料；⑦其他与社区矫正相关的、应归档的材料。

社区矫正档案由社区矫正机构长期保管，只供开展社区矫正工作适用。社区矫正管辖变更的，档案应移交变更后的社区矫正机构。

▶▶▶ 立法理由

社区矫正档案是对矫正过程的真实反映，也是对社区服刑人员开展矫正工作和调整矫正措施的重要依据，属于国有档案，应该加以良好的记录和保存。

第二节 变 更

> ### 第三十四条【管辖的变更程序】
>
> 社区服刑人员入矫后因迁居变更管辖的，迁出地社区矫正机构于迁居批准作出后 7 日内将社区服刑人员的迁居审批手续、社区矫正档案等法律文书送达迁入地社区矫正机构，并抄送迁出地社区矫正机构所在地县级人民检察院；迁入地社区矫正机构在收到法律文书后 7 日内将送达回执送交迁出地社区矫正机构。
>
> 社区服刑人员于迁出地社区机构收到迁入地社区矫正机构送达回执后 7 日内向迁入地社区矫正机构报到。

条文释义 ◀◀◀◀

社区服刑人员迁居并不必然导致管辖的变更，只有当迁居是迁到现社区矫正机构管辖范围之外时，方需启动管辖变更程序。

管辖的变更，需要迁出地社区矫正机构逐级向迁出地与迁入地社区矫正机构的共同上级社区矫正机构提出申请，经共同上级机构批准迁居后，方可启动管辖变更程序。

管辖的变更，不同于后文所讲的异地委托管理。管辖变更之后，社区矫正的主管机关是迁入地的社区矫正机构；而异地委托管理的情况下，社区矫正的主管机关依然是原社区矫正机构，只是暂时委托异地社区矫正机构管理而已，社区矫正档案并不转移。

>>> 立法理由

在一些社区矫正规范性文件中，把本条的相关内容作为"迁居"一项，规定为监督管理措施之中。本书认为，从管辖变更的视角看待社区服刑人员的迁居可能更为妥当。因为这里涉及的主要不是监督管理措施的问题，而是监督管理主体的问题。

第三十五条【社区矫正措施的变更程序】

社区服刑人员在社区矫正期间，根据考核情况，社区矫正机构认为需要对禁止令作出变更的，提请人民检察院、人民法院作出是否变更禁止令的决定。

社区服刑人员在社区矫正期间，根据考核情况，社区矫正机构认为其他社区矫正措施需要变更的，可以作出是否变更的决定。

作出社区矫正措施的变更决定前，应当以适当方式征求监督人的意见，必要时还应当征求被害人和社区的意见。

条文释义 <<<<

社区矫正措施变更的依据是考核情况。因为考核是客观的标准，可以避免社区矫正工作人员凭主观印象、个人好恶影响社区服刑人员的应有权利。关于考核的具体情况，规定在"考核奖惩"一章中。

对禁止令作出变更，有两类共四种情形：①从宽的两种情形，即减少禁止令的禁止类别或者撤销禁止令；②从严的两种情形，附加禁止令或者增加禁止令的禁止类别。对于禁止令的变更，社区矫正机构无权自行决定，需要提请人民检察院（对于附条件不起诉的社区服刑人员）、人民法院（对于其他社区服刑人员）作出是否变更的决定。如果人民检察院、人民法院不同意变更禁止令，社区矫正机构可以提起复议。

因为社区矫正措施的变更涉及社区服刑人员的自由受限制的程度，所以在变更过程中也要注意保障社区服刑人员的权利；监督人比较了解矫正情况，矫正措施的变更也会影响到社区、被害人的利益，所以也应当尽可能地征求这三者的意见。

▶▶▶ 立法理由

社区矫正措施的变更，除附加或者撤销、增加或者减少禁止令外，均属于社区矫正机构的权限。社区矫正机构可根据社区服刑人员执行社区矫正的情况，依照考核结果，自行决定社区矫正措施的变更。

规定社区矫正措施的变更程序，主要是增加中间制裁，扩大社区矫正的威慑力，促使社区服刑人员认真参与社区矫正活动。在实践中，表扬、记过等处罚激励性较差，而收监又过于严厉，减刑难度也很高，因此，规定社区矫正措施的变更，可以有效激励社区服刑人员的矫正积极性。

第三十六条【缩短矫正期限的程序】

社区服刑人员在社区矫正期间，根据考核情况，社区矫正机构认为应当缩短矫正期限的，提请人民法院或者人民检察院作出缩短矫正期限的决定。

条文释义 ◀◀◀

对于附条件不起诉的社区服刑人员，社区矫正工作人员认为符合缩短社区矫正期限之条件的，向社区矫正机构提出意见，填报相关材料。社区矫正机构经过审核后，认为应当缩短社区矫正期限的，提请人民检察院作出缩短矫正期限的决定。

对于被判处管制、被宣告缓刑、被裁定假释以及被裁定、决定监外执行的社区服刑人员，社区矫正工作人员认为符合减刑之条件的，向社区矫正机构提出意见，填报相关材料。社区矫正机构经过审核后，认为应当减刑的，提请人民法院作出减刑的决定。

对于被决定监外执行的社区服刑人员，社区矫正工作人员认为符合假释之条件的，向社区矫正机构提出意见，填报相关材料。社区矫正机构经过审核后，认为应当假释的，提请人民法院作出假释的决定。

至于缩短矫正期限、减刑和假释的条件，参见第八章中的"司法奖励"条款。

▶▶▶ 立法理由

本条是与第八章中的"司法奖励"条款相对应的，分别规定程序与实体的问题。

第三十七条【延长矫正期限和治安管理处罚的程序】

社区服刑人员在社区矫正期间，根据考核情况，社区矫正机构认为应当延长矫正期限的，提请人民法院作出延长矫正期限的决定。

社区服刑人员在社区矫正期间，违反《中华人民共和国治安管理处罚法》的，社区矫正机构应当及时通知公安机关予以治安管理处罚。

条文释义 ◀◀◀◀

延长社区矫正期限分为两种情况：一种是对于除暂予监外执行之外的社区服刑人员（即社区刑罚执行完毕即可释放的社区服刑人员），以及暂予监外执行期限与剩余刑期长短一样的社区服刑人员，通过延长社区矫正期限，以示对其违反规定的惩罚；另一种是对于暂予监外执行期限仅仅属于剩余刑期之一部分的社区服刑人员，如果暂予监外执行的期限已经到期，但是暂予监外执行的条件仍然具备的，经过作出暂予监外执行决定的机关批准后，可以延长社区矫正期限。上述第二种情形并不具有惩罚的性质，不是第八章中"司法惩罚"的一部分。

至于治安管理处罚，主要由公安机关来操作，社区矫正仅起配合作用。

▶▶▶ **立法理由**

社区服刑人员违反社区矫正的规定，并不必然意味着要被送回监狱。社区矫正机构应当尝试其他的社区性手段，如对其适用更严的社区矫正措施，或者延长社区矫正期限。这两种手段，一种是严厉程度上的加重，另一种是期限的加长。两者相结合，就构成了比较完备的社区矫正规制方案。

第三十八条【强制医疗的适用程序】

在社区矫正过程中，社区矫正机构认为社区服刑人员符合强制医疗条件的，应当制作强制医疗意见书，移送人民检察院提请人民法院作出强制医疗的决定。

条文释义 ◀◀◀

《刑法》第18条第1款规定：精神病人在不能辨认或者不能控制自己行为的时候造成危害结果，经法定程序鉴定确认的，不负刑事责任，但是应当责令他的家属或者监护人严加看管和医疗；在必要的时候，由政府强制医疗。《刑事诉讼法》第285、286条规定了强制医疗的程序和审理：强制医疗由人民检察院向人民法院提出强制医疗的申请，人民法院组成合议庭予以审理。人民检察院可以根据公安机关的建议向人民法院提出申请，也可以自行向人民法院提出申请。

按照现行法律的规定，强制医疗的适用对象是"经法定程序鉴定依法不负刑事责任的精神病人"；适用前提是"实施暴力行为，危害公共安全或者严重危害公民人身安全"；适用的实质条件是"有继续危害社会可能"。

▶▶▶ 立法理由

国（境）外的强制医疗多包含毒品吸食成瘾、酒精饮用成瘾、罹患性病、精神病人等，但我国已经专门规定了强制戒毒、收容教育，因此强制医疗仅适用于精神病人。不过，从长期来看，有必要统合戒毒、性病治疗、精神病治疗以出台统一的《强制治疗法》。

虽然《刑事诉讼法》规定通常由公安机关向人民检察院提出强制医疗的建议，但法律并未明确规定只能由公安机关提出建议。人民检察院向人民法院提出申请的案件来源，除公安机关移送案件以外，也可以是其他单位移送的案件。因此，在社区矫正过程中，应当赋予社区矫正机构这种建议权，以避免推诿扯皮现象的发生。

第三节 解 除

> **第三十九条【因矫正期满而解矫】**
>
> 社区服刑人员矫正期满的，社区矫正机构应当公开宣告解除社区矫正，向社区服刑人员发放解除社区矫正证明书，并书面通知社区矫正决定机关、人民检察院、公安机关。

▶▶▶ 立法理由

本条是适用社区矫正最常规、最自然的结束方式。当然，与现行法律规范的思路略有不同的地方是：根据现行刑法典，被判处缓刑或者裁定假释的社区服刑人员，如果犯有新罪或者发现漏罪，一律都要结束社区矫正。但是在实践中，所犯新罪和所发现的漏罪完全有可能还被判处社区刑罚，数罪并罚之后仍然应当执行社区矫正。因此，本书认为，虽然犯有新罪或者发现漏罪，但是仍然属于应判处社区刑罚之罪的，没有必要撤销社区矫正，而是继续执行并罚之后的社区矫正期间即可，如果社区服刑人员顺利度过并罚之后的社区矫正期间，那么也属于"因矫正期满而解矫"。

第四十条【因收监而解矫】

社区服刑人员符合刑法规定的撤销缓刑、假释条件的，社区矫正机构应当向执行地人民法院提出撤销缓刑、假释建议，并将建议书抄送同级人民检察院。

暂予监外执行的社区服刑人员具有刑事诉讼法规定的应予收监情形的，社区矫正机构应当向执行地人民法院提出收监执行建议，并将建议书抄送同级人民检察院。

人民法院裁定撤销缓刑、假释的，应当将裁定书送达社区矫正机构，同时抄送人民检察院；人民法院对暂予监外执行的社区服刑人员决定收监执行的，应当将收监决定送达社区矫正机构，同时抄送人民检察院。公安机关应当立即将被收监执行人员羁押，并移送监狱或者看守所。

被决定收监执行的社区服刑人员在逃的，由公安机关追捕，社区矫正机构协助。

条文释义 ◀◀◀

因本条之情形而解矫，社区矫正机构有主动与被动两种情形：

第一，如果是因为社区服刑人员违反法律、行政法规或者社区矫正中的强制性规定，情节严重，应当撤销社区矫正的，社区矫正机构在 7 日内作出撤销社区矫正建议书，根据社区刑罚类别，分别向人民检察院、人民法院、监狱管理机关、公安机关提出。

收到作出撤销社区矫正建议书 7 日内：①确实符合解除社区矫正之条件的，人民检察院撤销附条件不起诉的决定，重新起诉；人民法院将管制易科为拘役、撤销缓刑并执行原判刑罚、撤销假释并收监（所）执行未执行完毕的刑罚，人民法院、监狱管理机关、公安机关撤销暂予监外执行并收监（所）执行未执行完毕的刑罚。②如果认为社区服刑人员不符合解除社区矫正之条件的，驳回解除社区矫正之建议。社区矫正机构有异议的，可以提起复议。

第二，如果是再犯新罪、发现漏罪，并且应当判处监禁刑甚至生命刑的，由人民检察院、人民法院在作出起诉决定或数罪并罚判决后 3 日内，通知社区矫正机构撤销社区矫正。在此种情形下，社区服刑人员因为所犯新罪或者所发现的漏罪，可能已经处于审前羁押的状态。但是，并非一旦羁押，就必然自动撤销社区矫正。直到人民检察院作出起诉决定、人民法院作出监禁刑以上刑罚判决之后，社区矫正机构才能履行解除社区矫正的手续。

>>>>> **立法理由**

由于缺乏《社区矫正法》，而《社区矫正实施办法》规定的程序并不细致，因此，在社区矫正机关与公、检、法三机关的沟通衔接上，还存在不少程序模糊之处，此处主要解决社区矫正撤销程序的困境。

一、社区矫正撤销的实质条件

社区服刑人员，是否一旦犯有新罪或者被发现漏罪，就应当立刻撤销社区矫正？本书认为并非如此：①对于附条件不起诉的社区服刑人员，新罪或者漏罪须为应当提起公诉的。如果新罪或者漏罪仍然是应当附条件不起诉的，则应合并执行社区矫正。②对于其他社区服刑人员，所犯新罪或者所发现的漏罪须为应当判处监禁刑以上刑罚。如果新罪或者漏罪仍然是应当判处社区刑罚，则应合并执行社区矫正；如果应当单处附加刑的，则在执行社区矫正过程中同时执行附加刑即可。③撤销社区矫正，应当在人民检察院作出起诉决定，或者在人民法院数罪并罚作出执行监禁刑以上刑罚的裁判之后才能作出。

得出上述结论的重要理由之一在于法律规定撤销社区矫正通常应由人民法院作出决定。既然人民法院需要作出决定，而不是迳行撤销，那就表明人民法院需要根据新罪、漏罪、严重违反监督管理规定的具体情况来判断社区服刑人员的人身危险性是否足以表明必须撤销，人民法院对此享有自由裁量权，而并非仅仅是橡皮图章。

二、社区矫正撤销程序面临的困境

按照《社区矫正实施办法》第25条的规定，缓刑、假释的撤销"由居住地同级司法行政机关向原裁判人民法院提出撤销缓刑、假释建议书"；《社区矫正实施办法》第26条规定，暂予监外执行的撤销"由居住地县级司法行政机关向批准、决定机关提出收监执行的建议书"。《社区矫正法（征求意见稿）》对此则进行了模糊化处理，其第15条第1款规定："社区矫正人员符合刑法规定的撤销缓刑、假释条件的，社区矫正机构应当向人民法院提出撤销缓刑、假释建议，并将建议书抄送人民检察院。"《社区矫正法（征求意见稿）》并未明确管辖权到底是属于"原裁判人民法院"还是"社区矫正机构执行地人民法院"。

上述规定看似明确，但实践中却存在如下问题：①撤销社区矫正是否需要开庭审理？如果只是书面审理，可能剥夺社区服刑人员的合理抗辩权；如果需要开庭审理或者召开听证会，社区服刑人员能否聘请律师参与则缺乏明确规定。尤其是在社区矫正机关与原裁判、批准、决定机关不在同一省市的情形下，社区矫正的撤销将面临巨大障碍。②对于提请撤销社区矫正的社区服刑人员，如果社区矫正机关认为其具有明显的人身危险性，是否可以决定羁押？如果羁押，则可能涉及跨省护送的问题，并且现行《刑事诉讼法》没有明确规定；如果不羁押，在此期间出现重大犯罪，社区矫正机关将面临巨大社会压力。③人民检察院如何监督社区矫正撤销程序？按《社区矫正实施办法》的规定，司法行政机关的收监执行建议书和决定机关的决定书，应当同时抄送社区矫正人员居住地同级人民检察院和公安机关，也即社区矫正撤销程序的监督检察机关是社区服刑人员居住地检察机关。但是，当社区服刑人员居住地与撤销机关跨越不同省市的，检察院如何实现跨省市监督？显然《社区矫正实施办法》的这一规定缺乏可操作性。④有关机关决定不予撤销社区矫正时，社区矫正机关怎么处理？社区矫正实践中完全可能存在社区矫正机关认为应当撤销社区矫正，而有权决定是否撤销社区矫正的机关决定不撤销的现象，但现行法律、司法解释对此没有说明应当如何处理。司法实践中，已经发生过社区矫正工作者因玩忽职守导致社区服刑人员在脱管、漏管期间再犯罪而被追究刑事责任的案例。那么，如果社区矫正机关提请撤销社区矫正而有关机关决定不予撤销时，社区服刑人员再犯严重犯罪的，如何承担责任？现行法律和司法解释无法解决上述问题。

三、重塑社区矫正撤销程序

首先，将撤销缓刑、假释、暂予监外执行由原裁判人民法院及原批准、决定机关管辖改为社区矫正所在地人民法院管辖。理由在于：①社区矫正机关所在地与原裁判人民法院及原批准、决定机关可能跨越不同省市，相隔遥远。如果机械地将撤销权赋予原裁判人民法院及原批准、决定机关，不仅耗费人力、物力，而且由于路途遥远将导致上述程序困境。②由社区矫正机关所在地人民法院统一管辖缓刑、假释、暂予监外执行的撤销，便于相关机关的沟通、衔接、监督与制约。社区矫正机关的矫正行为，本就由社区矫正所在地人民检察院进行法律监督，即使人民检察院、人民法院对于是否撤销社区矫正存在不同意见，也便于相互之间的沟通与衔接。如果由原裁判人民法院及原批准、决定机关行使撤销权，则要么出现相互推诿、扯皮的现象，要么导致原裁判人民法院及原批准、决定机关行使"橡皮图章"的职能，因为原裁判人民法院及原批准、决定机关完全不清楚社区服刑人员的具体表现。③由社区矫正机关所在地人民法院行使撤销权，存在正当根据。我国是中央集权制国家，国家的法律具有统一性，法律适用原则上也不应该存在地域分歧。同时，社区矫正撤销程序并非审判监督程序，只有审判监督程序才由原裁判人民法院及其上级法院或者相应级别的人民检察院才能启动。撤销社区矫正并非是原裁判、原批准、决定存在法律错误或者事实错误，而是由于社区服刑人员违反社区矫正监督管理规定或者暂予监外执行的法定情形消失。因此，由社区矫正机关所在地人民法院根据级别管辖行使社区矫正的撤销权，不违反《刑事诉讼法》《刑法》确定的相应管辖原则。

其次，在调整社区矫正撤销案件管辖机构的基础上，调整、细密社区矫正撤销程序。具体阐述如下：①社区矫正机关认为符合撤销社区矫正条件的，应当向社区矫正机关所在地基层人民法院提出申请，制作法律文书并移送相关卷宗，同时将相关法律文书抄送同级人民检察院；②人民法院收到社区矫正机构相应法律文书和卷宗后，应当立案受理，并组成合议庭予以审理；③审理社区矫正撤销案件，应当向社区服刑人员送达相关法律文书，听取其辩解意见，同时允许其聘请辩护人予以辩护；④人民检察院收到社区矫正机关的法律文书后，应当向人民法院就是否同意撤销社区矫正提出书面意见，必要时派员参与案件审理，并就撤销程序全过程实施法律监督；⑤如果人民法院作出同意撤销社区矫正的决定，应当制作《刑罚执行通知书》，交由社区矫正机关将社区服刑人员移送至本省市监狱服刑。

第四十一条【因改判而解矫】

根据新的事实或者证据，人民法院改判社区服刑人员无罪、定罪免刑或者非社区刑罚的，应当通知社区矫正机构解除对社区服刑人员的社区矫正。

条文释义

从修改认定的主体来分类解析：

第一，人民检察院。①根据新的事实或者证据，人民检察院认定社区服刑人员不构成犯罪，因而不符合附条件不起诉之条件的，应当撤销附条件不起诉决定，并通知社区矫正机构解除社区矫正；②根据新的事实或者证据，人民检察院认为应当对社区服刑人员提起公诉的，应当撤销附条件不起诉决定，并通知社区矫正机构解除社区矫正，同时提起公诉。

第二，人民法院。①根据新的事实或者证据，改判社区服刑人员无罪、定罪免刑的，或者单独适用附加刑的，人民法院作出相应的判决，并通知社区矫正机构解除社区矫正；②根据新的事实或者证据，改判社区服刑人员监禁刑或者生命刑的，人民法院作出相应的判决，并通知社区矫正机构解除社区矫正，同时执行生命刑，或者通知监狱管理机关、公安机关执行监禁刑。

>>>>> 立法理由

因出现新的事实或者证据，对社区服刑人员之行为性质修改认定可能出现两类情形：一是修改得更轻，甚至认为无罪；二是修改得更重，需要执行监禁刑，甚至生命刑。出现这两种情形时，均会导致社区矫正的解除。一些地方性的社区矫正规范性文件，注意到因改判无罪而撤销社区矫正，但却把其他情形遗漏掉了。本条把这两类情形整合在一个法条中。

第四十二条【因死亡而解矫】

社区服刑人员死亡的，自动终止社区矫正。社区矫正机构应当及时书面通知社区矫正决定机关、人民检察院、公安机关。

条文释义 <<<<

社区服刑人员正常死亡的，由相关医院出具死亡证明，社区矫正机构填写《社区服刑人员死亡情况登记表》，与医院死亡证明一同存档。

社区服刑人员非正常死亡的，由公安机关依法办理。

>>>>> 立法理由

社区矫正是围绕社区服刑人员而展开的，社区服刑人员死亡之日起，不论正常死亡还是非正常死亡，社区矫正都自动解除，只不过需要履行的后续程序有所不同。

第四十三条【监督管理的目的】

监督管理的目的是确保社区服刑人员顺利完成社区矫正机构为其制定的矫正方案，保障公共安全。

条文释义 ◀◀◀

监督管理的目的可以分为两个方面：一方面是从消极意义上讲，观察和了解社区服刑人员的日常生活情况，随时关注是否有危害社会的行为和不遵守社区矫正规定的行为，进而相应地采取防控措施，避免对社会造成新的伤害或者威胁；另一方面是从积极意义上讲，督促社区服刑人员履行社区矫正措施中设定的积极义务，弥补犯罪对被害人和社会造成的伤害，并能够按部就班地执行后文所设定的教育矫正、劳动矫正、心理矫治、强制治疗等措施，实现社区矫正的目的，顺利回归社会。

▶▶▶ **立法理由**

社区矫正中的监督管理主要体现为一种"保障"的性质：一是保障国家、社会和他人不受社区服刑人员的伤害；二是保障社区服刑人员能够顺利完成矫正措施，重新融入社会。社区服刑人员作为犯罪人的一类，一般而言具有比普通人更大的人身危险性，但是我们的目标是将其矫正成普通人，因此，目标和手段之间的平衡要求我们既不能像执行监禁刑一样，为社区服刑人员设定过多的监管措施，尽量为其营造正常的社会环境，同时又要求我们必须要确保社会治安、社区成员的正常生活不会因为社区服刑人员的存在而变得更糟。阅读联合国《非拘禁措施最低限度标准规则》的第12.1条和第12.2条，也可以发现这两重目的。

那么，这种监督管理是否具有惩罚的目的？本书认为：①刑罚本身具有不可否认的惩罚性，而社区刑罚作为刑罚的一个类别，自然也具有惩罚性。而社区刑罚的惩罚性主要不是体现在"矫正治疗""帮助保护"上，那么就主要体现在本章的"监督管理"方面了。②本章的内容基本上都是对社区服刑人员的限制性条款，可以说带有一定的惩罚性。③但是，这些措施的目的并不是为了惩罚。相反，正是因为单纯的惩罚无助于防止再犯，刑罚史上才发展出了社区矫正措施。因此，可以说社区矫正的监督管理措施具有一定的惩罚性，但其目的绝不是为了惩罚。

第四十四条【分类监督管理】

社区服刑人员入矫之后，社区矫正机构应当评估其人身危险性和矫正需求等因素，制定分类监督管理方案，并根据社区服刑人员在矫正过程中的表现，对监督管理措施适时作出调整。

　　分类监督管理是指以实现社区矫正的目标为准则，根据一定标准将社区服刑人员分为若干类型，并施以相应的监督管理措施。为确保社区服刑人员不会处于脱管状态，社区矫正机构应当在其入矫后尽快制定分类监督管理方案。分类监督管理是分级处遇原则的具体化，其目的是确保矫正方案尽可能符合社区服刑人员的个人特征，以实现促使社区服刑人员重返社会的目的。

　　分类的标准分为两个大的类别：①体现社区服刑人员之人身危险性的因素，其中既包括既定的、不可改变的一些因素，包括犯罪记录、犯罪类型及危害、个人生涯等；也包括动态的、可以改变的一些因素，包括婚姻状况、社会交往状况、人生观等。②体现社区服刑人员之矫正需求的因素，如其在个性特点、人际关系、个人瘾嗜等方面有哪些因素容易诱发再犯罪，应予以重点关注。

　　特别需要注意的是，在对社区服刑人员进行分类时，不仅要关注对其否定的一面、消极的因素，而且更要关注对其肯定的一面、积极的因素，即社区服刑人员有哪些个性特征因素、家庭环境因素等是有利于其矫正的？对于这一方面，我们以前不太关注，只是消极地压制犯罪人的缺点，不太注意引导他的优点，加以因势利导。实际上，引导其发挥优点，比压制其缺点要更有效。假如社区服刑人员是一位孝子，对老人非常孝顺，那么在监督管理方面就要与其他社区服刑人员有所差别：在保证人的选择上，尽量要选择其所尊重、信服的尊亲属；在居住和迁居方面，要尽量安排其与家人，特别是与尊亲属住在一起；在会见方面，对于他与尊亲属的会见，就不应限制，而是应该鼓励；等等。再如社区服刑人员有某一项技能特长，那么在其想要外出利用一技之长创业时，不应当有太苛刻的迁居限制，甚至要鼓励其自主创业、发挥优势。正如我们每一个正常人都不可能完美无缺一样，任何一个犯罪人也不可能一无是处。如果能够挖掘到他的一些优点，尽量地予以发扬，他就更容易获得自尊心、自信心，更容易重新融入社会。

分类之后，对于不同类别的社区服刑人员，按照本法所设定的监督管理项目，有区别地进行监督管理。

另外需要注意的是，暂予监外执行的社区服刑人员具有一定的特殊性。一般而言，附条件不起诉、缓刑、假释、管制的社区服刑人员的社会危害性和人身危险性普遍较低。但是与这四类不同，暂予监外执行的人员的人身危险性既可能较低，也可能较高甚至很高，应当根据具体情形区分类别加以监管。

分类监督管理方案制定之后，并不是一成不变的，而应该根据社区服刑人员的人身危险性和矫正需求的变化而及时调整。那么，调整的依据、时间间隔、调整幅度如何确定？这正是本书第八章要解决的问题，即要通过拟定具体的考核指标，以加减分的形式予以量化，达到一定分数的，相应地给予从宽或者从严的监督管理措施。

▶▶▶ 立法理由

分类管理体现着刑罚个别化的基本精神。分类管理的最核心问题就是分类的标准。如果分类标准选择得当，则可以恰当地把罪责刑相适应和刑罚个别化结合起来，对症下药，实现社区服刑人员重新融入社会的目标；如果分类标准选择不当，则反受其害。

在社区矫正领域，对社区服刑人员的分类，经历了早期阶段（根据直观感觉对犯罪人的危险性进行分类）、静态因素分类阶段（根据社区服刑人员的犯罪记录、犯罪类型、药物滥用史、个人生涯等静态因素进行分类）、动态因素与静态因素分类相结合阶段（考虑比静态因素更多的人生观、认罪服法程度、社会交往情况、婚姻家庭情况等动态因素的分类）、危险性因素和需求性因素分类相结合阶段（考虑比静态因素、动态因素等危险性因素更多的有利于社区服刑人员矫正的积极因素的分类）。毫无疑问，第四阶段是相对完善和科学的分类，即分类既要全面反映社区服刑人员的人身危险性，又要关注社区服刑人员的需求，以及他们自身存在的有利于社区矫正的积极因素。

　　在我国目前的一些规范性文件，以及学者既有的一些研究中，主要产生了以下几种分类标准：①根据入矫原因进行的分类管理。例如公安部 1995 年《公安机关对被管制、剥夺政治权利、缓刑、假释、保外就医罪犯的监督管理规定》（公安部令第 23 号，该规定于 2016 年 4 月 22 日废止）就是按照入矫原因，分门别类地规定监督管理措施。②根据人身危险性进行的分类管理。③根据犯罪类型特征进行的分类管理。④根据年龄特征进行的分类管理。

　　本书所设定的有关分类标准的两大因素，是与监督管理的目的相一致的，即一方面是从社区服刑人员的人身危险性上分析，确保有相应的监管措施，能够防止社区服刑人员再危害社会；另一方面则是从社区服刑人员的自身利益出发，着重关注怎样的分类措施才能更有利于其重新融入社会、实现矫正目的。

　　另外，在我国社区矫正的试点工作中，一些地区采取了分级矫正措施。例如《上海市社区服刑人员分类矫正规定》第三章"分阶段分级矫正"中，第 9 条规定："对社区服刑人员的矫正工作，一般经过初期矫正阶段、分级矫正阶段和期满前矫正阶段。"第11条第2款规定："分级矫正阶段分为一级矫正、二级矫正与三级矫正等三种矫正级别。初次分级根据风险评估的结果确定。不同的矫正级别可相互调整，调整依据是社区服刑人员矫正效果评估或奖惩情况。"再如《安徽省社区矫正对象分等级分阶段管理教育暂行办法》第3条规定："分等级管理是指根据社区矫正对象改造表现、犯罪类型、社会环境、人身危险性、再犯罪的可能性、再社会化程度等多方面差异，将社区矫正对象分为宽松管理、普通管理和严格管理三个等级，区别对待，因人施矫。"第10条规定："等级适用范围：①宽松管理等级，适用于情绪平稳、改造表现突出、重新犯罪可能性小的社区矫正对象；②普通管理等级，适用于情绪较平稳、改造表现较好、有重新犯罪可能性的社区矫正对象；③严格管理等级，适用于情绪不稳定、改造表现差、重新犯罪可能性较大的社区矫正对象。"此外，这些规范性文件还规定了晋级、降级的条件，以及不同级别的待遇。本书赞同这种做法，但是鉴于各地的分类矫正措施目前并不完全统一，各地遇到的实际情况也并不相同，所以在进行全国普适性立法时，暂时不作这种分级矫正的具体规定，而只是提出原则性的普管、从宽、从严三种大的类别的观念，并在以下数个条款中提出可以采取的监管措施，而没有具体地将监管措施与矫正的等级一一对应起来。这样，各地在制定社区矫正工作办法时，可以结合本地实践，采取切合实际的对应方式。

一些地方性的规范性文件，在"监督管理"方面，还专门设置了"从宽的监督管理"条款，意即对于存在严重疾病、年老体弱、生活不能自理、怀孕哺乳等情形的社区服刑人员，可以实施从宽的监督管理。本书认为，这种观念，在本条的分类监督管理中已经有所体现，因此不再单独列为一条。

> **第四十五条【报告】**
>
> 　社区服刑人员应当定期或不定期向社区矫正机构报告其所在位置及近期参加矫正的情况。
>
> 　报告可以采取谈话报告、书面报告、电话报告、邮件报告等形式的一种或者多种。
>
> 　社区服刑人员因身体残疾或者其他特殊情况本人报告确有困难的，社区矫正机构可以适当调整报告的形式和报告的间隔时限，必要时也可由其监护人或保证人代为报告。

条文释义 ◄◄◄◄

　报告分为定期和不定期。对于定期报告，社区矫正机构应当根据社区服刑人员的个人情况和执行阶段确定报告的时间、地点和方式。事实上，报告的次数和时间间隔完全可以成为对社区服刑人员予以奖惩的一项措施，即考核分数较高的，可以延长时间间隔、减少报告次数；考核分数较低的，要缩短时间间隔、增加报告次数。

　不定期报告则用于了解社区服刑人员的即时动态。同时，社区服刑人员遇有特殊情况，如家庭变故、工作或生活中的障碍等等，也可主动进行即时报告。

　报告的形式可分为当面报告、书面报告和口头报告等。当面报告即到社区矫正机构，向社区矫正工作人员报告；书面报告即撰写矫正情况反映、思想汇报、日常工作和生活记录，定期上交，其中也包括用邮件方式上交；口头报告，主要是指电话报告，在条件许可的情况下也可以安排视频报告。

报告的内容包括本书第五章"监督管理"、第六章"矫正治疗"、第七章"帮助保护"的相关内容，社区矫正工作人员可以有选择地要求社区服刑人员侧重报告其中的一些内容。

报告确有困难的情形，一般包括身体有残疾、缺乏读写能力、在外地就业或者就学等原因。遇有这些情况，社区矫正工作人员应当相应地调整其报告的形式或间隔时间。但一般情况下应当由其本人报告，只有在极其特殊的情况下，才能由其监护人或保证人代为报告。

▶▶▶▶ 立法理由

报告和报到是社区矫正在"限制自由"方面的最主要体现之一。《刑法》第 39、75、84 条分别规定了管制犯、缓刑犯、假释犯要按照执行机关/考察机关/监督机关的规定报告自己的活动情况。因为社区服刑人员的人身自由没有被剥夺，所以定期和不定期的报告就成为确保其没有脱管的重要方式之一。

报告的目的，一方面，是通过设定社区服刑人员的义务以体现社区矫正形式意义的惩罚性；另一方面，通过报告了解社区服刑人员的基本情况，是防止脱管、漏管的重要手段之一，并且可以作为调整社区矫正方案的依据之一。

实践当中，有的规范性文件还规定了"定期或者不定期的报到"。本书认为，"报到"可以视为"报告"的一种形式，即当面报告的形式，因此不再单独列出。

第四十六条【外出】

社区服刑人员离开所居住的县（市、区），应当向社区矫正机构提交书面申请，并提供担保人。

社区服刑人员经批准外出后，应当按时返回居住地并向社区矫正机构报告；确有特殊原因不能按时返回居住地的，应当及时向社区矫正机构报告，经社区矫正机构同意后可适当延长外出时间。

对于外出后拟在异地临时居住一个月以上的社区服刑人员，委托临时居住地社区矫正机构负责开展矫正工作。

条文释义 ◄◄◄◄

如果社区服刑人员离开所居住的县（市、区），就超越了所属的社区矫正机构的管辖范围，因此需要申请批准。此处的"市"指的是县级市，区指的是县级区。

申请外出的程序是：社区服刑人员向社区矫正机构提交书面申请，同时提供担保人、递交相关证明材料；社区矫正机构按照外出时间长短的审批权限规定进行审批；一般应当在申请提交后7日内作出批准或者不批准的决定。

外出后，拟在异地临时居住不超过一个月的，仍然按照本法所规定的报告、会客、走访等方面的规定执行社区矫正；超过一个月的，需要异地委托管理。异地托管，一般由社区服刑人员本人提出申请，并出具相关证明材料，由社区矫正机构提出书面意见，如果同意委托管理，则向受托地社区矫正机构发送委托书，经受托地社区矫正机构审核同意后，社区服刑人员在规定时间内到受托地社区矫正机构报到、接受矫正。受托地社区矫正机构不仅要对社区服刑人员进行日常的监督管理，而且还应开展本法所规定的其他矫正项目。

>>>> **立法理由**

社区服刑人员外出，一般是开展就业、经商、就学、就医、探亲等活动。《刑法》第 39、75、84 条就已经分别规定，管制犯、缓刑犯、假释犯离开所居住的市、县或者迁居，应当报经执行机关/考察机关/监督机关批准。但是目前面临的新情况是：随着市场经济的发展，一些社区服刑人员有外出经商或务工的愿望和需要。如果严格限制其流动，不利于社区服刑人员就业和赔偿被害人。有鉴于此，本书认为，对于社区服刑人员的长期外出，不应当采取一概否定的态度，对于为满足就业谋生、赚钱养家、赔偿被害人的需求，对于确实有必要外出经商、务工的社区服刑人员，社区矫正机构应当允许其流动。但是这必须以严格的审批制度为前提，防止"流动"沦为"脱管"。另外，还要建立责任人担保制度，要求除非特殊情况，否则流动的社区服刑人员，原则上应当有责任人担保。我国一些地区已经尝试了这种做法，例如，江苏省姜堰市于 2005 年 10 月出台的《社区矫正对象请假、就业、迁居管理实施办法（试行）》全面推广了责任人担保制度，明确规定矫正对象外出打工必须要有责任人担保。

有些地方性的社区矫正规范性文件拟定了"请假"条款。本书认为，本条所说的"外出"其实就是"外出请假"，没有必要单独再列一条"请假"。

第四十七条【会见】

未经社区矫正机构批准，社区服刑人员不得会见家庭成员以外的国（境）外人士。必要时，社区矫正机构可以禁止社区服刑人员会见不利于社区矫正的其他人员。

未经社区矫正机构批准，社区服刑人员不得接受媒体采访。

条文释义 ◀◀◀

社区服刑人员不得会见的人员，主要是指犯罪人（特别是同案犯）、"法轮功"等邪教组织以及其他非法组织的人员。当然，如果自己的家庭成员是此类人员，那么从伦理的角度出发，不应作出禁止性规定。

接受媒体采访或会见境外人士前提交的申请内容包括：采访或会见的原因、时间、地点、媒体或境外人士的有关情况、采访或会见的具体内容等。

▶▶▶**立法理由**

《刑法》第 39、75、84 条分别规定，管制犯、缓刑犯、假释犯应当遵守执行机关/考察机关/监督机关关于会客的规定。但是在社会流动性增大，并且我们在放松"外出"条款、允许社区服刑人员外出就业、就学的整体局面下，对于社区服刑人员的会客就不应当作过于严格的限制。换言之，并非"除非规定允许会见的人外，其余人均不可会见"，而是"除非规定不允许会见的人外，其余人均可会见"，即这虽然是一项禁止性规定，但也可以看作是一项权利性条款。

很多地方性的规范性文件规定"社区服刑人员不得会见犯罪嫌疑人等社会不良人员"。这是有罪推定思想的残留。既然是犯罪嫌疑人，从无罪推定的角度出发，就不能将其视为"社会不良人员"。

在最高人民法院、最高人民检察院、公安部、司法部《关于对判处管制、宣告缓刑的犯罪分子适用禁止令有关问题的规定（试行）》的第5条中，把"禁止接触同案犯"和"禁止接触其他可能遭受其侵害、滋扰的人或者可能诱发其再次危害社会的人"作为可以禁止接触的选择性类别。

第四十八条【走访】

社区矫正工作人员应当定期或者不定期走访社区服刑人员的家庭、单位以及居住地的居（村）委会，掌握社区服刑人员的矫正情况。

条文释义 ◄◄◄◄

"走访"是与前文所设定的"报告"相对而言的，其目的都是为了确保社区服刑人员没有脱管，同时也及时了解社区服刑人员的工作和生活动态，及时采取相应矫正措施。

关于走访的时间间隔，根据目前各地制定的社区矫正规范性文件来看，一般是每月定期走访一次。另外，一是在特定时期要走访，如春节等重大节日期间、"两会"时期等，因为在这些时期，社区服刑人员可能会思想不稳定，容易在他人的煽动下有危害社会的举动；二是在社区服刑人员有受到惩处、有重大思想问题或者出现其他特殊情况时，应及时走访、掌握其思想动态、加强监管。在实践中，很多地区总结出了"四必访"，即新接收的矫正对象要走访、遇有特殊情况（如家庭变故、生活困难）时要走访、重点时段前（如重大活动、重大节假日）要走访、平时一个月一走访。这是很好的实践经验。

>>>>> **立法理由**

　　走访是对社区服刑人员最基本的监督管理措施之一，但是目前，由于社区矫正的全面铺开，各地入矫的社区服刑人员数量大大增加，但是工作人员数量有限，加上目前通讯工具发达，一些工作人员认为用电话、短信、网络方式与社区服刑人员沟通联系即可，因此"走访"形式有弱化倾向。但是，"走访"与"报告"的一个重大不同是：报告主要是社区服刑人员自行报告，而走访则往往要走访社区服刑人员以外的人，包括家庭、单位以及居住地的居（村）委会人员，以全面掌握矫正情况，因此具有不可替代的地位。走访也可以由社区矫正工作者委托社区矫正志愿者进行，但应当对走访情况进行书面记录并及时存档。

第四十九条【修复】

　　社区矫正机构应当采取必要措施，督促社区服刑人员向被害人作出物质赔偿和道歉，帮助社区服刑人员与被害人、所在社区修复关系。

条文释义 <<<<<

　　社区矫正机构在适当的情况下，促成召开恢复性司法座谈会，其目的一是对犯罪人进行教育，二是对被害人进行安抚。在理想的情况下，可以在座谈会上由社区服刑人员向被害人道歉，表达悔罪之情；同时可以达成协议，由社区服刑人员向被害人作出物质赔偿，或者提供一定补偿性的劳务。

根据实际情况，如果不宜安排社区服刑人员与被害人会面，或者在座谈会中没有达成一致的弥补协议，那么社区矫正机构应当要求社区服刑人员将其劳动收入按月提取 25% 专户储存，作为支付给被害人的赔偿金。

>>>>> **立法理由**

恢复性司法指引下的社区矫正，重视对于社会关系的恢复，以及犯罪人、被害人、社区的整体提升。一方面，虽然物质赔偿不足以抵销犯罪造成的危害，但是在很多情况下，这是体现犯罪人的悔罪之情的一个基础。另一方面，与物质赔偿相比，精神抚慰要重要得多。因为赔偿的目的是为了表明犯罪人的忏悔之情，安抚被害人以及其他利害相关者，使其感到自己被犯罪所损害的尊严得到了回复。在这一点上，精神抚慰比物质赔偿要更为贴近恢复性司法的目的。换言之，在一定程度上，物质赔偿仅仅是达成精神抚慰的一种方式。实践中完全可能出现虽然进行了足够的物质赔偿，但是社区矫正之目的仍不能实现的情况，也可能出现没有物质赔偿或者物质赔偿不足，但是被害人受到了精神抚慰，因而社会矛盾得以化解的情况。因此，仅仅重视物质赔偿是不够的，必须把精神抚慰放到更重要的位置，并采取切实措施促成其实现。

第五十条【保外就医的社区服刑人员应当遵守的 特别规定】

因保外就医而被暂予监外执行的社区服刑人员，在社区矫正期间应当遵守下列规定：

（一）在指定的医院接受治疗，确因治疗、护理的特殊要求，需要转院的，应当经过社区矫正机构批准；

（二）进行治疗以外的社会活动应当经过社区矫正机构批准。

条文释义

鉴于被暂予监外执行的社区服刑人员参加社区矫正之原因的特殊性，其在监管方面自然有与其他社区服刑人员不同之处。特别是因保外就医而被暂予监外执行的社区服刑人员，可能是轻罪犯，也可能是重罪犯。对于犯有重罪但因病而暂予监外执行的，在监管时应当加以较严格的限制，确保社会安全。

立法理由

在不同类别的社区服刑人员应当遵守的特别规定方面，在此需要附带说明的是：就管制刑而言，根据《刑法》第39条的规定，被判处管制的社区服刑人员所需遵守的规定，除前面几个法条中已经提到的报告、会见、迁居等方面的规定外，还要求"未经执行机关批准，不得行使言论、出版、集会、结社、游行、示威自由的权利"。这一限制，主要是对过去管制主要适用于反革命分子的传统的沿袭。而在现行体制下的社区矫正方案中，被判处管制的社区服刑人员，与其他类别的社区服刑人员相比，没有必要单独再强调这一限制，因此我们在此没有再设置这一条款。

第五十一条【附加禁止从事特定活动】

人民法院在社区矫正的裁量或执行过程中，可以根据具体情况，附加禁止社区服刑人员在社区矫正期间从事以下一项或者几项活动：

（一）个人为进行违法犯罪活动而设立公司、企业、事业单位或者在设立公司、企业、事业单位后以实行犯罪为主要活动的，禁止设立公司、企业、事业单位；

（二）实施证券犯罪、贷款犯罪、票据犯罪、信用卡犯罪等金融犯罪的，禁止从事证券交易、申领贷款、使用票据或者申领、使用信用卡等金融活动；

（三）利用从事特定生产经营活动实行犯罪的，禁止从事相关生产经营活动；

（四）附带民事赔偿义务未履行完毕，违法所得未追缴、退赔到位，或者罚金尚未足额缴纳的，禁止从事高消费活动；

（五）其他确有必要禁止从事的活动。

条文释义 ◀◀◀

如何确定是否适用禁止令？应当禁止哪些项目？最高人民法院、最高人民检察院、公安部、司法部《关于对判处管制、宣告缓刑的犯罪分子适用禁止令有关问题的规定（试行）》中规定，附加禁止令，要"根据犯罪情况""从促进犯罪分子教育矫正、有效维护社会秩序的需要出发"，且"应当根据犯罪分子的犯罪原因、犯罪性质、犯罪手段、犯罪后的悔罪表现、个人一贯表现等情况，充分考虑与犯罪分子所犯罪行的关联程度"。安德鲁·克莱恩（Andrew Klein）曾提出法庭在确定附加条件时应当遵循的五项原则："一是附加的条件必须与犯罪有合理的关系；二是附加的条件必须是可以执行的；三是附加的条件不能过度限制宪法权利；四是附加的条件必须与公共政策相一致；五是附加的条件决不能侵占立法的角色。这意味着，法庭决不能附加违反法律规定的条件。"本书认为，这五项原则同样适用于附加禁止令。另外还必须考虑到，对于有关法律法规已经明确禁止的内容，如禁止吸毒等，没有必要再通过禁止令的形式予以禁止。

在本条第4款中，何谓"高消费活动"？最高人民法院《关于限制被执行人高消费的若干规定》（2015年7月修订）第3条第1款规定："被执行人为自然人的，被采取限制消费措施后，不得有以下高消费及非生活和工作必需的消费行为：①乘坐交通工具时，选择飞机、列车软卧、轮船二等以上舱位；②在星级以上宾馆、酒店、夜总会、高尔夫球场等场所进行高消费；③购买不动产或者新建、扩建、高档装修房屋；④租赁高档写字楼、宾馆、公寓等场所办公；⑤购买非经营必需车辆；⑥旅游、度假；⑦子女就读高收费私立学校；⑧支付高额保费购买保险理财产品；⑨乘坐G字头动车组列车全部座位、其他动车组一等以上座位等其他非生活和工作必需的消费行为。"本款中的"高消费活动"可以参照该条理解执行。

该条所列举的前四项情形并不能涵盖禁止从事的所有特定活动，因此，设定第五项作为兜底条款，可以由各地在制定工作办法时加以补充。从西方实践来看，还可以附加禁止的项目包括：①对于酒后犯罪，并且有酗酒习性的，禁止其饮酒。②对于性犯罪人或者卖淫者，可能会附加下列条件：不得与18岁以下的儿童交往或者接触；不得持有或者掌握任何色情材料；不得主动勾引别人性交，也不得被动受邀进行性交；不得匿名住旅馆或者汽车旅馆；不得接近以前不认识的乘汽车者或者行人，不得在公共场合交谈。③对于商业犯罪人或者信贷犯罪人，可能附加下列条件：不得持有或者使用信用卡；不得保有支票账户或者签署任何支票，除非这些支票由犯罪人自己偿付；未经缓刑官同意，不得拥有任何银行支票；每月向缓刑办公室提供收支记录。④对于毒品犯罪人，可能附件下列条件：接受艾滋病检查；不得出卖或者捐献血液或者血浆；不得持有任何手机、车载电话或者通信设备。⑤对于盗窃汽车者、酒后驾车者或者其他汽车犯罪人，可能附加下列条件：不得驾驶任何轿车、卡车、摩托车或者其他机动车，也不得持有这些车辆的钥匙；由于职业需要而已经合法注册，并且得到注册所有人的书面同意的除外；没有获得州机动车管理部门颁发的执照时，不得驾驶机动车；将驾驶执照上缴法庭。⑥对于帮伙成员，可能附加下列条件：不得穿与帮伙有关的衣物，不得在手臂上标上帮伙的标志；不得出现在任何帮伙聚会的场所；如果不是正在法庭处理的案件的当事人、被告人或者被传唤的证人，不得出现在法庭的任何建筑中，包括门厅、走廊、院或者停车场；如果没有被学校录取或者事先得到学校管理部门的允许，不得出现在校园或者任何校园的周围。

　　禁止令的期限，既可以与社区矫正的期限相同，也可以短于社区矫正的期限。被宣告禁止令的犯罪分子被依法减刑时，禁止令的期限可以相应缩短，由人民法院在减刑裁定中确定新的禁止令期限。在社区矫正期间，如果社区服刑人员被撤销社区矫正收监（所）执行的，禁止令自动随之撤销。

　　在社区矫正过程中，如果社区矫正机构根据实际情况，认为对于社区服刑人员不必再执行禁止令的，可以向作出禁止令决定的机关提出撤销禁止令的申请。

▶▶▶ 立法理由

社区矫正机构能否自行作出禁止令？根据《刑法修正案（八）》和最高人民法院、最高人民检察院、公安部、司法部《关于对判处管制、宣告缓刑的犯罪分子适用禁止令有关问题的规定（试行）》，禁止令是由人民法院在判处管制、宣告缓刑时附加适用。

但是，本书认为，在社区矫正过程中，根据实际需要，社区矫正机构可以提请人民检察院、人民法院决定附加适用禁止令。社区服刑人员的人身危险性在矫正过程中可能出现动态变化，当社区矫正机构认为社区服刑人员的人身危险性增加并有必要适用禁止令的，应当授予社区矫正提请人民法院附加适用禁止令的权力。

第五十二条【附加禁止进入特定区域、场所】

人民法院在社区矫正的裁量或执行过程中，可以根据具体情况，附加禁止社区服刑人员在社区矫正期间进入以下一类或者几类区域、场所：

（一）禁止进入夜总会、酒吧、迪厅、网吧等娱乐场所；

（二）未经执行机关批准，禁止进入举办大型群众性活动的场所；

（三）禁止进入中小学校区、幼儿园园区及周边地区，确因本人就学、居住等原因，经执行机关批准的除外；

（四）其他确有必要禁止进入的区域、场所。

条文释义

根据《娱乐场所管理条例》第 2 条的规定，娱乐场所是指以营利为目的，并向公众开放、消费者自娱自乐的歌舞、游艺等场所。

根据《大型群众性活动安全管理条例》第 2 条的规定，大型群众性活动是指法人或者其他组织面向社会公众举办的每场次预计参加人数达到 1000 人以上的下列活动：①体育比赛活动；②演唱会、音乐会等文艺演出活动；③展览、展销等活动；④游园、灯会、庙会、花会、焰火晚会等活动；⑤人才招聘会、现场开奖的彩票销售等活动。但影剧院、音乐厅、公园、娱乐场所等在其日常业务范围内举办的活动除外。

中小学校区、幼儿园园区的周边地区的范围应把握在中小学校区、幼儿园园区周围 200 米范围内。

立法理由

考虑到组织、强迫、引诱、容留、介绍卖淫，制作、贩卖、传播淫秽物品，贩卖毒品，强奸，强制猥亵、侮辱妇女，赌博，组织、领导、参加黑社会性质组织等犯罪经常发生在娱乐场所，违法犯罪分子经常在娱乐场所从事吸食、注射毒品、卖淫、嫖娼等违法活动，一些青少年因经常出入娱乐场所沾染恶习或者形成酒瘾、毒瘾、网瘾而走上犯罪道路，因此将夜总会、酒吧、迪厅、网吧等娱乐场所列为可禁止进入的区域、场所。

鉴于有的犯罪分子系在举办大型群众性活动的场所实施寻衅滋事等犯罪，因此将举办大型群众性活动的场所列为可禁止进入的区域、场所之一。

鉴于有的犯罪分子在中小学校区、幼儿园园区及周边地区实施敲诈勒索、寻衅滋事等违法犯罪活动，因此将中小学校区、幼儿园园区及周边地区列为可禁止进入的区域、场所之一。

> ### 第五十三条【附加禁止接触特定人】
>
> 人民法院在社区矫正的裁量或执行过程中，可以根据具体情况，附加禁止社区服刑人员在社区矫正期间接触以下一类或者几类人员：
>
> （一）未经对方同意，禁止接触被害人及其法定代理人、近亲属；
>
> （二）未经对方同意，禁止接触证人及其法定代理人、近亲属；
>
> （三）未经对方同意，禁止接触控告人、批评人、举报人及其法定代理人、近亲属；
>
> （四）其他确有必要禁止接触的人。

条文释义

前两款规定的人员是与原犯罪有关的人员。根据《刑事诉讼法》第 106 条第 6 项的规定，"近亲属"是指夫、妻、父、母、子、女、同胞兄弟姊妹。如果经对方同意，可以接触。

第 3 款的规定主要是防止社区服刑人员报复控告人、批评人、举报人及其法定代理人、近亲属。

"其他确有必要禁止接触的人"，例如，因贩卖毒品、非法持有毒品被判处管制、缓刑的，可禁止其故意接触吸毒人群、有毒品犯罪前科的人；因盗窃被判处管制、缓刑的，可禁止其故意接触有抢劫、盗窃、诈骗、抢夺和掩饰、隐瞒犯罪所得、犯罪所得收益犯罪前科的人。

>>>> **立法理由**

禁止社区服刑人员接触被害人及其法定代理人、近亲属，这是否与恢复性司法所倡导的"沟通、协商、合意"相冲突？笔者认为，这就是在"保护社会"与"犯罪人重新融入社会"之间的平衡：一方面，我们倡导沟通、协商，以至于最终达成合意；另一方面，这一切必须在安全的环境下发生。如果被害人及其法定代理人、近亲属存在人身危险，或者他们对于与社区服刑人员的接触感到恐慌，那么恢复性司法座谈会就不宜召开，犯罪人-被害人之间也不宜接触。当然，矛盾也是可以化解的。如果社区矫正工作人员通过各种教育手段，使得犯罪人和被害人都能心平气和地坐在一起商谈，那么就不再禁止双方的接触。因此法条特地限定了"未经对方同意"。

> **第五十四条【信息的保密和告知】**
>
> 除因社区矫正的需要，社区矫正机构应当对社区服刑人员的个人信息予以保密。
>
> 为保护社区和被害人的利益，在必要时，根据社区和被害人的要求，社区矫正机构应当向所在社区居民委员会、村民委员会告知社区服刑人员的姓名、服刑地点、服刑期限、监管措施的变更等信息。

条文释义 <<<<

需要保密的个人信息，主要包括记载到矫正档案中的相关信息（依法公开的裁判文书除外），以及社区矫正机构认为需要保密的其他个人信息。

另外，对于不同类型的社区服刑人员，信息告知方面也应当区别对待。例如，对于性犯罪人，美国一些州制定了《社区通知法》（Community Notification Law），又称为《性犯罪人登记法》（Sex Offender Registration Law），即"授权政府官员在释放危险的性犯罪人时通知犯罪被害人和有关社区的立法。所谓的'有关社区'，主要是指性犯罪人释放之后可能要居住的社区和性犯罪人进行过性犯罪行为的社区"。但是，在怎样的范围内进行通知，才能确保不会伤害到社区服刑人员，同时也保护好被害人和社区呢？"人们认为，性犯罪人对于社区的危险性等级，取决于犯罪的性质、犯罪的流行情况（prevalence）以及对被害人的选择。在32个已经有通知法规的州中，21个州允许或者要求主动散发通知（逐户敲门通知或者逐层楼通知等），其他11个州允许仅仅通知首先与当地警察部门联系的个人。"我们认为，从保护社区服刑人员隐私的角度出发，本法所设计的信息告知条款，不是为了对社区服刑人员造成羞辱或者压力，而是为了保证社区和被害人的安全和参与社区矫正，因此把信息告知的范围限制在社区和被害人，并且是必要时应其要求而告知，并非公开张贴告示，广而告之。

▶▶▶ 立法理由

本条是对社区服刑人员隐私权与公众知情权的平衡：一方面，对社区服刑人员的相关信息予以保密，可以减轻其心理压力，同时也减少周围人员的心理恐惧，有利于社区和谐相处，为社区服刑人员营造正常的社会环境。因此，信息保密是原则。另一方面，为了保护社区和被害人的利益，应社区和被害人的要求，必要时需要作出例外性质的告知。这是出于安全的考虑，同时也是社区和被害人参与社区矫正、监督社区服刑人员依法矫正所必需。

第五十五条【保证人】

社区矫正机构应当在社区服刑人员报到登记后，确定保证人，制定和落实监督管理措施。

保证人由社区服刑人员年满十八周岁且具有监督能力的亲属或者所在单位、居（村）委会有关人员担任。社区服刑人员系未成年人或精神病人的，保证人由其法定监护人担任。

保证人应当对社区服刑人员进行监督、管理和教育，定期向社区矫正机构报告社区服刑人员的情况。遇有特殊情况，应当及时报告。

条文释义

保证人的职责主要包括：①协助社区矫正机构做好社区服刑人员的日常监管和教育工作，引导督促其遵守法律、法规，防止脱管和重新犯罪；②经常与社区服刑人员沟通思想，及时掌握其思想动态；③督促社区服刑人员按照规定向社区矫正机构报告，参加教育矫正、劳动矫正和心理矫治；④及时向社区矫正机构反映社区服刑人员的工作、生活、交友等情况，发现社区服刑人员有不安全苗头或违法违规行为时，主动、及时地向社区矫正工作机构报告。

立法理由

由于矫正机构人力资源有限，不可能对社区服刑人员实行

24 小时监管。为确保各项监管措施得到服从，有必要借助辅助性资源。因此，采用保证人辅助社区矫正工作的模式，既符合社区矫正的本质，也是现实的选择。

第五十六条【电子监控】

根据国务院司法行政部门的规定，经社区矫正机构批准，可以对符合条件的社区服刑人员采取适当措施进行电子监控。

条文释义 ◀◀◀◀

电子监控是近年来社区矫正的新动向，目前在部分地区已经发展到了比较成熟的阶段。技术高端的电子监控主要是让社区服刑人员佩戴电子手（脚）镯，技术低端的电子监控主要是为社区服刑人员配发 GPS 定位手机。电子监控通过实时定位和历史轨迹查询的方法，掌握社区服刑人员的活动范围与行动轨迹，并对异常情况进行实时报警。目前，各地在出台关于实施电子监控的文件时，多未区分监控对象。笔者认为，不加区别地对社区服刑人员一律实施电子监控存在重大疑问：电子监控的目的是为了控制社区服刑人员的人身危险性，但社区服刑人员本身是否具有人身危险性必须具体考量，而不能仅因其犯罪经历就认为其一定具有人身危险性。例如，对实施危险驾驶罪、交通肇事罪、过失致人死亡罪等过失犯来说，该类社区服刑人员并不具有人身危险性或者人身危险性较低，对其实施电子监控完全没有意义。

▶▶▶ 立法理由

　　电子监控在中国社区矫正实践中已经基本普及，但是这一普及仍然存在重大困境：①缺乏明确的法律依据。电子监控毫无疑问地将泄露社区服刑人员的隐私，并限制其人身自由，因而在缺乏明确法律依据的情况下，电子监控存在合法性疑问。一些地方出台了具体文件，如广东省潮州市 2013 年出台了《关于开展社区矫正人员电子监控的通知》，然而该通知仅仅是潮州市司法局的通知，连地方性法规都算不上，其开展工作的良好初衷并不能缓解《立法法》的疑问。即便《刑法修正案（八）》规定了社区禁止令，然而社区禁止令必须由人民法院判决作出，并非所有的缓刑犯、管制犯都被判决了社区禁止令。不考虑社区禁止令的区分、不考虑社区服刑人员的类别，统一使用电子监控，其执法的正当性更存疑问。②具体的操作困境。笔者在调研中发现，部分地方在为社区服刑人员配发 GPS 定位手机时，要求社区服刑人员为此买单，但电子监控设备属于执法设备，让社区服刑人员为此额外支付费用的法律依据存在严重疑问。还有些地方免费为社区服刑人员配发 GPS 定位手机，但该手机每月需向电信运营商支付服务费，一些地方要求社区服刑人员支付此项费用，这同样存在前述疑问。即使法律上不存在障碍，但部分社区服刑人员以经济困难为由，拒绝支付 GPS 定位手机费用和通讯服务费，对此社区矫正机构也难以作出有效处理。③效果有限。就 GPS 定位手机而言，监控人员难以确保不出现"人机分离"的现象，所谓的"社区服刑人员跑不了也不能跑"的目标难以实现；就电子手（脚）镯而言，虽然理论上讲拆卸该电子手（脚）镯将发出报警指令，然而对于真正想拆卸的社区服刑人员来说，这在技术上并不是难题，其监控目标仍然难以实现。

　　本书认为，可以通过如下思路来化解电子监控的实施困境：①电子监控应当采取自愿原则。社区服刑人员在衡量其他监督手段的情况下，同意佩戴电子监控设施，这样才可以化解其合法性危机。目前电子监控并没有明确的法律依据，地方省市的社区矫正实施细则的法律地位也不高，一些地方的细则明确规定严管人员要佩戴电子监控类设施，发现问题还要给予警告处分，这违反了法治国家的基本理念。②电子监控应当限定范围。不能对社区服刑人员一律采取电子监控措施，也不宜规定严管类服刑人员就必须采取电子监控措施。笔者认为，比较妥当的方案是人民法院判决附加社区禁止令的服刑人员，可以采取电子监控措施；另外，如果社区服刑人员严重违规，但社区矫正机关认为撤销社区矫正过于严厉时，服刑人员可以选择自愿佩戴电子监控设施作为撤销社区矫正的替代措施。③对电子监控收集的违规信息应当允许社区服刑人员辩解。电子监控捕捉信息敏感，如果社区服刑人员佩戴的电子监控设施显示其违反社区禁止令或者脱离居住区域，应当允许社区服刑人员合理辩解，而不宜迳行依照电子监控信息予以惩处。

第六章

矫正治疗

第一节 教育矫正

> **第五十七条【教育矫正的目的】**
>
> 　　教育矫正的目的是帮助社区服刑人员正确认识犯罪后果，认罪悔罪，形成正确的世界观、人生观、价值观，掌握一定的文化知识和劳动技能。

条文释义 ◀◀◀◀

　　教育矫正的目的主要是四个方面：①教育社区服刑人员正确认识犯罪后果。"犯罪后果"既包括犯罪的直接后果，如造成的人身伤亡、财产损失等，也包括犯罪的间接后果，如被害人因为被害而在今后生活中遭受的痛苦和不便；既包括对被害人自身造成的被害后果，也包括对被害人的亲属、朋友乃至社区所造成的伤害，以及对社会的不良影响。②促使社区服刑人员认罪悔罪。"认罪"即承认自己对犯罪及其后果承担责任；"悔罪"即为自己的犯罪行为感到悔恨和羞耻。③通过教育形成正确的世界观、人生观、价值观。特别是要使社区服刑人员放弃在亚文化群体中所接受的错误观念，形成正确的善恶观、对错观。④掌握一定的文化知识和劳动技能。主要包括三种类型的文化知识：一是未成年人应当接受的义务教育；二是为今后从事的职业所准备的技能性知识；三是根据社区服刑人员自己的兴趣，在社区矫正工作人员的指导下，选择性地学习一定文化知识。

▶▶▶ 立法理由

"知道自己做了什么"是"为自己的所作所为承担责任"的前提。一些犯罪人之所以没有悔恨意识和羞耻感，是因为他们根本没有意识到自己做了什么，或者自己带来了什么后果。例如，他可能只从自己的角度考虑，是抢到了几百元或者几千元钱，但是并没有从被害人的角度考虑：这些钱对于被抢的人意味着什么？会给他的生活带来怎样的负担？会给他的家庭关系或者社会关系惹来怎样的麻烦？如果不能引导犯罪人全面地看待自己的行为及其后果，而仅仅是评价其行为本身，那么刑罚所产生的积极作用就是有限的。监禁刑将犯罪人与社会隔离，不利于服刑人员认识到自己的行为所造成的后果；而社区矫正则提供了这样的机会：社区矫正工作人员可以通过教诲，或者通过组织"犯罪人-被害人"会面，让被害人陈述、犯罪人聆听犯罪所造成的伤害；必要时还可邀请双方的家庭成员、朋友或者社区成员参加，辅助犯罪人认识到犯罪的后果。

"认罪"不完全等同于"悔罪"。有的人犯罪之后，基于错误的理念，如"大义灭亲""为民除害"等，一方面勇于"认罪"，敢于"担当"；另一方面，并不为自己的行为感到羞耻和悔恨，反而感到光荣，或者认为自己这样做可以得到亚文化群体的赞赏和羡慕。"悔罪"应当是与对犯罪行为的羞耻感联系在一起的：行为人在对自己的犯罪行为感到悔恨的同时，为自己作出这样的行为感到羞耻。

第五十八条【因人施教】

社区矫正工作人员通过评估，掌握促使社区服刑人员回归社会的积极因素和消极因素，在此基础上制定个别化的教育方案，并根据矫正情况适时作出调整。

条文释义 ◀◀◀◀

因人施教的前提是评估。评估的指标有多种，但最终目的都是为了测定两方面要素：不利于重新融入社会的消极要素和有利于重新融入社会的积极要素。这两方面要素主要通过以下方面得到体现：犯罪原因、个性特点、日常表现、家庭环境、学习经历、社会交往情况等。

"促使社区服刑人员重新融入社会的积极因素和消极因素"，是指社区服刑人员在心理健康、家庭矛盾、就业能力、人际交往等方面，能够促使其重新融入社会的优点，以及不利于其重新融入社会的缺点。

个别化的教育方案，包括个别化的教育形式和个别化的教育内容，具体参见以下各条。

同一名社区服刑人员，在矫正的不同阶段，其在教育方面的需求是不一样的，社区矫正工作人员应当根据其学习情况，适时调整教育形式和教育内容。

▶▶▶ 立法理由

在我国目前的社区矫正实践中，社区矫正工作人员往往着眼于社区服刑人员存在哪些缺点、缺陷和症状：有怎样的心理健康问题、家庭中有哪些矛盾、就业能力有哪些不足、人际交往方面有哪些缺陷、有怎样的不良瘾嗜等。针对这些问题，社区矫正工作人员采取相应的矫正对策。但是他们往往没有关注社区服刑人员的优势、能力和才华。只注重"堵截"不利的因素，而忽视"疏导"有利因素。这种做法限制了社区矫正功能的发挥，因为：①一方面，对于劣势的过于强调容易使社区服刑人员产生自卑心理，相反，如果能通过发挥其优势而使其找到成就感，则可以使其在心理上积极向上；另一方面，仅仅针对劣势的"堵截"措施导致社区服刑人员没有机会发挥自己的长处，难以赢得社区成员的尊重，不利于社区成员对其的认同。②如果不关注社区服刑人员的优势，则可能采取不恰当的教育矫正方案。任何人都是优势和劣势的平衡体，正是因为其优势能够牵制劣势，使人的劣势不致显露或者生长，大部分人才不会去选择违法犯罪。如果仅关注劣势而不关注优势，那么可能很多人都要被评价为有犯罪倾向。同样，仅基于社区服刑人员的劣势而制定的教育矫正方案并没有注意到这种优劣势之间的平衡，不能算作对社区服刑人员人格和犯罪倾向的准确把握和对症下药。国外一些国家和地区已经对社区服刑人员的优势多有关注，如在加拿大，在对社区服刑人员进行风险评估时，前三代评估方法均只关注能够造成犯罪风险的消极因素，而新发展出来的第四代评估方法则不仅关注消极因素，而且还关注能够抵销这些风险的积极因素。消极因素和积极因素结合起来，才能准确反映社区服刑人员的矫正需求。

一些地区（如湖北、安徽、福建、江西等）的社区矫正规范性文件将教育分为入矫教育、常规教育、解矫前教育三个阶段。本书认为，一方面，这种分阶段教育是因人施教的体现。因为不同阶段的社区服刑人员所需要的教育内容和教育形式有所差异，将这种差异加以类型化，可以使教育矫正更具针对性。另一方面，这种分阶段教育又在一定程度上违背了因人施教原则。社区服刑人员的犯罪原因、个性特点、日常表现、矫正需求因人而异、各有不同。如果概括性地在法律中规定在某一阶段只能采用某一或者某些内容和形式的教育，未免不能做到"对症下药"。况且，从这些地区现有的规范性文件来看，某一阶段的教育内容和教育形式也是完全可以用于其他阶段的，三个阶段的区分并没有强烈到需要用法律来规定的地步。

第五十九条【教育内容】

教育主要包括法律政策教育、认罪服法教育、伦理教育、文化教育、劳动技能教育等。

条文释义 ◀◀◀◀

法律政策教育，包括各类法律法规的学习和社区矫正方面规范性文件的学习。法律政策教育能够帮助社区服刑人员树立正确的对错观。特别是对于两类社区服刑人员要着重加强这方面的教育：一是没有认识到自己的行为是犯罪行为，这主要是指与自然犯罪相对的一些行政犯罪，如扰乱市场经济秩序类的犯罪，行为人因为法律知识的缺乏，不知道自己实施了犯罪行为；二是虽然知道自己的行为是犯罪，但是自以为做得对、做得好，认为自己是除暴安良、为民除害或者大义灭亲。通过法律政策教育，要着重教育社区服刑人员今后从法律的视角规范自己的行为，而不是想当然地去做事。

认罪服法教育，包括召开"犯罪人-被害人-社区"座谈会，帮助社区服刑人员认清自己行为所造成的恶果、被害人所受到的伤害和对他的生活带来的深远影响、自己的家庭成员因为自己的犯罪行为而蒙羞的状况等等；召开座谈会、现身说法会等，通过正面或者反面教材，帮助社区服刑人员认识自己的错误所在。认罪服法教育的核心是唤醒社区服刑人员对于所犯之罪的羞耻心。甚至一些学者认为，"社区矫正是一种公开羞辱刑罚（public shaming as punishment）。社区矫正威慑犯罪人的一种方式就是使用羞辱刑罚（shaming penalty）或者羞辱制裁（scarlet-letter sanction）对犯罪人进行公开羞辱。"当然，对社区服刑人员的羞辱具有两面性，它既可能把社区服刑人员拉回正常社会，也可能把社区服刑人员推向亚文化群体。为此，唤醒羞耻感的教育必须设定好条件。国外学者为有效羞辱设定了五个条件，值得借鉴："①犯罪人必须隶属于一个可识别群体，如宗教社区或者种族社区。②羞辱刑罚的形式必须足以危及犯罪人在其群体中的名声。③必须让犯罪人所在的社区知道这种刑罚，并且该社区事实上肯定孤立或者躲避该犯罪人。④犯罪人在实际上肯定害怕被孤立。⑤必须有一些方法能够使犯罪人通过回归社区而重新获得社会地位，除非该犯罪人的罪行十分严重，以至于必须将犯罪人持久隔离。"

伦理教育，包括家庭伦理教育、社会伦理教育、职业伦理教育、生态伦理教育等。针对犯罪性质和社区服刑人员具体情况的不同，伦理教育应当有所侧重。例如，对于犯有破坏婚姻家庭类犯罪的社区服刑人员，应侧重家庭伦理教育；对于犯有破坏人际关系类犯罪的社区服刑人员，应侧重社会伦理教育；对于犯有职务犯罪的社区服刑人员，应侧重职业伦理教育；对于犯有破坏环境类犯罪的社区服刑人员，应侧重生态伦理教育；等等。

文化教育，包括各类知识普及讲座、文化知识辅导等。特别是对一些年纪较小、文化程度低的社区服刑人员应增加文化知识补习教育。

生存技能教育，是指社区服刑人员具备除上述教育内容以外的过上正常社会生活所需之技能的教育。美国心理学家阿诺德·P. 戈尔茨坦（Arnold P. Goldstein）等学者将社会技能归纳为六大类50种，可供参考：①起始性社会技能，包括倾听和了解别人谈话的能力、谈话的技巧、交谈的技巧、询问问题的技巧、表示感谢的技巧、自我介绍的技巧、介绍他人的技巧、表达赞扬的技巧。②高级社会技能，包括请求帮助的技巧、参加社会活动的能力、解说能力、接受教诲的能力、表示歉意的技巧、说服能力。③处理情感技能，包括体验和理解自己的感情变化的能力、表达感情的能力、理解他人情感的能力、理解和正确对待别人的愤怒情绪的能力、表达对别人关心的技巧、理解和正确对待自己恐惧情绪的技巧、自我鼓励的技巧。④攻击替代技能，包括请求允许的技巧；分享欢乐的技巧；助人为乐的精神；商谈与调解的技巧；自制能力；捍卫自己的正当权利，让人们了解自己立场的技巧；恰当对待别人对自己开玩笑的技巧；避免与其他人发生纠纷的技巧；避免殴斗的技巧。⑤处理应激技能，包括倾诉苦衷的技巧、对待别人牢骚的技巧、培养运动和游戏的道德、解除窘态的技巧、正确对待被抛弃的技巧、帮助朋友伸张正义、自我劝解、学会如何面对失败、正确对待受骗、正确对待遇到的责难、准备解决争端的谈判、正确对待别人的阻挠。⑥拟定计划技能，包括摆脱无聊的状态、考虑后果、提出目标、正确估计自己的力量、收集信息、根据重要性安排工作的技巧、决策能力、就业准备。

>>>> 立法理由

本书使用"伦理教育"一词代替"思想教育"和"道德教育"等词汇。"伦理"是一种"人之为人"的隐性行为规范。相比"道德教育"中的"道德"一词而言，"伦理"更加强调在交往之间的责任感；相比"思想教育"中的"思想"一词而言，"伦理"更加具有规范性而较少政治色彩。

另外，西方国家，以及继受民国法律的中国台湾地区，比较重视利用宗教手段促使犯罪人忏悔。我们不反对社区服刑人员的信仰自由，但是宗教教育在我国不是必需，其相关内容可以分解到本条所列的各种教育之中。

第六十条【教育形式】

教育形式主要包括组织报告会、讲座、小组活动等集中教育形式，也包括个别谈话、亲友规劝、组织恢复性司法座谈会等个别教育形式。

条文释义 <<<<

首先，概而言之，教育形式无非两大类：集中教育和个别教育。目前大多数关于社区矫正的地方性规范性文件也都是如此分类的。

（1）在"集中教育"项下，主要包括组织报告会、讲座、小组活动等形式，综合运用法学、社会学、教育学、心理学、行为科学等学科知识和方法开展。教育目的是解决社区服刑人员具有共性的一些问题，教育内容应当具有普遍性和系统性。当然，集中教育并不排斥针对不同类别和不同需求的社区服刑人员设计不同的分类教育内容。社区矫正机构每年都应当制定年度教育计划，系统、周密、全面地筹划各次教育的主题、参加的社区服刑人员类别、组织形式和教育时间。对于集中教育的效果，要定期通过问卷调查、召开座谈会等形式进行总结和评定。

（2）在"个别教育"项下，主要是结合社区服刑人员的动态表现，有针对性地开展教育活动。其目的主要是解决社区服刑人员的个性问题。例如，就个别谈话教育而言，《辽宁省社区矫正工作实施办法（试行）》第65条规定："矫正对象有下列情形之一的，社区矫正工作者应当对其进行个别谈话教育：①矫正地点变更；②受到奖励或惩处；③请假前后；④家庭出现变故时；⑤与他人发生重大纠纷时；⑥主动要求谈话时；⑦其他需要进行个别谈话教育的情形。"个别教育的时间间隔和次数，由各地根据具体情形灵活掌握。例如上海市《关于加强和规范社区矫正教育学习工作的意见》规定："对管制、缓刑、剥夺政治权利人员每月进行不少于1次的个别教育；对假释、暂予监外执行人员每月进行不少于2次的个别教育。社区服刑人员在接受矫正的前3个月内，每周进行1次个别教育。对家庭发生变故、身患重病、生活出现困难、有自杀倾向、发生矛盾纠纷、有报复社会或他人的言论和苗子、社会交往异常等特殊需求或特殊情况的对象，结合个性化教育矫正工作的开展，应当增加个别教育的次数。"

其次，恢复性司法座谈会是基于恢复性司法理念而设计的，从程序意义上讲，"恢复性程序"通常是指在调解人的帮助下，受害人和罪犯及酌情包括受犯罪影响的任何其他个人或社区成员共同积极参与解决由犯罪造成的问题的程序。从结果意义上讲，"恢复性结果"是指由于恢复性程序而达成的协议。恢复性结果包括实现受害人和罪犯重新融入社会的补偿、归还、社区服务等对策和方案，通过这些方案满足当事方的个别要求、沟通需要，并促使其履行责任。

借鉴国外的经验，恢复性司法座谈会的运作可以遵循下述程序：

（1）评估案件是否适于恢复性司法。评估案件是否适于恢复性司法，一般认为需要考虑以下几个方面的内容：①属于财产犯罪或者轻微犯罪；②有明确的被害人；③犯罪人认罪；④犯罪人没有精神疾病等。在有些模式中，所限制的条件要更多一些，有些模式中则较为宽松，甚至于将适用恢复性刑罚作为一种常态。

（2）准备程序。在评估某案件适于恢复性司法之后、开始恢复性司法程序之前，恢复性刑罚裁量组织一般有以下三项具体的工作：

第一，收集召开恢复性刑罚协调会议所需要的与犯罪、犯罪人、被害人以及相关人等有关的背景资料。

第二，慎重地为案件选取合适的协调人。协调人的性别、年龄、民族、种族等因素有时会对协调是否成功产生影响。另外，协调人的协调风格、价值取向以及协调水平也应当在考虑范围之内。

第三，协调人与所有可能的参与人通信、通话，或者亲自拜访可能的参与人（如果犯罪人或者被害人是青少年，那么协调人还需要先与监护人沟通），告知案件已经转处适用恢复性刑罚裁量程序；介绍该程序的基本宗旨、程序，以及协调人的基本情况、联系方式等；询问是否同意参加协调会议；探知相关人等对于犯罪及犯罪人的态度，以及对于如何解决问题的态度；协商好召集会议的时间和地点。

（3）协调会议程序。一般而言，协调会议主要包括以下五个步骤：

第一，做好准备工作。包括场地选择、座次安排以及协调人再次回顾案件过程，做好协调准备等。一般认为会场应当布置成圆形座次，从而尽量使所有参与人都能面对面的交流。

第二，开始协调程序。会议开始后，首先，协调人要介绍所有参与人，并尽量使其感受到一种受欢迎的气氛。其次，协调人尊重参与人的风俗习惯，询问其是否需要用祷文或者其他程式来开始协调会议。如果不需要，则由协调人作开场白，说明召集本次协调会议的目的、宗旨、指导原则以及具体程序。最后，协调人邀请检察官或法官等刑事司法专业人员陈述案件的大致经过。陈述之后，如果犯罪人否认其有罪，那么势必无法达成协议，因而需要停止协调程序而采取其他措施；如果犯罪人不否认其有罪，则进入下一步程序。

第三，陈述和对话。这是协调会议的核心步骤。一般而言，首先由被害人作被害人影响陈述（victim impact statement）；其次由犯罪人和其他参与人就被害人的陈述以及案件的细节加以讨论。在讨论案件本身之后，与犯罪人相关的其他参与人（如犯罪人所在学校的老师、校长等）可以向协调会议报告犯罪人的一贯表现。昂布里特（Umbreit）强调，"必须提醒参与人的是，协调程序所关注的是每个人的遭遇，而不是一种查明事实的程序。如果参与人对于所发生的事实并没有达成共识，那么必须承认这种状况，并说：'尽管我们没有在事实认定方面达成共识，但是我们仍然肩负任务，那就是尽量地解决问题。'"

第四，达成协议。陈述和对话结束后，一般会暂时中止会议，给犯罪人与其家庭或支持者、被害人与其家庭或支持者私下讨论如何解决问题的时间。随后再将各自的讨论意见与对方及刑事司法专业人员交换，看是否能被接受。如果不能达成协议，则须停止协调程序，另行作出决定。如果达成协议，协议一般包括以下内容中的全部或者几项：①口头或者书面的道歉（象征性补偿）；②经济赔偿（物质性补偿）；③社区服务；④针对酗酒者、嗜毒者、嗜赌者等人作出与矫正其恶习相应的指示等。

达成协议后，协调人必须向参与人说明以下事项：协议副本会送达参与人；负责监督犯罪人是否履行协议及履行效果的人选；犯罪人不履行协议的后果等。

第五，结束协调会议。会议结束时，一般要求参与人作总结陈词，尤其是需要犯罪人和被害人表明态度。同时，协调人还会为协议中所要求的事项设定一个时间表，并确定检查协议实施情况的周期。

（4）恢复性协议内容的执行。一般地，恢复性协议内容的执行包括以下几项内容：①将协议副本送达参与人；②监督协议的执行情况；③在必要时召开后续会议。后续会议的召开一般是为了检查协议之执行的进展，解决在协调会议中尚未解决的事宜，在必要的情况下重新达成新的协议，在特定情况下共同讨论协议之执行的中止或终止，作出赔偿等。

> **立法理由**

集中教育和个别教育本身属于教育，然而由于集中教育和个别教育的时间和地点不同，因而其本身实际上具有一定的惩罚性。例如，对于严管级别的社区服刑人员，可以增加教育的时间、次数。特别是集中教育，实践中不少县市修建了社区矫正中心或者社区矫正教育中心，从某种意义上说，到远离社区的教育中心接受一定时间的集中教育，对社区服刑人员的人身自由往往有一定的限制，这本身也可以作为增强社区矫正惩罚性的措施之一。

此外，恢复性司法是经由对传统刑事司法的反思而产生的。这种司法观不满于传统刑事司法对于受到犯罪伤害的被害人和社区的冷落，以及在促使犯罪人重新融入社会方面的无能。它更为重视曾被犯罪破坏了的社会关系的恢复，以及犯罪人、被害人、社区等各方的"多赢"。恢复性司法有三个核心要点：一是从前提上讲，要求"赋权和参与"，即赋予受到犯罪影响的相关人等（除了代表国家的国家机关以外，还可能包括犯罪人、被害人、社区、家庭以及其他受到犯罪影响的人）权利，允许他们参与对犯罪人的矫正。二是从程序上讲，要求"明耻和补偿"，即恢复性司法的运作过程的实质就是在进行明耻：一方面，犯罪人以外的参与人要通过各种方式告诉犯罪人"犯罪行为是一种与正常社会价值相悖的行为，是一种为大家所不赞成的行为，是一种应当为之感到羞耻的行为"；另一方面，犯罪人要通过重新融入性羞恶，明白自己不应为犯了罪而感到沾沾自喜、产生被亚文化所认同的尊严感，相反，他必须积极地从正常社会价值的角度来认识自己和看待自己的行为。进而在此基础上，犯罪人对被害人以及其他受到犯罪影响的人作出必要的物质性补偿和象征性补偿。三是从结果上看，要求"认同-融入"，即前述赋权、参与、明耻、补偿最终是为了实现犯罪人和被害人以及其他利害相关者之间的认同，从而使社会不再排斥和蔑视犯罪人，犯罪人也不再把社会置于自己的对立面，进而实现犯罪人的重新融入社会。正是基于这样的理念，本书高度重视恢复性司法对于社区矫正工作的指导意义，把恢复性司法座谈会作为个别教育的一项重要内容。

第二节　劳动矫正

> **第六十一条【劳动矫正的目的】**
>
> 劳动矫正的目的是培养劳动意识、掌握劳动技能，促使社区服刑人员具备重新融入社会的适应能力，同时通过劳动，弥补犯罪对被害人和社区所造成的伤害。

条文释义 ◀◀◀◀

要求社区服刑人员参加劳动的目的，主要体现在三个方面：目的之一是转化思想，矫正恶习。马克思说过："劳动是防止一切社会病毒的伟大的消毒剂。"很多犯罪的发生，都与贪图享乐、好逸恶劳有关；而劳动则是罪犯自我肯定、自我实现的手段。通过组织社区服刑人员劳动，能够有效转化其思想，使其认识到劳动的光荣，认识到劳动创造世界的伟大真理，使之树立起正确的人生观、价值观。将其矫正成为自食其力的公民。同时，从产品中发现了自己的社会价值，从而领悟人生意义，树立正确的人生观、价值观。另外，通过劳动，可以矫正社区服刑人员奢侈浪费的恶习，培养其勤俭节约和珍惜劳动成果的习惯。同时，生产过程中的严密的组织、管理纪律、考核奖惩，对犯罪恶习能够起到强有力的监督和约束作用。目的之二是通过参加劳动，使社区服刑人员掌握一定的劳动技能，重返社会后能够有一技之长。以上两个目的都是为了一个共同的更高目的，即培养社区服刑人员重新融入社会的意识和能力。

社区服刑人员参加劳动的第三个目的，就是通过向被害人提供补偿性劳动，向社区提供服务，在一定程度上弥补他们所受到的伤害。这种弥补，一方面是物质性的，即通过劳动带来一定经济效益，或者免除被害人和社区的一定的劳务支出；另一方面是象征性的，即通过劳动，表达犯罪人对自己行为的忏悔，以及祈求被害人和社区谅解的态度。

▶▶▶ 立法理由

社区服刑人员参加劳动会带来一定的经济利益，但是我们不能把追求经济利益作为劳动矫正的目的。如果把经济利益摆在首位，社区服刑人员这种廉价的劳动力很可能异化为社区矫正机构的营利工具，并且也不利于培养社区服刑人员吃苦耐劳的精神和良好的劳动习惯。

劳动矫正的目的是否包括惩罚？在刑罚的历史上，劳役曾经是惩罚的一种方式，但是如今，我们则把劳动作为矫正的一种方式。虽然劳动具有一定的强制性，但是这种强制不是惩罚，而是为了社区服刑人员的利益，是为了矫正他的恶习。《中国改造罪犯的状况》白皮书也明确指出：中国政府反对将劳动作为惩罚罪犯的手段，反对用繁重的劳动折磨、虐待罪犯。因此，我们不认为劳动矫正的目的中包括惩罚。

社区服刑人员的劳动既然具有强制性，那么这种劳动是否受《劳动法》调整？我们认为，一方面，社区服刑人员劳动与一般的社会劳动是有区别的，社区服刑人员劳动的主要目的不是营利，并且带有强制性；另一方面，我们之所以要强制其劳动，目的正是为了实现社区服刑人员在将来能够自愿劳动。"强制"与"自愿"，是手段与目的的关系。因此要尽量地为其营造与社会一般公众参加劳动一样的氛围。再者，《劳动法》上赋予劳动者的权利，也是不可剥夺的。基于上述理由，社区服刑人员的劳动也要受《劳动法》调整，如劳动工时、劳动强度要求等，因此要依法开展劳动矫正；同时，在《劳动法》的基础上，再增加强制性的规定，有劳动能力的社区服刑人员，不得逃避劳动。

当然，社区服刑人员劳动的强制性，并不意味着没有教育成分，相反，强制必须与教育相结合，才能使其逐渐由被迫劳动过渡到自愿劳动。社区矫正机构要反复对社区服刑人员进行从事生产劳动意义的教育，说明劳动光荣、懒惰可耻的基本道理；在劳动的安排上，也要从他们力所能及的、有兴趣的工作开始，逐渐提高他们对劳动的正确认识。

此外，还有一些学者，把"掌握劳动技能"作为"教育"的一项内容，即"劳动教育"，或者干脆把劳动矫正作为教育矫正的一部分。本书认为，"教育矫正"不足以涵盖"劳动矫正"的全部内容。教育矫正主要强调社区服刑人员思想上的转变，而劳动矫正更强调对社区服刑人员的劳动习惯和劳动技能的培养，以及通过劳动来弥补犯罪所造成的伤害。

> **第六十二条【劳动矫正项目的设置】**
>
> 对社区服刑人员劳动矫正项目的设置，应兼顾公共利益和社区服刑人员的利益，社区服刑人员力所能及，便于监督检查。

条文释义 ◀◀◀

开展劳动矫正，要兼顾公共利益和社区服刑人员的利益，严禁社区矫正机构或者社区矫正工作人员利用职权，从安排社区服刑人员的劳动中牟取私利，不准让社区服刑人员担任社区矫正机构的勤杂工、炊事员等。

社区服刑人员参加劳动，以有劳动能力为前提。正如后文条款所设计的，如果确实没有劳动能力，或者开展劳动不利于社区服刑人员矫正的，可以免于参加劳动。

要注意的是，并不是所有的社区服刑人员参加的劳动项目都是一样的。社区矫正机构要统筹考虑社区服刑人员的身心状况、本人意愿、监管安全的需要等多种因素，并在此基础上，为其安排适宜的劳动项目。社区矫正机构要随时调查、了解其身体状况，安排与其身体承受能力相适应的劳动。对有技术特长的社区服刑人员，要尽量创造条件，安排合适的岗位，让其发挥技术特长。

对被害人和社区的补偿性劳动，还需要征得被害人和社区的同意，双方达成一致认可。

▷▷▷ 立法理由

一些地方性的规范性文件，仅仅强调劳动矫正要符合"公共利益"，但是我们认为，劳动矫正的目的主要还是为了社区服刑人员自身，应当从其自身利益出发设计劳动矫正措施，才能更为理性和科学。因此我们强调"兼顾"公共利益和社区服刑人员的利益。

第六十三条【劳动职业技术培训】

社区矫正机构应当根据实际情况，组织社区服刑人员开展劳动职业技术培训。

条文释义 ◀◀◀◀

社区矫正机构定期组织讲座，向社区服刑人员传授劳动职业技术，培养其一技之长。在条件允许的情况下，可以建立劳动职业技术培训基地，对社区服刑人员进行系统培训。培训结束后，对于合格的社区服刑人员可予以就业安置。

▶▶▶▶ 立法理由

一些地方性的规范性文件把劳动职业技术传授列入"教育矫正"部分。但是从本立法建议的逻辑上讲，将其纳入"劳动矫正"部分更为适宜。

第六十四条【向被害人提供补偿性劳动】

在征得社区服刑人员和被害人双方同意后，社区矫正机构可以安排社区服刑人员向被害人提供一定时间的补偿性劳动。

条文释义 ◀◀◀◀

通过组织前文所讲的恢复性司法座谈会，如果社区服刑人员和被害人达成协议，那么协议内容可以包括由社区服刑人员向被害人提供一定时间的补偿性劳动。这种补偿性劳动的目的，一是对被害人所受伤害作出一定的弥补，如安装被打碎的玻璃、修理被撞坏的车辆等；二是减轻被害人的经济损失，如通过一些服务性的劳动，免除被害人的一些经济支出，也就相当于对被害人作出了经济补偿；三是具有一定的象征性意义，即这种劳动体现了社区服刑人员的悔罪和歉意，是主动化解社会矛盾的一种表现。

当然，这种补偿性劳动必须以双方合意为前提，否则可能造成的危险是：①被害人的人身、财产安全受到威胁；②可能社区服刑人员是真心悔罪，但是被害人对社区服刑人员的到来感到恐慌；③可能社区服刑人员做了很多，但是被害人并不领情，认为不足以弥补其所受到的伤害。所有这些情况的出现，都不利于社会矛盾的化解。因此安排这种补偿性劳动，需要谨慎为之。

▶▶▶ 立法理由

犯罪人补偿，最容易引起的一种抗议就是"赔钱减刑"。本书认为，"赔钱减刑"的观点是有害的，恢复性司法所倡导的绝不是赔钱减刑。其一，刑罚能否酌减，关键在于犯罪人在犯罪后的行为是否有助于恢复社会关系、降低犯罪的社会危害性。如果赔钱的行为没有取得被害人的谅解；或者赔钱减刑不是基于犯罪人的悔悟，不是针对被害人作出的表示歉意、弥补损失的行为，而是犯罪人与法官之间的一项交易，甚至是被害人不得不无奈地接受的一项交易，那么"赔钱"并不会带来"减刑"的效果。其二，"赔钱减刑"与罚金刑一样的弊端在于：其可能导致"穷人没钱需受罪，富人花钱可免刑"的刑罚不平等现象。基于上述考虑，本书认为，首先，要用恢复性司法理念指导社区矫正实践，在制度设计时尽量多地考虑通过采取必要措施，化解社会矛盾、促成社会关系的恢复。因此，本书设计了由社区服刑人员向被害人提供补偿性劳动的条款，并主张，这种劳动的开展，要以社区服刑人员和被害人的一致认同为前提，特别是要征得被害人的同意。否则不但可能收不到预期效果，而且被害人可能还会处于受威胁和恐惧的精神状态。其次，要求社区服刑人员提供补偿性劳动，而不是直接赔钱，有助于防止出现社区服刑人员利用自己或者家庭的既有财富来抵罪，从而导致矫正效果落空的局面。

> **第六十五条【社区服务】**
>
> 　　有劳动能力的社区服刑人员，应按社区矫正机构的要求参加一定时间的社区服务，具体项目由司法行政机关根据本地实际情况设置，但不得安排高危作业。

条文释义 ◀◀◀

　　要求社区服刑人员从事社区服务，其正当性在于：①犯罪具有社会危害性，社区是犯罪的间接被害人，社区服刑人员有义务通过一定的行动，对社区作出补偿；②社区服务是帮助社区服刑人员重新融入社会的有效途径。基于这样的理念，社区服务一方面具有无偿性，是公益性质的、补偿性质的，另一方面具有教育性，是以矫正为目标的。面对具体的社区服刑人员时，社区矫正工作人员应当从这两个性质出发，为其选择最为适当的社区服务方式。公益劳动场所应当具备以下条件：①签订公益劳动协议书；②确定联络员负责日常管理和考核；③有符合国家劳动安全规定的公益性劳动项目。在特殊情况下，经本人申请，社区矫正机关和工作单位同意，也可以允许社区服刑人员在本单位从事公益劳动，并由工作单位指定一名联络员，负责公益劳动内容的落实、考核和记录。

具体的劳动项目，除社区服务中的清洁、环保、疏导交通、协助巡逻、帮助老弱病残孕、看护等项目之外，还包括在公益劳动场所从事由签约双方认可的为社会服务的公益活动，在工作单位从事非本岗位性、非营利性、为公众服务的服务性工作以及其他适宜社区服刑人员从事的为社会、公众服务的劳动。公益劳动场所的联络员负责公益劳动的考核和管理，记录劳动内容和时间，并及时将劳动情况反馈给社区矫正机关。社区矫正工作人员应当定期或不定期地走访劳动场所，检查落实情况和做好工作记录；并根据社区服刑人员公益劳动的表现，依据日常行为奖惩的有关规定予以奖励或处罚。

在开展公益劳动的同时，要注意对社区服刑人员的保护，主要体现在：①公益劳动场所的劳动安全设施要符合国家规定；②社区矫正工作人员不得违章指挥、强令冒险作业，不得有危害生命安全和身体健康的行为；③对属于弱势群体的社区服刑人员，要照顾其生理特点，给予特别保护，例如，对于未成年的社区服刑人员，不得安排从事矿山、井下、有毒有害、国家规定的第四级体力劳动强度的劳动和其他禁忌从事的劳动；对于女性社区服刑人员，不得安排从事矿山、井下、国家规定的第四级体力劳动强度的劳动和其他禁忌从事的劳动，不得在其经期时从事高处、低温、冷水作业和国家规定的第三级体力劳动强度的劳动。

如何确定社区服务工作时间的长短？对此，各国的规定较不一致。因为我国的社区刑罚的刑期长短不同，所以也很难为其划定相对狭窄的时间范围。本法将其设定为 60 小时以上 120

小时以下，社区矫正工作人员可以根据具体情况确定工作时间，特别是可以把社区服务工作时间的缩短和延长，作为对社区服刑人员服刑表现的奖惩。

社区服务的决定由谁作出？是由决定、批准社区矫正的机关作出，还是由社区矫正机构作出？笔者认为，首先，决定、批准社区矫正的机关在决定、批准社区矫正的同时，可以附加要求社区服刑人员履行一定时间的社区服务。其次，社区服务的工作种类和时间长短，需要在矫正过程中根据实际情况进行调整，如果每一次调整都要经由社区矫正的决定、批准机关的审批，那么将大大降低工作效率。再者，社区服务作为社区矫正工作的矫正措施之一，社区矫正机构有权作出决定并进行即时调整。

▶▶▶▶ 立法理由

一些国家把"社区服务令"作为社区刑罚的一个独立种类，我国也有很多学者持这种主张。本书认为，与其将社区服务作为与缓刑、假释等并列的一种社区刑罚，倒不如将社区服务作为缓刑、假释等社区刑罚的执行方式之一。这样做，更加强调了犯罪处理中的社区利益，也更符合恢复性司法的要求。

我国社区矫正工作实践普遍将社区服务作为社区矫正工作的重要内容，学术界对社区服务的价值也有较高期许。然而，实务界人士对社区服务则评价不高，实践中也存在不少问题。根据调研，我们发现社区服务存在如下问题：①社区服务项目单一。社区服务最常见的形式是卫生保洁。但实践中存在一个问题，就是街面、单位的卫生保洁往往由物业公司承担，即使是卫生保洁工作，社区矫正机构往往也要多方协调才能找到适宜的工作地点，最后沦为一种形式，难以发挥矫正效果。②社区矫正机构对组织社区服务存在顾虑，这一点较少为学术界所探讨。一些基层司法所的同志提出：如果在组织社区服务的过程中发生了意外怎么办？例如在扫大街时发生了车祸、在做保洁工作时意外滑到受伤，医疗费谁来承担及社区服刑人员提出索赔如何处理都是个难题。社区服务本身是劳动，既然是劳动，就存在劳动风险。有学者探讨了社区矫正志愿者服务的风险，但目前学术界几乎没有研究社区服务风险处理的文献。③烙印性耻辱带来的标签化效应。社区服务活动，一般安排在本社区，但是组织集体劳动，社区群众的围观很可能给社区服刑人员带来烙印性耻辱进而强化标签效应，反而不利于其重新融入社会。尽管学者区分了烙印性耻辱与重整性耻辱，并认为重整性耻辱能够有助于社区服刑人员重建自尊心，但是这只是一种建立在社区共同体基础上的理想状态，现实中很难有效避免烙印性耻辱带来的标签化效应。

针对上述困境，本书试提出如下解决方案：①限定参加社区服务的人员。如前文所述，社区服刑人员不必一律参加社区服务，只有严管人员才需要参加社区服务，普管、宽管人员可以自愿参加社区服务。②社区服务宜在设施内进行。为了避免因社区居民围观造成的烙印性耻辱，社区服务宜在设施内进行，而不宜采取扫大街、扫厕所等方式。同时，社区服务不宜公开宣传为社区服刑人员的活动，不宜令社区服刑人员佩戴社区矫正的相关标识。③社区服务宜因地制宜。社区服务的方式应当结合所在社区的具体情况，方式可以灵活多样。例如在林区，可以组织植树造林；在乡村，可以组织帮助缺乏劳动力的家庭收割庄稼；在城市，可以组织为养老院、孤儿院进行慰问等多种方式。④为社区服务人员购买意外伤害保险。社区劳动过程中，可能存在劳动风险以及其他意外，为确保法律效果与社会效果的统一，应当为社区服务人员购买意外伤害保险。不能因为社区服刑人员的服刑身份，就剥夺其因劳动风险获得赔偿的权利。

> **第六十六条【就业】**
>
> 社区服刑人员有工作单位的，可以在原单位工作；有能力自谋职业的，可以在报告社区矫正机构后自谋职业；没有能力自谋职业的，由劳动和社会保障部门指导就业。

条文释义 ◀◀◀◀

对于有工作单位，特别是原来是国家工作人员的社区服刑人员，能否回原单位工作的问题，早在 1989 年人事部《关于国家行政机关工作人员被判处管制、拘役及被判处刑罚宣告缓刑后的工作和工资问题的通知》（人核发〔1989〕2 号）中，就已经有了比较明确的规定，基本精神是职务要撤销，但是工作不一定收回。在我们大力强调"帮助犯罪人重新融入社会"的今天，自然应当比 20 年前有更多的宽容。一般而言，即便犯罪人可能已经不再适合在原工作岗位工作、不再适合担任领导职务，但是我们也应当给他一条出路，由单位安排其从事力所能及的、不会危害社会和他人的工作。

社区服刑人员愿意自主创业的，是否受到限制？①一般而言，社区服刑人员享有申请从事个体商业经营的资格，并且鼓励自主创业；②1986 年最高人民法院、最高人民检察院、公安部、劳动人事部《关于被判处管制、剥夺政治权利和宣告缓刑、假释的犯罪分子能否外出经商等问题的通知》〔(86) 高检会 (3) 字第 2 号〕规定，犯罪分子在被管制、剥夺政治权利、缓刑、假释期间，不能担任国营或集体企事业单位的领导职务。

③《企业法人法定代表人登记管理条例》第 4 条规定，正在被执行刑罚的人员不得担任企业法定代表人。

>>>> **立法理由**

就业是社区服刑人员劳动权的重要体现。根据《宪法》《劳动法》及其他有关法律法规的规定，社区服刑人员的劳动权与一般公民一样，包括参加劳动的权利、获得劳动报酬的权利、休息的权利、获得劳动安全卫生保护的权利、享受社会保险的权利、享受劳动福利的权利、接受职业培训的权利、参加工会和职工民主管理的权利、决定劳动法律关系是否存续的权利、保护合法权益不受侵犯的权利等方面。社区矫正机构不仅应当保障社区服刑人员的劳动权的实现，而且应当鼓励其积极工作甚至自谋职业、自主创业，实现自我价值。

但是，如果社区服刑人员异地经商，是否受到限制？按照1986 年最高人民法院、最高人民检察院、公安部、劳动人事部《关于被判处管制、剥夺政治权利和宣告缓刑、假释的犯罪分子能否外出经商等问题的通知》的规定，被管制、假释的社区服刑人员，不能外出经商；被宣告缓刑的社区服刑人员事先经公安机关许可，可以外出经商。本书认为，这种区分的合理性并不明显。如果一味地限制社区服刑人员外出经商，会使其丧失更多工作机会和谋生之道，无形中为其重新融入社会设置了障碍。因此，本书认为，应当在有担保人并且加强监督管理的前提下，允许社区服刑人员外出经商。至于如何加强监管，可以参考前文第三章中的"外出"条款。

第六十七条【可以免于参加劳动的情形】

社区服刑人员有下列情况之一的可以不参加劳动：

（一）不满 16 周岁，或者男性年满 70 周岁、女性年满 65 周岁；

（二）因病不适宜参加劳动的；

（三）怀孕或者正在哺乳自己婴儿的妇女；

（四）因身体残疾不适宜参加劳动的；

（五）属于宽管级别的服刑人员；

（六）其他特殊原因不宜参加劳动的。

▶▶▶▶ **立法理由**

规定特定类型的人或者出现特殊情形时免于参加劳动，主要是出于人道的考虑。同时，本书特别提出宽管级别的服刑人员可以不参加劳动，实践中不加区分地强制社区服刑人员一律参加劳动，既为社区矫正机构带来较重的负担，又不必要地增加了服刑人员的抵触情绪。

第六十八条【劳动矫正项目的变更】

社区矫正机构根据社区服刑人员的监管分类，可以根据实际情况对劳动矫正项目进行变更，增加、减少、免除社区服刑人员的社区服务。

▶▶▶ **立法理由**

劳动矫正具有多重性。劳动首先是一种教育手段，但同时也具有一定的惩罚性。社区服刑人员存在个体差异：有的人本身有稳定的工作，此时劳动的主要目的在于通过"重整性羞耻"重建其与社区的联系，表达悔罪的内心意思；有的人本身缺乏劳动技能，因而处于闲散状态，此时劳动是帮助其加强社会联系，同时帮助其重新融入社会。

在社区矫正的过程中，社区服刑人员的人身危险性及其他个体因素会发生变化，因此社区矫正全过程实质上都需要动态调整。一方面，可以将劳动矫正项目的变更作为社区服刑人员个人表现的奖惩措施，激发社区服刑人员的矫正积极性；另一方面，当社区服刑人员不再需要劳动矫正或者需要不强时，没必要增加额外的工作负担，同时也减少对社区服刑人员正常生活的干扰。

第三节　心理矫治

第六十九条【心理矫治的目的】

心理矫治的目的是矫治存在社会适应障碍的社区服刑人员的不良心理，帮助其心理回归健康，增强其消除心理障碍、适应社会环境、抵抗诱惑的能力，促使其回归社会。

◀◀◀ **条文释义**

心理矫治的目的分为短期和长期两个层次：短期目的是就引起社区服刑人员实施本次犯罪的各种心理因素加以矫治，帮助其走出犯罪所造成的心理阴影，回归心理健康；长期目的是从今后的生活着眼，通过心理健康教育和矫治，增强其在正常社会环境下生存的心理承受能力和调节能力，帮助其重新融入社会，减少再犯。

心理矫治主要从认知和情感两方面着手，在认知因素方面，为了矫正社区服刑人员的认知错误，应当针对其犯罪行为展开三方面的教育：对自己犯罪行为的认识；对他人、社会造成危害的认识；对定罪量刑的认识。在情感因素方面，要使其对犯罪行为产生罪责感；在了解其情感需要的基础上提供积极的帮助、指引。

>>>> **立法理由**

我国从 20 世纪 80 年代起就在监狱中开展了服刑人员心理矫治工作。2003 年司法部《监狱教育改造工作规定》第 43 条规定，"监狱应当开展对罪犯的心理矫治工作。心理矫治工作包括：心理健康教育，心理测验，心理咨询和心理疾病治疗。"因为我国以前并不重视开放性刑罚的具体执行，于是很多学者著作中均使用"服刑人员"一词，该词实际上指的是狭义的服刑人员，即监狱服刑人员。但随着社区矫正的展开，社区服刑人员作为服刑人员的一种，也有心理矫正的必要。并且，由于其具有与监狱服刑人员不同的特征，实施心理矫正的环境也不同，因此有单独开展的必要。

> **第七十条【心理测评】**
>
> 社区矫正机构可以根据需要，对社区服刑人员开展心理测评。
>
> 心理测评的基本方式包括问卷调查和走访调查。

条文释义

首先，问卷调查形式的心理测评应当尽量地向科学性的方向努力。调查的内容主要包括人格调查、心理健康调查、家庭环境调查、工作能力调查等。

一般而言，进行问卷调查式的心理测评，除了要有适宜的心理测试场所、符合心理测验对象条件的社区服刑人员，以及取得心理测验资格的心理咨询师或者心理医生以外，重要的是要设定科学的心理测量表。主要的量表有：

（1）症状自评量表（SCL-90），这是世界上最著名的心理健康测试量表之一，也是当前使用最为广泛的精神障碍和心理疾病门诊检查量表。该量表由 90 个问题组成，统计指标为总分及各症状因子分，症状的严重程度从 1（没有症状）至 5（极严重）分为五级，根据各因子分高低来评估心理健康水平，分数越高表明其心身症状越严重。

（2）艾森克人格问卷（EPQ），共 88 项，由 P、E、N、L四个分量表组成，主要调查精神质（P）、情绪稳定性（N）、内外向（E）、受试者的"掩饰"倾向（L）。其中，精神质（P）分数高可能是孤独、不关心他人，难以适应外部环境，不近人情，感觉迟钝，与别人不友好，喜欢寻衅搅扰，喜欢干奇特的事情，并且不顾危险。如果明显过高，则容易发展成行为异常。情绪稳定性（N）分数高可能是焦虑、担心、常常郁郁不乐、忧心忡忡，有强烈的情绪反应，以至于出现不够理智的行为。内外向（E）分数高表示人格外向，可能是好交际、渴望刺激和冒险，情感易于冲动。分数低表示人格内向，可能是好静，富于内省，除了亲密的朋友之外，对一般人缄默冷淡，不喜欢刺激，喜欢有秩序的生活方式，情绪比较稳定。"掩饰"倾向（L）测定受试者掩饰、假托或自身隐蔽的水平。

（3）用于安排服刑人员劳动岗位和就业培训的其他能力倾向测验量表。

其次，走访调查主要包括：①与社区服刑人员本人的访谈；②与社区服刑人员家属或亲友的访谈；③与社区服刑人员所在社区成员或单位领导、同事的访谈。

最后，在对社区服刑人员完成心理测评之后，要对其划分不同类别，分别处理。对于存在反社会型、攻击型、偏执型等人格障碍的，要提出安全警示；对于精神严重异常的个别社区服刑人员，要及时转送精神卫生部门治疗。

▶▶▶ **立法理由**

心理测评不仅仅是心理矫治的基础，甚至是整个社区矫正工作的基础。长期以来，我国心理测评存在的主要问题是测评的科学性较差、心理测评的方式方法有限。这直接影响到了心理矫治工作的开展。但是，因为心理测评的量表很多，还一直在演变，并且也需要在实践中不断检验，所以无法在立法中给出明确的测评量表，这里只是提出建议，供社区矫正机构在具体实践时参考。

第七十一条【心理健康教育】

对存在心理偏差的社区服刑人员，社区矫正机构应当及时进行心理健康教育，帮助其克服心理危机。

心理健康教育包括团体心理健康教育和个别心理健康教育两种类型。

条文释义 ◄◄◄◄

　　团体心理健康教育针对的是具有共同心理问题的社区服刑人员，主要包括以下类别的专题辅导：①改造环境适应辅导；②婚姻家庭问题辅导；③人际关系问题辅导；④自我认识辅导；⑤安置就业辅导；⑥认罪服法问题辅导。团体心理健康教育方式包括心理健康知识讲座、小组活动等。

　　个别心理教育主要是要对处于心理危机状态的社区服刑人员及时进行心理干预，帮助其战胜心理危机。个别心理教育的对象主要包括：①家庭或重要社会关系成员中发生突发事件导致其心理失衡的；②情绪长期处于紧张、压抑、焦虑、抑郁状态的；③缺乏适应环境的应对能力和解决问题的技巧的；④有脱管、自伤、诈病等想法或者行为的；等等。

►►►► ## 立法理由

　　社区服刑人员的最大问题就是适应社会，而社会适应又与心理健康有着密切关系。一个心理健康的人，一般而言是一个社会适应良好的人。相反，一旦出现社会适应不良，即容易产生心理困惑和烦恼。所以在社区矫正工作中，要主动引导矫正对象敢于面对自己的过去，积极调整自我，主动接触、适应社会环境。所以，心理健康教育的最终目标还是要回归到社区矫正的最终目标上，即使社区服刑人员能够重新融入社会。所以要帮助矫正对象重建自信，重塑健全的人格，始终保持积极的心态，最终达到自觉适应社会、融入社会、回报社会的目的。

第七十二条【心理咨询】

社区服刑人员可以主动向社区矫正机构要求进行心理咨询，寻求心理帮助。

条文释义 ◢◢◢

一般而言，心理咨询的基本方式包括：①门诊咨询。设立门诊咨询室，对有心理问题的社区服刑人员进行当面咨询和提供疏导。②对于不愿意或者不方便进行门诊咨询的，设立热线电话，进行电话咨询。例如，山东省监狱制定了《服刑人员电话咨询须知》，山东省鲁南监狱专门制定了《心桥热线咨询员工作规范》，对开展热线咨询的原则、方式作了比较全面的规定。虽然这些规范性文件针对的都是监狱服刑人员，但其内容也可适用于社区服刑人员，因此可资借鉴。③在条件允许的情况下，还可尝试网络咨询，更方便快捷地提供咨询服务。

在进行心理咨询时，专业人员应当有针对性地采取疏导和教育措施。通过司法实践的总结，社区服刑人员的不良心理主要包括：①自卑自弃心理，自感前途渺茫；②焦虑恐慌心理，对生活缺乏信心；③抑郁悲观心理，无力承受生活压力；④冷漠消极心理，自我封闭回避现实；⑤抵抗报复心理，导致重新违法犯罪。针对不同类型，专业人员应当对社区服刑人员分别进行情感教育、心理疏导、性格塑造，帮助其树立正确的人生观、价值观。例如，对于因长期不被重视而产生自卑心理的社区服刑人员，专业人员应当适当运用"罗森塔尔效应"进行个别教育，通过"暗示"的方式表明对他们的期望，充分挖掘其潜能；要鼓励他们参加健康向上的社交活动，培养与人沟通的能力。对于因身体、经济状况较差而产生悲观心理的社区服刑人员，应当鼓励他们多认识自身的优势，同时也要鼓励他们的亲友尽力提供良好的环境支持和经济支持。对于不能与亲友和社区成员良好沟通而产生抵触、排斥心理的社区服刑人员，应当教育其树立正确的人生观，切断其与不良亚文化之间的联系，帮助其恢复重新融入正常社会的信心和决心。

在心理咨询的过程中，专业人员如果发现咨询对象存在严重心理障碍，则应当及时对其采取进一步心理治疗的措施。

>>>> **立法理由**

与心理测评和心理健康教育不同，心理咨询是社区服刑人员发现自身问题后，主动寻求专业人员的帮助。心理咨询的对象广泛，可以针对几乎所有的社区服刑人员。其主要目的是促进咨询对象健康成长，及早发现心理问题，并提出必要的预防措施。

第七十三条【心理治疗】

对患有心理疾病的社区服刑人员，社区矫正机构应及时安排进行心理治疗。

心理治疗应当征得社区服刑人员的同意。

条文释义 <<<<

与心理咨询不同，心理治疗的对象一般是社区服刑人员中的神经症患者、人格障碍者、情绪或行为障碍者、精神活性物质（酒、鸦片类毒品、致幻剂、兴奋剂、镇静催眠药）成瘾者或其他心理障碍者和有变态心理者。常用的措施包括：

一、认知疗法（congnitive therapy）

认知疗法是根据人的认知过程影响人的情感和行为的理论假设，试图通过认知和行为技术来改变被治疗者的歪曲的、不合理的、消极的信念、认识或思想。认知疗法认为，因为心理障碍的核心是歪曲的思维，因而应当通过说服教育、批评、谈心等有效方法帮助被治疗者克服这些歪曲思维。学者认为，认知疗法最能适用于情绪障碍、抑郁症、焦虑症、强迫症、恐怖症等心理障碍疾病患者。

二、行为疗法

行为疗法认为适应不良性行为（即不健康的、异常的行为）是通过学习和条件反射形成的不良习惯，因而应当通过对被治疗者的反复训练，克服这些不良习惯。行为疗法主要包括：

（1）满灌疗法（flooding therapy），即一开始就让患者进入最使他恐惧的情境中，在反复的恐惧刺激下，使患者因焦虑紧张而出现心跳加剧、呼吸困难、面色发白、四肢发冷等自主神经系统反应，病人最担心的可怕灾难并没有发生，从而焦虑反应也就相应地得以消退。

（2）厌恶疗法，即把令人厌恶的刺激，如电击、催吐、语言责备、想象等，与患者的不良行为相结合，形成一种新的条件反射，以对抗原有的不良行为，进而消除这种不良行为。

（3）模仿疗法，即通过观察学习来增加、获得良好行为，减少、消除不良行为的一种行为矫正方法。

（4）放松疗法。其原理是：一个人的心情反应包含"情绪"与"躯体"两部分。可以通过改变"躯体"的反应而改变"情绪"，即通过意识控制使肌肉放松，同时间接地松弛紧张情绪，从而达到心理轻松的状态。

（5）思维阻断疗法。这是一种治疗强迫性思维的疗法，其以这样一个假设为前提：外在行为能通过抑制来加以阻止，那么内隐的行为也能通过抑制来阻止并消除。因此可以在患者想象其强迫思维的过程中，通过外部控制的手段，人为地抑制并中断其思维，经过多次重复，促使强迫思维症状消失。

（6）生物反馈疗法（biofeedback therapy），即利用现代生理科学仪器，通过人体内生理或病理信息的自身反馈，使患者经过特殊训练后，进行有意识的"意念"控制和心理训练，通过内脏学习达到随意调节自身躯体机能的目的，从而消除病理过程、恢复身心健康。

（7）系统脱敏疗法（systematic desensitization）。该种疗法与满灌疗法正好相反，是诱导求治者缓慢地暴露出导致神经症焦虑的情境，并通过心理的放松状态来对抗这种焦虑情绪，从而达到消除神经症焦虑习惯的目的。

三、精神分析法

精神分析法由奥地利精神病学家弗洛伊德（Freud）于1896年创立，其设法挖掘出深藏在潜意识中的痛苦体验（尤其是童年的精神创伤和痛苦经历），使之进入意识之中，进而通过心理医生的疏导，使被治疗者宣泄并消除隐藏在潜意识中的痛苦体验，从而达到心理矫治的目的。

▶▶▶ 立法理由

本条所谓的"心理治疗"是从狭义上讲的，所针对的对象是已经患有心理疾病（而不是一般的心理问题）的社区服刑人员。在这方面，我们主要还是借鉴一般意义上的心理治疗的一些方法，同时结合社区服刑人员的身份特点，针对性地开展治疗工作。

第七十四条【专业化与社会化相结合的心理矫治队伍】

　　社区矫正工作人员、心理学专家、心理咨询师志愿者、社区矫正社会工作者共同组成开展心理矫治的队伍。社区矫正工作人员负责组织协调，心理学专家及心理咨询师志愿者开展专业性的心理矫治活动，社区矫正志愿者积极配合，作好心理矫治的辅助工作。

条文释义 ◀◀◀◀

　　心理矫治工作的专业性和科学性较强，原则上应当由专业团队来完成，才能提高针对性和实效性。但是，因为专业的心理学专家和心理咨询师毕竟人数有限，完全由其完成此项工作，成本也太高，所以必须吸收具备一定心理咨询和心理矫治基本能力的工作人员参与此项工作，特别是要拓展渠道，争取志愿者来支持此项工作。因此，本法将心理矫治的工作队伍分为三个层次：一是心理学专家和心理咨询师志愿者，负责心理矫治的主体工作；二是社区矫正工作人员，负责组织协调；三是社区矫正志愿者，负责心理矫治的辅助工作。

▶▶▶ **立法理由**

　　在社区矫正队伍建设方面，根据学者的调研，我国目前形成了北京模式、上海模式、以浙江为代表的东部模式和以重庆为代表的西部模式。例如，北京建立了专群结合、专兼结合的"3+N"工作模式，"3"即在司法所建立司法助理员、抽调监狱劳教干警（以下简称"矫正干警"）、社工（协管员）三支专业专职力量；"N"即若干名由社区干部、社区居民和社区服刑人员家属等志愿者组成的群众兼职力量；上海则按照"政府主导推动，社团自主运作，社会多方参与"的工作格局，建立了三支社区矫正工作队伍：司法行政工作人员、社工与志愿者；江苏分为专业队伍（包括社区矫正工作管理人员和社区矫正专业工作者）、社会工作者队伍和社会志愿者队伍。不管如何划分，都强调官方与民间的结合、专业化与社会化的结合。这一方面是为了提高社区矫正的科学性和专业性，另一方面也是从人力资源角度出发的现实考虑。

> **第七十五条【心理矫治工作人员的资质】**
>
> 从事心理矫治的工作人员，应当取得国家级心理咨询师职业资格。

条文释义 ◄◄◄

国家心理咨询师职业资格证书是目前中国地区最权威的心理咨询行业资格证书。按照 2006 年起采用的国家劳动和社会保障部颁发的心理咨询师国家职业新标准，心理咨询师职业分三个等级，分别为：心理咨询师三级、心理咨询师二级、心理咨询师一级，取消原来心理咨询员（国家职业资格三级）和高级心理咨询师（国家职业资格一级）的称呼。除一级心理咨询师还没有开考外，国家三级心理咨询师申报条件是（具备以下条件之一者）：①具有心理学、教育学、医学专业本科及以上学历者；②心理学、教育学、医学专业大专毕业的学生，经心理咨询师三级正规培训达标准学时数，并取得结业证书者；③具有其他专业本科以上学历，经心理咨询师三级正规培训达规定标准学时数，并取得结业证书者。国家二级心理咨询师申报条件是（具备以下条件之一者）：①具有心理学、教育学、医学专业博士学位者；②具有心理学、教育学、医学专业硕士学位者，经心理咨询师二级正规培训达规定标准学时数，并取得结业证书者；③取得心理咨询师三级职业资格证书，连续从事心理咨满3年，经心理咨询师二级正规培训达规定标准学时数，并取得结业证书者；④具有心理学、教育学、医学中级及以上专业技术任职资格，经心理咨询师二级正规培训达规定标准学时数，并取得结业证书，连续从事心理咨询满3年者。

从事心理矫治的工作人员，包括社区矫正工作人员、心理学专家、心理咨询师志愿者、社区矫正社会工作者，均应取得国家三级心理咨询师以上的职业资格。

▶▶▶ **立法理由**

本条设定的心理矫治工作人员的资质相对较高，但是从理想的角度讲，心理矫治工作人员必须具有这样的资质，否则不仅会导致心理矫治工作的失败，甚至可能会对社区服刑人员的重新融入社会起到负面作用。

第七章

帮助保护

> ### 第七十六条【帮助保护的目的】
>
> 　　帮助保护的目的是帮助社区服刑人员解决生活困难，培养其重新融入社会的能力，保护其免受社会歧视，正当权益不受侵害。

条文释义 ◀◀◀◀

　　帮助保护是社区矫正中的辅助措施，其主要目的可以分为两个方面：一是在必要的情况下，帮助没有能力的社区服刑人员解决生活困难；二是在其正当合法的保险、就学、就业等合法权益受到歧视或侵犯时，提供必要的保护，以避免其因为不能通过正当渠道获取生存条件而转投入亚文化群体。

▶▶▶▶ 立法理由

　　一方面，社区矫正旨在培养社区服刑人员的自悔、自尊、自强、自信、自立，应当尽量地为其营造与社会普通人一般的生存环境，而不应给予过多的额外关护。否则不仅会导致一些社区服刑人员产生依赖感，不愿自食其力，坐等救济，而且会给予其"低人一等""特殊群体"的心理暗示，反而不利于其重新融入社会。

另一方面，必须承认，中国目前对犯罪人还存在社会歧视，很多公众还没有习惯于与社区服刑人员生活在一起，对他们还留有内心的排斥。在这种社会环境下，社区服刑人员的各方面合法权益的保障就可能存在障碍。从这方面讲，他们是弱势群体，需要政府给予专门的帮助和保护。

第七十七条【临时安置】

对于确属无家可归、无亲可投或者有亲属但无人接纳，生活确有困难的社区服刑人员，社区矫正机构应当会同民政部门，在当地政府的协调下，选择适宜的场所进行临时安置。

条文释义 ◄◄◄

在条件许可的情况下，社区矫正机构也可以建立社区矫正中心，为社区服刑人员提供临时安置。

►►► 立法理由

西方很多国家有"中途之家"的机构设置，例如在加拿大，国家借助遍布全国的 165 所由政府出钱租赁的私营"中途站"和由联邦矫正局建立的 17 个"社区矫正中心"来完成社区矫正任务。"中途站"根据与矫正当局签订的合同约定收容假释犯人，为他们提供食宿、体能锻炼和康乐设施，而假释犯人的矫正督导工作则由矫正当局派出矫正官负责。这些"中途站""社区矫正中心"或低度戒备监狱一般都设立在城市或近郊交通比较发达的地方，以方便假释人员白天外出工作或读书。再如在日本，一旦被获准假释，被假释者必须在规定的时间里，到所属的保护观察所报到，接受保护观察。在一定期间内由更生保护设施提供免费食宿（通常为 3 个月左右，最长不超过半年），使其工作的收入能够储蓄起来，为离开更生保护设施做物质准备。因此，对于无家可归的社区服刑人员，我们也可以考虑设置临时安置场所。例如，北京市朝阳区建立了中国大陆第一家"中途之家"——"朝阳区阳光中途之家"，为"三无"人员提供食宿服务，收效良好。

第七十八条【生活保障】

社区矫正机构应当协助家庭经济困难的社区服刑人员向民政部门申请最低生活保障待遇。必要时可以给予专项救助。

条文释义

对于符合最低生活保障条件的社区服刑人员，社区矫正机构应当尽量地协助其申请最低生活保障待遇；对于存在家庭遭遇变故等情况的社区服刑人员，社区矫正机构应当在条件允许的情况下给予专项救助。对不符合低保条件或专项救助条件的，也应当尽量地开展节前"送温暖"活动，给予社区服刑人员以更多的关爱。

立法理由

社区服刑人员普遍存在生活困难的问题。即便是在经济发达的北京市，根据北京市朝阳区司法局 2008 年的调研，全区的3192 名社区服刑人员和刑释解教人员中，8.77% 的人员无生活来源，52.77％的人员月收入在 1000 元以下，51.25％的人员家庭月收入在 2000 元以下。其中，只有 6.74％的人员享受低保，88.66％的人员从未享受过救助。这是一组惊人的数据！衣食足才能知荣辱，而在这种生存条件下，要社区服刑人员重新融入社会，可谓难上加难。因此，为社区服刑人员提供最基本的生活保障，也就成为我们的首要任务之一。

第七十九条【社会保险】

　　社区服刑人员在入矫前已经参加失业保险、养老保险、医疗保险的，其在入矫后，符合领取条件的按规定享受失业保险待遇；在入矫前没有参加上述保险的，按照自愿原则，劳动与社会保障部门应按照相关规定为其办理。

条文释义 ◀◀◀

　　例如，社区服刑人员在被羁押期间，其房屋被拆迁的，拆迁单位应当按照相关政策规定给予其补偿安置；对因判刑被注销本市常住户口而未给予补偿或安置的，可参照相关政策规定给予合理补偿或安置；对农村籍的社区服刑人员，村委会应按政策规定为其落实责任田和宅基地，或为其保留与其他村民一样的待遇；等等。

▶▶▶ 立法理由

　　社区服刑人员的权益，没有被依法剥夺的，就都应当是合法享有的，因此需要保障的并不仅仅是前面几个条款所列举的若干项。只不过是因为临时安置、生活保障和保险是社区服刑人员维持基本生活所必需，所以特地单独列举出来加以强调。对于其他没有列举出来的合法权益，社区服刑人员当然享有，因此在受到侵犯时，社区矫正机构应当予以协助维护。

> **第八十条【考核奖惩的目的】**
>
> 　　考核奖惩的目的是客观评估矫正效果，形成激励机制，督促社区服刑人员完成矫正项目，重新融入社会。

条文释义 ◀◀◀

　　对社区服刑人员的考核，即在社区矫正过程中，社区矫正机构按照一定的指标和程序，对社区服刑人员完成社区矫正措施的态度和行为表现进行综合考查和评定。对社区服刑人员的奖惩，即根据考核结果，相应地施加奖励或者惩罚措施，以激励其向既定的目标矫正。考核奖惩的目的主要体现在两个方面：①通过客观评估得出的矫正情况是实施各项矫正措施的基础和依据；②考核奖惩是督促社区服刑人员向重新融入社会的目标努力的重要措施。考核是为了相应地予以奖惩，这种奖惩对于社区服刑人员是一种激励，可以向社区服刑人员提供一个"阶梯"，引导其自动地走上重新融入社会的道路。

　　要实现这一目的，考核奖惩就必须坚持依法、公开、公正的原则，使其确实发挥作用，而不是流于形式，或者异化成为社区矫正工作人员操纵社区服刑人员的杠杆。另外，一定要坚持日常行为考核与奖惩相衔接。如果不管考核结果如何，奖惩另行一套，或者社区矫正机构不严格按照考核结果进行奖惩，而是凭借社区矫正工作人员的印象、主观好恶进行奖惩，那么考核的意义和约束力将大大削弱。

▶▶▶ 立法理由

对社区服刑人员的考核奖惩是社区矫正工作的一项重要内容，其类似于监禁刑执行过程中的累进处遇制，是刑罚个别化在社区矫正领域的落实。考核是对社区服刑人员的矫正状况的动态把握，即通过各项细化指标，对社区服刑人员人身危险性和矫正效果进行跟踪性的评估。根据社区服刑人员的不同人身危险性和矫正效果，应当分类监督管理和个别化矫正，由此便形成了奖惩措施。

一些学者把考核奖惩的相关内容规定在"监督管理"项下，但本书认为，考核的项目不仅限于报告、外出、会见、走访、遵守禁止令等监督管理措施，而且还要考核教育矫正、劳动矫正、心理矫治等方面的社区矫正措施。例如，我国澳门特别行政区就规定了对"明显或重复违反所命令履行之义务或所命令遵守之行为规则，或重新适应社会之个人计划"的收监。因此可以说，本章内容是对第五章、第六章、第七章中相关措施的一种综合考核，因此本书将其独立设置为一章。

第八十一条【考核指标】

对社区服刑人员的考核指标主要包括：

（一）遵守监督管理要求的情况；

> （二）认罪服法、接受教育的情况；
>
> （三）参加劳动情况；
>
> （四）心理健康情况；
>
> （五）社会矛盾化解情况；
>
> （六）其他考核指标。

条文释义 ◀◀◀

　　社区矫正中的矫正措施，凡是对社区服刑人员设定的义务，或者可以对社区服刑人员重返社会有所帮助的措施，均应尽量予以量化，纳入考核指标，以此来激励其积极配合矫正。据此，本法第五章"监督管理"、第六章中的"教育矫正""劳动矫正""心理矫治"的相关内容均应列为考核指标。另外，本条特地把社会矛盾化解情况列为考核指标之一是因为如果社区服刑人员能够主动向被害人道歉、采取积极措施弥补犯罪所造成的伤害，其对社会的危害性将大大降低，社区和被害人对其的恐惧感也将随之下降，对于其重新融入社会大有好处。第6款中的"其他考核指标"是兜底条款，如社区服刑人员有热心助人、积极创业、自强自立等行为表现的，均可以作为奖励的指标。

　　因为我国东西部刑罚执行情况差异较大，所以在立法中为各项指标赋予确定的分值并不符合实际；加之，鉴于分类管理和因人施教的基本立场，对具体社区服刑人员施加的矫正措施不同，在立法中也不宜武断地详细列出所有考核指标并作出分值分配。所以本书认为，国务院司法行政部门可依据本条，在社区矫正工作实施细则中，对各项考核指标予以细化；各省、自治区、直辖市司法行政部门在此基础上，根据本省的实际情况，为各项指标赋予加减分值。

>>>> **立法理由**

考核是否采取记分制？我国目前各社区矫正试点大多都采取了记分制的形式，便于量化，较为客观。并且，记分制也是监狱管理形成的成熟经验，简便易行，因此本书主张以记分制形式进行考核。在这方面，我国各社区矫正试点大多已经有了比较细致的规定，总体来看，无非是两种立法模式：一种模式是先列出考核指标，然后在该指标后面列出加减的分值或者分值幅度，如已废止的《浙江省社区矫正对象奖惩考核暂行办法》就是如此，2013年《浙江省社区矫正人员考核奖惩办法（试行）》没有再明确规定计分制，；另一种模式是先列出一个分值幅度，然后把适用该分值幅度的各项指标归纳到一起，如《江苏省社区矫正对象计分考核规定（试行）》就是如此，这两种立法模式没有明显的优劣之分。

2016年，司法部发布《关于计分考核罪犯的规定》，对计分考核进行了比较细致的规定。由于监狱行刑和社区矫正存在重大差异，因此社区矫正的计分制不能简单地套用监狱行刑计分制。但是，内在的逻辑却是一致的，司法部宜在经验成熟的基础上，形成规范性文件，对社区矫正计分制进行详细规定，这样公开、公正地考核社区服刑人员，能够令其预测自己行为的后果、预测刑期和可能得到的奖惩，有利于其尊重司法权威，并逐步形成符合社会主流规范的心理结构和观念文化系统。

第八十二条【社区矫正奖励的种类】

社区矫正的奖励，包括适用从宽的社区矫正措施，以及减刑等司法奖励。

条文释义

社区矫正奖励分为两个大的类别，即行政奖励和司法奖励。行政奖励即适用从宽的社区矫正措施，由社区矫正机构自行作出；司法奖励包括撤销禁止令、减刑等，由社区矫正机构提请社区矫正机构所在地人民法院作出。

立法理由

很多地方性的社区矫正规范性文件把"表扬""评选为社区矫正积极分子"等项目也作为奖励项目。但是严格来说，"奖励"应当是对社区服刑人员的服刑有实质性影响的一些措施，如果说各地在工作办法中规定表扬若干次之后或者评选为社区矫正积极分子后可以给予宽松的监管措施，那么可以说"表扬""评选为社区矫正积极分子"可以影响到对社区服刑人员的奖励，而不宜直接等同于奖励本身。再者，"表扬"和"评选为社区矫正积极分子"的标准不太容易界定，规定在立法中不够严肃。

还有一些地方性的社区矫正规范性文件把"记功""立功""重大立功"作为奖励的项目。基于上述同理，本书认为，这些只是评价奖励与否的指标，而不是奖励本身。

北京市将社区矫正的奖励和惩罚仅限定为行政奖励和行政惩罚，而司法奖励和司法惩罚则分别另行制定了《关于对社区服刑罪犯减刑、假释工作的规定（试行）》和《关于对社区服刑罪犯撤销缓刑、撤销假释、决定收监执行工作的规定（试行）》，这也不失为一种思路。但制定《社区矫正法》时，还是将行政奖惩和司法奖惩整合起来较好。

第八十三条【从宽的社区矫正措施】

社区服刑人员遵守社区矫正相关规定，服满刑期 1/3 以上，社区矫正机构根据考核情况，认为其人身危险性降低的，可以实施从宽的社区矫正措施，包括：

（一）减少社区服刑人员报告的次数和社区矫正工作人员走访的次数；

（二）减少社区服刑人员参加集中教育活动的次数；

（三）减少社区服刑人员参加公益劳动的时间；

（四）其他从宽的社区矫正措施。

>>> 立法理由

一些地方性的规范性文件，把"从宽的社区矫正措施"限缩为"从宽的监督管理措施"，因此没有包含教育矫正、劳动矫正等矫正治疗措施中的强制性、义务性措施的从宽处理，这是不全面的。

坚持分级处遇原则，就必然要求有从宽、从严的社区矫正措施，以对应不同人身危险性的社区服刑人员。目前，我国地方省市出台的实施细则中，都不同程度地落实了分级处遇原则，但这种落实尚嫌不足。例如，《四川省社区矫正实施细则》第 108 条规定社区服刑人员每月参加社区服务时间不少于 8 小时，严管级别人员可以适当增加社区服务时间。这里仅体现了普管和严管，而未体现宽管。实际上，社区矫正并非一律要对社区服刑人员附加监督，美国社区矫正对象有80%以上基本处于不附加监督的情况。

这里以缓刑为例来具体说明。根据是否对缓刑犯附加监督指令、是否要求缓刑犯参加特定项目，缓刑可以分为无监督的缓刑与附监督的缓刑两种。

目前部分西方国家的刑法典中规定的缓刑有无监督的缓刑与附监督的缓刑之分。《法国刑法典》第二章第二节第三目"普通缓刑"则属于这种无监督的缓刑，缓刑犯不需要参加特定的矫正项目，只要在5年内不因普通法之重罪或者轻罪被判处无缓刑的新刑，原判决即可视为"不曾发生"。英美等国最初的缓刑往往也不曾附加监督指令，但后来随着矫正模式的破产，刑罚民粹主义的强势，各种附监督的缓刑措施纷纷出台。无监督的缓刑由于缺乏相应的罚则，缺少一定的惩罚性，因而在一般情况下不容易得到社区的支持。所以，无监督的缓刑一般适用于特定情形下的罪犯，该罪犯应当是被判定无人身危险性的、罪行极其轻微的人。20世纪70年代，犯罪矫治理论走向没落。1974年，马丁森（Mattinson）对美国的231项犯罪矫治计划进行了考察，该研究表明，通过犯罪矫治来实现犯罪预防是收效甚微的，这直接宣告了犯罪矫治理论的破产，建立在唯惩罚论基础上的刑罚主义、新古典主义得以复兴。20世纪80年代，一个旨在重建法制体系和社会秩序的新保守主义政治观占据了理论的前沿，从而取代了通过犯罪矫治和犯罪改造来实现预防犯罪的模式，该观念主张通过有选择地确立预防对象和对罪犯犯罪能力的剥夺来实现对犯罪的预防和控制，这就是"刑罚民粹主义"的复兴。在这种思潮的背景下，英国的"社区处遇"被改为"社区刑罚"，以强调社区判决的惩罚性；美国发展出了众多附加监督措施的缓刑，缓刑的形式发生了巨大的变化。但即便如此，缓刑监督也并非普遍进行。

对于某些犯罪或某些犯罪人来说，判处缓刑可能也是一种宽大措施，在要求被缓刑人履行义务不合理或不必要的情况下，缓刑不必附加义务。我们认为，下列情况可以考虑作为适用或优先适用普通缓刑的理由：其一，犯罪情节轻微、悔罪表现好的老年犯罪人。现代社会生活纷繁复杂，某些老年犯罪人可能因各种原因偶然触犯刑律，对那些因为不知法、过失或者其他可宽恕的原因实施轻微犯罪的老年人，如果其悔罪态度好，可以考虑适用普通缓刑。这是因为：一方面，老年人的人身危险性相对较低，不附加义务也可以保证其接受矫正；另一方面，也是对老年犯罪人的人道化的宽大处理。其二，犯罪情节轻微、悔罪表现好的少年犯罪人。对于那些一贯表现良好仅仅是偶然触犯刑律的少年犯罪人，如果不附加义务可以保证其成功矫正，就不必附加义务。对少年犯罪人适用普通缓刑，有助于尽量减少刑罚的负面效应，而通过其他方式促进犯罪人再社会化。

相对于附加义务的缓刑来说，普通缓刑的主要缺点在于：听任犯罪人在缓刑考验期间自由行事，而缺少必要的监督、管理和控制，可能不利于保障社会安全；对犯罪人太过宽容，不能满足社会的报应、公正要求，也因为其不具有威慑力而难以起到一般预防的作用；缺乏必要的监督管理措施，不利于促进犯罪人的再社会化。一般说来，缓刑应当与考验义务相结合，从而可以满足多方面的刑罚目的追求；但是，如果法官确信不附加义务也能够矫正犯罪人或者能够保障社会安全的，就可以适用普通缓刑。普通缓刑的优点在于：它可以尽量减少刑罚对犯罪人的各种负面效应；同时是我国传统刑法"矜老恤幼"原则的延续，符合行刑人道化的趋势，也可以避免不必要的刑罚负担。

从上述对缓刑的讨论可以看出，社区矫正应当根据社区服刑人员综合评估后的人身危险性来确定矫正级别，同时在矫正过程中根据具体情况的变化而调整矫正级别。对于认罪悔罪、积极参与社区矫正的社区服刑人员来说，完全可以逐步减少监督直至最终取消监督措施，但这种减少和取消并非终局性的，而需要根据情况变化适时予以调整。

第八十四条【司法奖励】

被判处管制、被宣告缓刑、被裁定假释以及被裁定、决定监外执行的社区服刑人员在社区矫正期间，认真遵守社区矫正各项规定，接受教育改造，确有悔改表现，或者有立功表现的，可以减刑；有重大立功表现的，应当减刑。减刑的同时，社区矫正期限相应缩短。

被裁定、决定监外执行的社区服刑人员在社区矫正期间，认真遵守社区矫正各项规定，接受教育改造，确有悔改表现，不致再危害社会的，可以按照刑法规定予以假释。

条文释义

根据现行法律和司法解释的规定：①"确有悔改表现"是指同时具备以下四个方面情形：认罪服法；认真遵守社区矫正各项规定，接受教育改造；积极参加政治、文化、技术学习；积极参加劳动，完成劳动任务。②"立功表现"是指具有下列情形之一的：检举、揭发犯罪活动，或者提供重要的破案线索，经查证属实的；阻止他人犯罪活动的；在生产、科研中进行技术革新，成绩突出的；在抢险救灾或者排除重大事故中表现积极的；有其他有利于国家和社会的突出事迹的。③"重大立功表现"是指具有下列情形之一的：阻止他人重大犯罪活动的；检举、揭发他人重大犯罪活动，经查证属实的；有发明创造或者重大革新的；在日常生产、生活中舍己救人的；在抗御自然灾害或者排除重大事故中有突出表现的；对国家和社会有其他重大贡献的。

当然，监外执行的社区服刑人员也存在减刑的可能。对此，按照《刑法修正案（八）》的相关规定办理即可，本书不再赘述。

被裁定、决定监外执行的社区服刑人员，能否适用假释，应按照《刑法》的相关规定办理，本书也不再赘述。

▶▶▶ 立法理由

本条沿用了目前法律规范中对减刑、假释条件的规定。按照本书"将考核和奖惩相衔接"的基本立场，如何评价"悔改表现"的四个方面情形应当按照考核得到的分数来衡量。但是因为前述原因，本书没有在法条中列出各项考核指标的分值，所以在本条中也没有列出减刑或者假释所需要达到的分值。对于这一点，需要由各地在制定社区矫正实施办法或者细则时加以细化。

我国的传统是缓刑、假释期间基本上不考虑减刑，但《刑法》对此并未明确禁止。本书认为，为贯彻宽严相济的刑事政策，增加社区矫正的弹性幅度，激励社区服刑人员积极参与社区矫正，减刑、假释等司法奖励确有必要。

> **第八十五条【社区矫正惩罚的种类】**
>
> 社区矫正的惩罚，包括适用从严的社区矫正措施、治安管理处罚等行政惩罚，以及管制易科拘役、撤销缓刑执行原判刑罚、撤销假释收监执行、撤销暂予监外执行收监（所）执行等司法惩罚。

条文释义 ◀◀◀◀

社区矫正惩罚分为两个大的类别，即行政惩罚和司法惩罚。行政惩罚包括适用从严的社区矫正措施、治安管理处罚两类，其中，从严的社区矫正措施由社区矫正机构自行作出，治安管理处罚由公安机关作出。司法惩罚包括三类：一是延长社区矫正期限，二是将非监禁刑转化为监禁刑，三是增加社区禁止令。这三类司法惩罚均由社区矫正机构提请社区矫正执行地人民法院决定。

▶▶▶ **立法理由**

很多地方性的社区矫正规范性文件把"记过"等项目也作为惩罚项目，基于上文不将"表扬"作为奖励项目的同样理由，本书不将"记过"作为惩罚项目。

> **第八十六条【从严的社区矫正措施】**
>
> 社区矫正机构根据考核情况，认为社区服刑人员的人身危险性增加的，可以实施从严的社区矫正措施，包括：
>
> （一）增加社区服刑人员报告的次数和社区矫正工作人

员走访的次数；

（二）增加社区服刑人员参加集中教育活动的次数；

（三）增加社区服刑人员参加公益劳动的时间；

（四）其他从严的社区矫正措施。

条文释义

本条的前三项都是与前文"从宽的社区矫正措施"相对应的，故不再赘述。

第四项"其他从严的社区矫正措施"包括：①减少社区矫正工作人员所负责的社区服刑人员数量，使其能有更多时间监督矫正该社区服刑人员；②由社区矫正工作人员与社区服刑人员的当面沟通取代电话沟通或者邮件沟通，增加双方的直接接触；③更频繁地对其进行毒品检验和酒精检验；等等。

立法理由

既然社区矫正的适用前提是遵守各项矫正措施，那么是否意味着一旦违反这些措施就要退回到监禁刑？答案是否定的。联合国《非拘禁措施最低限度标准规则》明确强调了这一点："非拘禁措施的失败不应自动导致拘禁措施的施加。"从社区服刑人员的利益出发，在一种社区矫正措施失败之后，我们应当做的是尝试其他更可行的社区矫正措施。只有当所有社区矫正措施都不可能防止其危害社会时，才不得不采取收监（所）执行措施。从严的社区矫正措施，主要是指强化社区矫正的监督，也可以称为"中国式的中间制裁"。

第八十七条【集中管理和治安管理处罚】

社区服刑人员在社区矫正期间，违反社区矫正中的强制性规定，情节较重的，可以实行集中管理，但最长不得超过七日。同时违反《中华人民共和国治安管理处罚法》的，提请公安机关予以治安管理处罚。

条文释义 ◄◄◄◄

最为严厉的强化监督措施是集中管理。所谓集中管理，是将部分具有较高人身危险性的社区服刑人员集中到社区矫正中心等场所集中管理，最大限度地限制其人身自由，可以认为这是一种短期剥夺人身自由的惩罚。

"社区矫正中的强制性规定"，包括监督管理、矫正治疗等方面的强制性、义务性规定。"情节较重"的标准，以"超过适用从严的社区矫正措施的标准"和"没有达到易科拘役和收监（所）执行的标准"来衡量。如果违反的是监督管理规定，情节较重，那么还要根据《治安管理处罚法》第60条的规定进行治安管理处罚，即处5日以上10日以下拘留，并处200元以上500元以下罚款。根据《刑法修正案（八）》的规定，违反禁止令，尚不属情节严重的，也要由公安机关依照《治安管理处罚法》的规定处罚。

►►► **立法理由**

在地方社区矫正实践中，已有地方规范性文件对集中管理予以规定。如《四川省社区矫正实施细则》第93条规定："社区服刑人员有下列情形之一的，可以根据需要在社区矫正场所进行集中管理：①对其提出收监执行建议的；②有线索表明其有实施再犯罪风险的；③有酗酒、吸毒、赌博等行为恶习，需要实施心理干预的；④可能妨害重要公共场所以及国家重大节日、重大活动期间公共秩序，尚不构成收监执行条件的；⑤法律规定的其他情形。对社区服刑人员进行集中管理，由县级社区矫正机构提出建议，报县级司法行政机关批准。对社区服刑人员集中管理的时间一次不超过 30 日。"集中管理实际上是短期监禁加社区矫正的中间制裁模式，实事求是地讲，集中管理的地方性文件有缺少法律依据之嫌疑，因为集中管理事实上就是剥夺社区服刑人员的人身自由，且其规定的时间长达一个月之久，比治安管理处罚更为严厉。因此，《社区矫正法》对集中管理作出明确规定较为妥当，否则矫正实践中容易引发非议。

本书认为，为区别于短期监禁刑和治安管理处罚，集中管理的时间不宜超过 7 日，且不能强制社区服刑人员佩戴戒具。集中管理以集中学习为主要方式，不能采用如同监禁刑或者治安管理处罚一般"蹲监狱"式的管理模式。如果社区矫正机构认为集中管理尚不足以体现从严，则可以按照法律的规定移送公安机关作出治安管理处罚决定或者提请人民法院作出其他司法惩罚。

第八十八条【易科拘役和收监（所）执行】

社区服刑人员在社区矫正期间，违反法律、行政法规或者社区矫正中的强制性规定，情节严重的，对于被判处管制的，可以易科拘役，剩余刑期一日折抵拘役二日；对于被宣告缓刑的，撤销缓刑并执行原判刑罚；对于被裁定假释的，撤销假释并收监执行；对于被决定暂予监外执行的，撤销暂予监外执行并收监执行。

条文释义 ◀◀◀◀

　　如何认定"情节严重"？根据本书的一贯立场，应当依据考核分数来认定。概括地讲，根据最高人民法院、最高人民检察院、公安部、司法部《关于对判处管制、宣告缓刑的犯罪分子适用禁止令有关问题的规定（试行）》第 12 条第 2 款的规定，社区服刑人员违反禁止令，达到以下标准，即可认定为"情节严重"：①三次以上违反禁止令的；②因违反禁止令被治安管理处罚后，再次违反禁止令的；③违反禁止令，发生较为严重危害后果的；④其他情节严重的情形。对于因保外就医而暂予监外执行的社区服刑人员，有下列情形之一的，即可认定为"情节严重"：①骗取保外就医的；②以自伤、自残、欺骗等手段故意拖延保外就医时间的；③办理保外就医后并不就医的；④违反监督管理规定经教育不改的。

　　被判处管制的社区服刑人员，出现本条所规定之情形的，由社区矫正机构向基层人民法院提出申请，经基层人民法院审理后易科为拘役。对于严重不履行社区矫正义务、不遵守社区矫正规定的社区服刑人员的剩余刑期，按照两天管制折抵一天拘役的制度进行关押，由限制自由刑易科为剥夺自由刑，以达到刑罚处遇与人身危险性相适应的目的。虽然现行《刑法》规定拘役期限是 1 个月以上 6 个月以下，但是管制易科拘役后未必受此限制。

▶▶▶▶ 立法理由

　　管制犯不遵守管制规定时，由于没有相应的罚则，导致管制的实际监督工作无法正常进行。没有罚则的规定，难以确保良好的执行。有学者提出增设管制易科拘役之规定，以保障管制之执行。我们赞同这种意见，国外也有限制自由刑易科自由刑之规定。如《俄罗斯联邦刑法典》第 90 条第 4 款规定，"在未成年人多次不履行强制性感化教育措施时，可以根据专门国家机关的报告撤销这种措施，而移送材料，以追究未成年人的刑事责任。"日本和台湾地区对少年犯独立适用的保护观察，如果犯罪人违反遵守事项及再犯罪者，也有撤销或终止保护观察、通知法院给予新的处分——通常是给予剥夺自由的处分——的类似规定。

我们认为，轻微违反管制考察规定或过失违反管制规定的，不应给予严厉处罚，而只能采取儆戒、警告、批评等措施；只有恶意违反管制规定或违反管制规定情节较重的，才考虑给予易科拘役。

第九章

未成年人社区矫正

> **第八十九条【附条件不起诉人员的矫正】**
>
> 社区矫正机构受决定机关委托，可以承担被决定附条件不起诉犯罪嫌疑人的矫正工作。

▶▶▶ 立法理由

修正后的《刑事诉讼法》第 272 条第 1 款规定："在附条件不起诉的考验期内，由人民检察院对被附条件不起诉的未成年犯罪嫌疑人进行监督考察。未成年犯罪嫌疑人的监护人，应当对未成年犯罪嫌疑人加强管教，配合人民检察院做好监督考察工作。"根据该条规定，立法者认为附条件不起诉不列入社区矫正范围，而应由检察机关进行监督考察。经过反复思考，我们认为，在对社区矫正的本质尚未完全达成共识之前，附条件不起诉暂时不宜列入社区矫正范围，这是因为：附条件不起诉属于《刑事诉讼法》规定的措施，其本质并非"刑"，而社区矫正是社区刑罚的执行，其本质乃是"刑"。

但是，附条件不起诉不列入社区矫正范围，并不代表附条件不起诉的考察机关就应当是检察机关。我们认为，从长期趋势来看，附条件不起诉的考察机关应当确定为司法行政机关。例如，我国台湾地区的暂缓起诉制度，检察官在作出缓起诉决定以后，如果是附条件的缓起诉，一般都将其交由地方检察署的观护所接受观护。当然，台湾地区的司法体制与大陆不同，台湾地区的地方检察署指挥观护所；而且保护观察、保护管束等都具有明显的保安处分的特征，被统一规定在"保安处分执行法"中。从建立统一的刑事执行体制的层面来看，所有涉及罪犯、被告人、犯罪嫌疑人负担的内容，都应当由司法行政机关负责。

在实践中，矫正并非检察官所长，检察机关自身也缺乏监督管理的人员配备，加之社区矫正与附条件不起诉的监督考察在方式方法上具有一致性，因此社区矫正机构负责附条件不起诉人员的监督管理具有合理性。但由于《刑事诉讼法》已有明确规定，本书认为，比较折中的方案是社区矫正机构可以受检察机关委托，承担被决定附条件不起诉的犯罪嫌疑人的矫正工作。

第九十条【未成年人社区矫正的原则】

对未成年社区服刑人员实施社区矫正，应当遵循下列原则：

（一）适应未成年人身心发展的规律和特点；

（二）尊重未成年人的人格尊严；

（三）监管与保护相结合。

▶▶▶▶ 立法理由

未成年人与成年人的身心特征和犯罪类型都存在较大差异，

因此需要规定特别的矫正原则。相关国际条约对此也有明确规定。例如,《联合国少年司法最低限度标准规则》（以下简称《北京规则》）第 2 条第 3 款规定,应努力在每个国家司法管辖权范围内制定一套专门适用于少年犯的法律、规则和规定,并建立授权实施少年司法的机构和机关。再如《儿童权利公约》第 40 条第 3 款规定,缔约国应致力于促进规定或建立专门适用于被指称、指控或确认为触犯刑法的儿童的法律、程序、当局和机构。

一、适应未成年人身心发展的规律和特点

《北京规则》明确规定:采取的反应不仅应当与犯罪的情况和严重性相称,而且应当与少年的情况和需要及社会的需要相称。这就要求刑事立法、刑事司法和刑事执行都需要充分考虑未成年人身心发展的规律和特点。刑法中的未成年人一般指 14~18 周岁这一年龄阶段,在这一阶段,未成年人的身体迅速发育但心理发育尚不成熟,呈现出身心发展不同步的特征,具体表现如下:①精力旺盛与缺乏支配能力之间的矛盾。在生理上,未成年人精力旺盛甚至精力过剩,但其心理水平提高较慢,往往缺乏调节和支配过剩精力的能力。②好交往、依附性强与认知水平低的矛盾。一方面,未成年人在日常生活中越来越重视伙伴关系;另一方面,由于认识能力发展不成熟,思维容易片面、偏激、分不清是非,往往把"哥们义气当成友谊"。③兴奋性高与自控能力差的矛盾。由于兴奋性高,情绪波动大,心境不易持久,而意志品质又尚未发展成熟,自我控制力欠缺,往往不能控制自己的激情与冲动。④性机能发育成熟与性道德观念形成较晚的矛盾。容易接受外界不良刺激,有些法制观念薄弱的未成年人,就可能放肆追求性刺激而走上违法犯罪的道路。

未成年犯罪人的上述身心发展特征,决定了未成年人的犯

罪心理结构并不稳定，往往表现出敏感、脆弱、自尊心强、逆反心理强等特征。因此，对未成年社区服刑人员的矫正，应当区别于成年社区服刑人员，特别要强调的是，应注意淡化标签意识，发展出适应未成年人身心发展规律和特征的矫正方法。

二、尊重未成年人的人格尊严

本来，无论是成年人还是未成年人，在社区矫正的过程中，社区矫正工作者和社区矫正工作之原则都应当尊重社区服刑人员的人格尊严。但是，由于未成年人心理结构尚不稳定，敏感、脆弱、自尊心强，因此更需要特别强调尊重其人格尊严。尊重未成年人的人格尊严，必须特别强调最大限度地淡化标签效应。标签效应理论内部存在不同的理论分野，但大致可以认为，由于将越轨者标定为"服刑人员"这一带有道德谴责和道德否定的标签，被标定者很容易产生消极的自我认同，从而由偶发违法行为者逐渐转变为具有稳定越轨心理结构的违法者。社区服刑人员这一身份，不可避免地会给未成年人带来偏见和歧视。偏见的作用有两种：一是与偏见对象保持一定距离；二是加害偏见对象。在某些情况下，这两种作用往往同时产生，通常在与偏见对象保持一定距离时，表示不给予任何帮助，进而就有可能加害偏见对象。

在社区矫正的过程中，如果矫正工作者经常强调未成年社区服刑人员的"罪犯"身份，如成年人一般要求其参加集中教育、集中学习、参加社区服务等，则很可能不断提醒未成年人的"罪犯"身份，要么强化标签效应，要么激发未成年人的逆反心理。因此，未成年人社区矫正要特别强调尊重其人格尊严，矫正工作者应当采取区别于成年社区服刑人员的相对温和的沟通、协商式的矫正方案。

三、监管与保护相结合

《预防未成年人犯罪法》第44条规定，对犯罪的未成年人追究刑事责任，实行教育、感化、挽救方针，坚持教育为主、惩罚为辅的原则。我们认为，在未成年人社区矫正中，不宜提"教育为主、惩罚为辅"，而应当强调监管与保护相结合的原则。

不少学者强调，社区矫正既然是刑罚执行工作，那么有必要强调其惩罚性的一面。这种观点在成年人社区矫正中尚存争议，但在未成年社区矫正中，则显然不宜强调惩罚，而应强调监管。监管必然对未成年人的人身自由产生一定的限制，当然会带有某些惩罚的特征，但监管主要是指控制社区服刑人员的人身危险性，而不是为了惩罚而惩罚。监管程度应当与未成年社区服刑人员人身危险性相适应，不能超出人身危险性而片面强调无谓的监管。实践中，部分社区矫正机关不加区分地要求未成年社区服刑人员必须当面报到、进行形式主义的谈话教育，这都是违反未成年人司法保护基本原则的做法。同时，未成年人犯罪大多是因为家庭、学校教育失败，其本身受到相当的歧视，因此将其视为弱者予以保护符合社会常理，这也是《未成年人保护法》中司法保护的应有之义。

第九十一条【信息保密】

对未成年社区服刑人员的档案，社区矫正机构应当保密。

未成年人矫正活动不公开进行，矫正宣告与解除不公开进行。

行；涉及矫正的其他程序，也应当不公开进行。

作出上述规定的理由，与前条规定一致，都是考虑到未成年人的身心发展特征，避免对未成年社区服刑人员造成不必要的负面标签效应，防止因偏见、排斥和歧视对未成年社区服刑人员重新融入社会造成不良影响。

第九十二条【与成年犯分类矫正】

未成年社区服刑人员参与社区矫正活动，应当与成年社区服刑人员分开进行。

社区矫正机构应当针对未成年社区服刑人员的年龄、心理特点和发育需要等特殊情况，制定有益于其发展的矫正方案。

▶▶▶ 立法理由

我国《监狱法》已经贯彻了成年犯与未成年犯的分类矫正原则，但社区矫正实践尚未真正贯彻这一原则。《公民权利和政治权利国际公约》第10条第3款规定，少年罪犯应与成年犯隔离开，并应给予适合其年龄及法律地位的待遇。《北京规则》第13、22条以及《联合国预防少年犯罪准则》（又称《利雅得准则》）第58条都规定了处理少年刑事案件的人员应该专业化并保持必要的培训。

成年犯与未成年犯分开矫正，是国际条约规定的基本准则，业已形成基本共识。我国社区矫正在试点之初以及当下，对这一原则并未真正贯彻到位，究其原因是社区矫正机关尚未建立成熟的专业化、规范化、正规化的矫正队伍，加之未成年犯只占社区服刑人员中的较少比例，因此未能真正实现分类矫正。但随着社区矫正规模的扩大，未成年社区服刑人员已经占社区服刑人员总数中的较高比例。我们在四川省绵阳市涪城区进行调研发现：2014 年，服刑人员总数 201 人，其中未成年人 74 人；2015 年，服刑人员总数 181 人，其中未成年人 59 人；2016 年，服刑人员总数 237 人，其中未成年人 61 人。可

社区服刑人员已经在实践中占较大规模，如果不贯彻分类矫正原则，将会不可避免地导致如下后果：①未成年社区服刑人员的社区矫正不公开进行的原则将虚化。成年社区服刑人员与未成年社区服刑人员一起参加社区矫正，必然导致未成年社区服刑人员的社区矫正信息公开化，保密将在事实上不可能。②成年社区服刑人员与未成年社区服刑人员之间容易交叉感染。在监狱学研究中，服刑人员的交叉感染已经成为学术界的共识，在此不必赘述。未成年人由于其独特的身心发展特征，其心理结构尚不稳定，很容易因为外界的不良诱惑以及不良交往诱发犯罪动机。成年社区服刑人员与未成年社区服刑人员如果不分类矫正，很容易形成不良交往团伙，影响未成年人的改过自新。③未成年社区服刑人员的社区矫正方案与成年社区服刑人员的社区矫正方案应当有所区别，不分类矫正容易导致矫正无效，下面还将专门讨论这个问题。

必须强调，社区矫正机构应当针对未成年社区服刑人员的年龄、心理特点和发育需要等特殊情况，制定有益于其发展的矫正方案。目前，社区矫正实践往往对未成年社区服刑人员和成年社区服刑人员的矫正方案未加区分，监管方式基本上限于书面汇报、当面谈话、集中教育、社区服务等，未能针对未成年人的身心特征进行针对性的矫正。少年司法的中心原则是保护，这与成年人司法具有根本差异。"少年司法创设的目的即是

为了未成年人的福利，也就是实现未成年人利益最大化而步入历史舞台的。"未成年社区服刑人员参与的社区矫正方案，虽然也有监管，但重点是帮助、保护。即便是监管，其监管方式与成年社区服刑人员也应当有所区别，核心仍然是阻断未成年人的不良社会交往以及与易诱发犯罪动机的场合、活动相隔离。因此，未成年社区服刑人员的社区矫正应当注意如下问题：①监管方式应当按照有利于未成年人发展的原则确定。例如，未成年社区服刑人员如果就学，其报到、集中教育宜安排在周末进行，不能以不加班为由要求未成年社区服刑人员在就学时间请假前来报到、学习；一般也不宜要求未成年社区服刑人员佩戴电子手环等容易识别的服刑标记，避免标签效应。②教育方式应当有所区别。对未成年社区服刑人员进行教育，不应采取僵化的背诵法律条文等方式，而宜采取生动活泼的案例教学方式；再如，不宜要求未成年社区服刑人员参加社区服务，公开参加社区服务违反了未成年社区服刑人员社区矫正不公开进行的原则。

第九十三条【宽严相济】

对未成年社区服刑人员撤销缓刑、假释，应当特别慎重。

对严重违反监督管理规定的未成年社区服刑人员，可以采取组织军事训练营、短期集中教育等方式，作为撤销缓刑、易科拘役、治安拘留的替代措施。

▶▶▶ 立法理由

宽严相济是我国刑事立法、刑事司法的总原则，同时宽严相济也应该是刑事执法的基本原则之一。在监督管理、考核奖惩部分，我们论证了宽严相济刑事政策的具体适用。我们认为，在未成年社区服刑人员的社区矫正中，宽严相济的具体运用具有特殊性，总的来说应当强调宽的一面，充分贯彻"教育为主"的司法保护基本方针。

我国《刑法》对未成年人缓刑适用给予了更强调"宽"的规定，《刑法》第72条将未成年人、怀孕的妇女和年满75周岁以上的老年人同等对待，继承和发扬了我国传统刑罚文化中"矜老恤幼"的人道原则。总的来说，适用监禁刑属于不得已而为之的刑罚手段，其自身具有很大的局限性，不能采取"抛弃"的策略，即不能简单地以报应思维将未成年人"一关了事"。监禁刑的矫正效果本身就存在疑问，而且不仅不能矫正犯罪人，反而可能使得犯罪人变得更坏。监狱的负面作用主要有如下几点：①犯罪教唆作用，即犯罪人之间产生恶性的交叉感染。②心理损害作用，具体说来，又包括：过度拥挤导致的心理损害作用、挫折诱发的心理伤害、孤独引发的心理损害、消极互动的损害。③不良适应的损害。监狱生活使得犯罪人对正常生活的社会适应性降低，形成"监狱亚文化""暴力亚文化"并进而融入这些亚文化，导致出狱人容易再次走上犯罪道路。正是因为监禁刑的上述弊端，我们应一方面改进传统监禁刑封闭行刑的方式，推进开放式处遇制度；另一方面尽可能回避监禁刑的适用，推进社区矫正制度。未成年人身心发育不平衡，其自身的心理结构相对于成年人来说不稳定、脆弱，因此不能机械套用条文规定，对严重违规的未成年社区服刑人员不能轻易地撤销缓刑、假释，令其进入监狱的大染缸。因此，撤销未成年社区服刑人员的缓刑、假释应当特别慎重。

在我们看来，社区矫正机关穷尽一般监管保护手段仍然不能让未成年社区服刑人员改过自新的，则可以考虑培育中间制裁，采取军事训练营、短期集中教育学习等加大监管力度的类监禁（又非监禁）方式对未成年社区服刑人员进行监管教育。这一方面可以回避监禁刑的适用，另一方面又能够控制未成年社区服刑人员的人身危险性，确保公共安全。

> **第九十四条【就学】**
>
> 　　未成年社区服刑人员没有完成国家规定的义务教育内容的，社区矫正机构应当协调相关部门并督促其法定监护人，帮助社区服刑人员完成国家规定的义务教育内容。
>
> 　　未成年社区服刑人员属于高级中学、职业中学、高等院校等在校学生的，社区矫正机构应当协调相关部门，帮助社区服刑人员完成相关教育。

▶▶▶ **立法理由**

　　社区矫正没有剥夺服刑人员的人身自由，因此未成年社区服刑人员完全可以继续进行国家规定的义务教育。对于社区服刑人员在义务教育之后的高级中学教育、高等院校教育，以往论及较少。因为开展这些教育需要社区服刑人员与其他青少年学生共处，可能会对其他学生及校园安全带来潜在的隐患。但是，从教育矫正的角度讲，如果社区服刑人员有继续升学的愿望，我们应当是鼓励的，只不过在监督管理方面要做好工作，确保安全。基于同样的道理，在义务教育结束后准备参加中考的，以及高中毕业后准备参加高考的，社区矫正机构也应当协调相关部门予以配合。关于社区服刑人员参加高考的问题，早在1992年，全国人大常委会法制工作委员会就作过明确答复。

当时，针对福建省人大常委会询问的"人民法院宣告缓刑的未成年人可否参加高考"的问题，答复是："《未成年人保护法》（1990）第 44 条规定，'人民检察院免予起诉，人民法院免除刑事处罚或者宣告缓刑以及被解除收容教养或者服刑期满释放的未成年人，复学、升学、就业不受歧视。'因此，被人民法院宣告缓刑的未成年人，可以参加高考。"时至今日，即便已经不是未成年人的社区服刑人员，从社区矫正的目的出发，也应当尽量地为其就学创造条件。

犯罪学对犯罪原因解释的理论之一，就是赫希（Hirsch）的控制理论。赫希理论的核心概念是社会联系。他认为，任何人都有犯罪的倾向，如果不进行控制的话，任何人都会进行犯罪。犯罪的产生与社会联系的削弱紧密相关：当个人与社会的联系薄弱或者破裂时，就会产生少年犯罪行为。赫希采用依恋、奉献、卷入、信念等十个核心概念分析了少年犯罪的原因。赫希特别强调通过未成年人对学校的依恋、接受教育、学校活动等增强未成年人与学校的社会联系的手段来降低未成年人的犯罪率。从另一个角度来讲，社会控制包含正式的社会控制与非正式的社会控制，接受教育意味着未成年人的大部分时间都在学校的非正式控制之下，这对于未成年人增强社会联系、强化非正式社会控制都具有重要促进作用。因此，在可能的情况下，帮助未成年人继续接受教育，不仅是少年司法保护福利主义的体现，而且也是控制未成年社区服刑人员人身危险性的重要手段，能够帮助未成年人重新融入社会，并获得继续提升素质的教育能力。

第九十五条【家庭保护】

社区矫正机构应当为未成年社区服刑人员的父母或者其他监护人提供家庭教育指导。

未成年社区服刑人员的监护人不尽监护职责的，社区矫正机构应当协调相关部门，帮助其更换适当的监护人。

▶▶▶ 立法理由

《未成年人保护法》第二章专章规定了对未成年人的家庭保护。家庭是人成长的第一环境，对于未成年人的健康成长发挥至关重要的作用。无论是哪一种犯罪原因理论，任何理论均承认家庭原因是未成年人犯罪的重要影响因素。研究表明，家庭经济状况、父母负面的情感经历、生活方式甚或严重越轨行为并非预测未成年人犯罪的有效变量；完整的家庭结构、父母经常在家等因素有利于降低未成年人的犯罪风险；父母教养子女的具体方式应有所区别，以严管为代表的传统教育观念、以过度保护为典型特征的当代育儿方式均需更新。因此，对于未成年社区服刑人员来说，社区矫正机构应当通过对其父母或者监护人提供适当的家庭教育指导，来帮助服刑人员首先实现与家庭的和解、重建正常的家庭关系。

影响未成年人犯罪的家庭因素，主要体现在如下方面：①缺少家庭监护。缺少家庭监护，是指监护人怠于履行监护教养职责，包括因未成年人父母离婚而导致家庭破裂、父母外出打工导致缺乏监护等情况。目前犯罪学关于未成年犯罪人家庭定量因素的研究，往往简单地对未成年人的家庭进行抽样统计，得出父母离婚、留守儿童等是导致未成年人走上犯罪道路的重要因素。但这种统计研究得出的结论并不完全妥当，道理很简单，家庭破裂的现象很多但并非家庭破裂都必然导致未成年人受到剧烈影响、留守儿童很多但并非留守儿童犯罪率均表现较高。可以肯定的是，家庭破裂、留守儿童等均是表象而非实质，实质应当是缺少适当的家庭监护。即便父母离婚，但若离婚后的父母能正常履行监护职责，则对未成年人的不良影响可以降到最低；即便父母均外出打工，但祖父母、外祖父母等近亲属若尽到家庭监护职责，留守儿童一般也不会走上犯罪道路。与此相反，即便父母并未离婚也并未抛下子女外出打工，但如果其未尽监护职责，未成年人也很容易走上犯罪道路。我们认为，简单地将家庭破裂、留守儿童等作为未成年人犯罪的重要影响因素，极可能导致给父母离异或者父母外出的未成年人贴上不良标签。因此，研究应当透过现象看本质，聚焦监护人不尽监护职责这一实质。②家庭教养方式存在偏差或者缺乏教育能力。所谓家庭教养方式存在偏差，主要是指教养理念未与时俱进，要么单纯强调管教，要么单纯强调爱护，简单粗暴型、宠爱纵容型都不是妥当的家庭教养方式。更为极端的现象是，当面对未成年人初期越轨时，不少家庭难以正常处理，缺少沟通、处理的能力，更多采取简单粗暴的处理方式，最终显得无能为力。

　　未成年服刑人员多数并非纯粹偶发性的犯罪，而是在被定罪之前，已经有较长期的越轨经历，甚至可能形成了一定的越轨习惯。这类未成年人与一般未成年人相比，教育更具挑战性、专业性、技术性。同时，对于一般的家庭来说，家庭中出现了未成年犯罪人，内心多少有排斥和抵触情绪。因此，对于未成年服刑人员，社区矫正机构应当在家庭保护方面作出如下努力：①缺乏监护人或者监护人不尽职责的，社区矫正机构应当协调有关部门，为其指定监护人或者变更监护人。《民法总则》第

36 条明确规定了指定、变更监护人的情形，尽管该条规定的申请者为"其他依法具有监护资格的人，居民委员会、村民委员会、学校、医疗机构、妇女联合会、残疾人联合会、未成年人保护组织、依法设立的老年人组织、民政部门等"，似乎并未规定社区矫正机构为申请主体，但社区矫正机构作为刑罚执行机构，实质上部分履行了准监护人的职责，作为申请主体也无可厚非。②帮助未成年人重建家庭关系。赫希认为，不管父母是否有犯罪行为，也不管父母的道德品质如何，只要青少年对父母有感情依恋，他们犯罪的可能性就比较小。这是因为，对父母的依恋制约着少年的适当社会化和对行为准则的内化。父母和儿童之间的感情联系是传递父母的理想和希望的桥梁，如果儿童与父母疏远，他就不可能学会或感受到道德准则，就不能发展起适当的良心或超我。因此"如果与父母的感情被削弱，进行少年犯罪的可能性就会增加；如果这种依恋得到增强，进行少年犯罪的可能性就会下降。"未成年社区服刑人员已经有过犯罪记录，其中多数有较长期的越轨习惯，青春期的逆反心理极易导致未成年人与父母的家庭联系受到削弱。为阻断未成年犯的越轨生涯，重建家庭联系就显得尤为必要。因此，社区矫正工作者包括志愿者应当通过各种手段帮助未成年服刑人员与家庭重建道德联系，通过重整性羞耻而非烙印性耻辱重建良好的亲子关系。③提供家庭教育指导。如前所述，粗暴型和溺爱型的家庭教育方式都不利于未成年人的健康成长，社区矫正机构可以与教育主管部门合作，利用家长学校的平台资源，为未成年服刑人员的父母或者监护人提供必要的家庭教育指导。

> **第九十六条【社会保护】**
>
> 未成年社区服刑人员家庭生活困难的，社区矫正机构应当协调有关部门，确保其生活保障。

▶▶▶ 立法理由

《未成年人保护法》专章规定了社会保护，其第 43 条规定，县级以上人民政府及其民政部门应当根据需要设立救助场所，对流浪乞讨等生活无着未成年人实施救助，承担临时监护责任；公安部门或者其他有关部门应当护送流浪乞讨或者离家出走的未成年人到救助场所，由救助场所予以救助和妥善照顾，并及时通知其父母或者其他监护人领回。对孤儿、无法查明其父母或者其他监护人的以及其他生活无着的未成年人，由民政部门设立的儿童福利机构收留抚养。未成年人救助机构、儿童福利机构及其工作人员应当依法履行职责，不得虐待、歧视未成年人；不得在办理收留抚养工作中牟取利益。

《未成年人保护法》的规定存在不完善之处，其只规定了孤儿、无法查明其父母或者其他监护人的以及其他生活无着的未成年人，并未规定年满 16 周岁同时辍学的生活困难的未成年人保障问题。研究显示，家庭经济贫困是导致未成年人财产类犯罪发生的原因之一。未成年社区服刑人员家庭生活困难的，社区矫正机构应当协调有关部门，确保其生活保障，"仓廪实而知礼节，衣食足则知荣辱"虽然并非绝对真理，但毫无疑问，如果未成年社区服刑人员处于绝对贫困的境地，显然不利于其阻断犯罪诱因。

第九十七条【社区矫正实施细则和工作办法的制定】

国务院司法行政部门可依据本法，制定社区矫正实施细则；各省、自治区、直辖市司法行政部门可依据本法和国务院司法行政部门制定的实施细则，制定本地区社区矫正工作办法。

第九十八条【施行日期】

本法自公布之日起施行。

《社区矫正法》学者建议稿（第二版）

第一章　总　则

第一条【立法目的和根据】

为了正确执行社区刑罚，促使社区服刑人员回归社会，预防和减少重新违法犯罪，根据宪法，制定本法。

第二条【社区刑罚的种类】

对于被判处管制、宣告缓刑、假释、暂予监外执行的罪犯，依法实行社区矫正。

第三条【社区矫正的任务】

社区矫正的任务是：

（一）控制社区服刑人员的人身危险性；

（二）帮助和保护社区服刑人员；

（三）促使社区服刑人员回归社会。

第四条【分级处遇原则】

实行社区矫正，应当对社区服刑人员进行人身危险性评估。根据评估结果，实行分级处遇。

第五条【国家主导和社会参与原则】

国务院司法行政部门主管全国的社区矫正工作，县级以上地方人民政府司法行政部门负责本行政区域内的社区矫正工作。

国家鼓励和支持社会团体、民间组织、企事业单位积极参与社区矫正。

第六条【和解原则】

实行社区矫正，应当尽可能地采取积极的恢复性措施，促成社区服刑人员、被害人与社区达成和解。

第七条【检察监督】

人民检察院对社区矫正依法实行监督。

第八条【公安机关的协助义务】

公安机关应当依法协助社区矫正机构开展社区矫正工作。

第九条【经费保障】

国家保障社区矫正所需经费。各级人民政府应当将社区矫正机构的工作人员经费、服刑人员矫正经费、社区矫正设施经费及其他专项经费列入本级政府预算。

居民委员会、村民委员会协助社区矫正机构开展工作所需经费从社区矫正经费中列支。

第二章　　社区矫正机构和工作人员

第十条【社区矫正机构】

司法行政机关是主管社区矫正的专门国家机关。司法行政机关设立社区矫正机构，统一实施辖区内的社区矫正。

司法所承担社区矫正日常工作。

第十一条【社区矫正官】

社区矫正机构根据实际需要配备必要的社区矫正官，具体实施社区刑罚执行工作。

社区矫正官是人民警察。

第十二条【社区矫正官的义务】

社区矫正官应当严格遵守宪法和法律，尊重和保障人权，忠于职守，秉公执法，严守纪律，清正廉洁。

第十三条【社区矫正工作人员】

社区矫正机构根据实际需要配备必要的工作人员，负责社区矫正的日常工作。

社区矫正机构配备工作人员，应当优先保障司法所人员编制。

第十四条 【社区矫正工作人员的职责及其保障】

社区矫正机构工作人员依法监管社区服刑人员，根据矫正社区服刑人员的需要，开展社区矫正工作。

社区矫正工作人员依法实施社区矫正的活动，受法律保护。

第十五条 【社区矫正工作人员的禁令】

社区矫正工作人员不得有下列行为：

（一）索要、收受、侵占社区服刑人员及其亲属的财物；

（二）体罚、虐待社区服刑人员；

（三）侮辱社区服刑人员的人格；

（四）利用社区服刑人员牟取私利；

（五）非法将监管社区服刑人员的职权交予他人行使；

（六）玩忽职守，怠于履行职责或者滥用职权；

（七）其他违法行为。

社区矫正工作人员有前款所列行为，构成犯罪的，依法追究刑事责任；尚未构成犯罪的，依法予以行政处分或纪律处分。

第十六条 【社区矫正志愿者】

社区矫正志愿者是社区矫正的辅助人员。社区矫正志愿者的主要职责是帮助、保护社区服刑人员；在社区矫正工作人员的统一安排下，也可以协助监督社区服刑人员。

国家支持和鼓励志愿者参与社区矫正工作。

第十七条 【社区矫正志愿者的资质】

担任社区矫正志愿者，应当符合下列条件：

（一）遵守宪法和法律、法规，无人身危险性；

（二）身体和心理健康，无传染性疾病；

（三）在社区内有较高的道德声望；

（四）有完成职务所必需的时间和热情。

以下人员不得担任社区矫正志愿者：

（一）因故意犯罪被判处有期徒刑以上刑罚，刑满释放后不足五年者；

（二）五年内累计接受治安管理处罚两次以上者。

第十八条【社区矫正志愿者的管理】

社区矫正机构统一管理辖区内的社区矫正志愿者。社区矫正机构应当为社区矫正志愿者提供法律培训和矫正专业技能培训。培训合格后，方能成为社区矫正志愿者。

志愿者参与社区矫正，应当经社区矫正机构登记。志愿者从事社区矫正工作，应当接受社区矫正机构的指导。

第十九条【社区矫正志愿者的活动经费】

对社区矫正志愿者，不支付报酬。

受社区矫正机构统一安排，协助社区矫正工作人员执行职务者，可以由社区矫正机构支付必需的工作费用。

第二十条【社区矫正志愿者的禁令】

社区矫正志愿者不得有下列行为：

（一）索要、收受、侵占社区服刑人员及其亲属的财物；

（二）体罚、虐待社区服刑人员；

（三）侮辱社区服刑人员的人格；

（四）利用社区服刑人员牟取私利；

（五）其他违法行为。

社区矫正志愿者前款所列行为，构成犯罪的，依法追究刑事责任；尚未构成犯罪的，依法予以行政处分或纪律处分，并取缔其参与社区矫正的资质。

第二十一条【社区矫正的协助单位和协助人员】

居民委员会、村民委员会应当依法协助社区矫正机构做好社区矫正工作。

社区服刑人员的监护人、保证人，应当协助社区矫正机构做好社区矫正工作。

第三章　社区服刑人员的权利和义务

第二十二条【被剥夺的权利】

非经人民法院依法判决确定，社区服刑人员的权利不能被剥夺。剥夺社区服刑人员的权利，必须采用列举的方式。

第二十三条【被限制的权利】

社区服刑人员在服刑期间，其人身自由和相关权利被依法限制。未经法定程序，不得为社区服刑人员行使权利设置刑法、刑事诉讼法、社区矫正法规定以外的其他限制性条件。

第二十四条【仍然享有的权利】

社区服刑人员的人格不受侮辱，其人身安全、合法财产和辩护、申诉、控告、检举以及其他未经依法剥夺或者限制的权利不受非法侵犯。

第二十五条【心理矫治的自主参与权】

社区矫正机构经评估认为社区服刑人员存在心理障碍或者心理疾病的，可以对社区服刑人员开展心理矫治工作，但应征得社区服刑人员的书面同意。

第二十六条【社区服刑人员应当遵守的义务】

社区服刑人员在矫正期间应当遵守法律、行政法规和社区矫正机构的监督管理规定，积极参与社区矫正。

第四章　社区刑罚的执行程序

第一节　接　收

第二十七条【管辖】

社区服刑人员由其住所地社区矫正机构接收管理。

对于适用社区矫正的罪犯，人民法院、公安机关、监狱应当核实其住所地。社区服刑人员有多个住所地的，应当在征求其意见的基础上，以便于开展社区矫正工作为原则综合确定社区矫正执行地。

户籍所在地与住所地不一致的，由住所地社区矫正机构接收管理，户籍所在地社区矫正机构协助、配合。

第二十八条【社区矫正决定的告知】

对于适用社区矫正的罪犯，人民法院、公安机关、监狱应当在向其宣判时或者在其离开监所之前，书面告知其到住所地县级司法行政机关报到的时间期限以及逾期报到的后果。

第二十九条【法律文书的送达】

社区矫正决定机关应当自判决、裁定或者决定生效之日起3日内通知执行地社区矫正机构，并在10日内向社区矫正机构送达有关法律文书，同时抄送社区矫正机构执行地人民检察院。

第三十条【社区服刑人员的报到和移送】

被人民法院判处管制、宣告缓刑、裁定准予假释的社区服刑人员，应当自判决、裁定生效之日起或者解除羁押之日起10日内到执行地社区矫正机构报到。

被人民法院决定暂予监外执行的社区服刑人员，由看守所或者执行取保候审、监视居住的公安机关自收到决定之日起10日内将社区服刑人员移送社区矫正机构。

被监狱管理机关、公安机关批准暂予监外执行的社区服刑人员，由监狱或者看守所自收到批准决定之日起10日内将社区服刑人员移送社区矫正机构。

服刑人员未按规定到指定社区矫正机构报到的，或者应送达的相关法律文书未按规定送达社区矫正机构的，社区矫正机构应当立即通知社区矫正的原决定机关和社区矫正机构所在地县级人民检察院、公安机关。经确认社区服刑人员脱管的，由社区矫正机构通知公安机关抓捕。

第三十一条【社区服刑人员的接收】

社区矫正机构接收社区服刑人员，应当遵循接收服刑人员与接收法律文书相统一的原则。

社区矫正机构经核实发现报到的服刑人员与法律文书不一致的，应当先行办理接收手续，然后通知社区矫正的原决定机关和社区矫正机构所在地县级人民检察院。

第三十二条【社区矫正的宣告】

社区矫正机构接收社区服刑人员后，应当及时成立矫正小组、制定矫正方案，并向服刑人员书面宣告，同时告知其应当遵守的义务和享有的权利。宣告后，应当及时通知社区服刑人员所在地村民委员会、居民委员会。

第三十三条【社区矫正档案的建立与管理】

社区矫正机构应当在社区服刑人员报到之日，建立社区服刑人员档案，实行一人一档。

档案内容应包括：情况登记表；相关法律文书；矫正方案；参加矫正的材料；考核奖惩材料；解除矫正材料，以及其他应归档的重要材料，并应根据矫正情况及时补充。

第二节　变　更

第三十四条【管辖的变更程序】

社区服刑人员入矫后因迁居变更管辖的，迁出地社区矫正机构于迁居批准作出后7日内将社区服刑人员的迁居审批手续、社区矫正档案等法律文书送达迁入地社区矫正机构，并抄送迁出地社区矫正机构所在地县级人民检察院；迁入地社区矫正机构在收到法律文书后7日内将送达回执送交迁出地社区矫正机构。

社区服刑人员于迁出地社区机构收到迁入地社区矫正机构送达回执后7日内向迁入地社区矫正机构报到。

第三十五条【社区矫正措施的变更程序】

社区服刑人员在社区矫正期间，根据考核情况，社区矫正机构认为需要对禁止令作出变更的，提请人民检察院、人民法院作出是否变更禁止令的决定。

社区服刑人员在社区矫正期间，根据考核情况，社区矫正机构认为其他社区矫正措施需要变更的，可以作出是否变更的决定。

作出社区矫正措施的变更决定前，应当以适当方式征求监督人的意见，必要时还应当征求被害人和社区的意见。

第三十六条【缩短矫正期限的程序】

社区服刑人员在社区矫正期间，根据考核情况，社区矫正机构认为应当缩短矫正期限的，提请人民法院或者人民检察院作出缩短矫正期限的决定。

第三十七条【延长矫正期限和治安管理处罚的程序】

社区服刑人员在社区矫正期间，根据考核情况，社区矫正机构认为应当延长矫正期限的，提请人民法院作出延长矫正期限的决定。

社区服刑人员在社区矫正期间，违反《中华人民共和国治安管理处罚法》的，社区矫正机构应当及时通知公安机关予以治安管理处罚。

第三十八条【强制医疗的适用程序】

在社区矫正过程中，社区矫正机构认为社区服刑人员符合强制医疗条件的，应当制作强制医疗意见书，移送人民检察院提请人民法院作出强制医疗的决定。

第三节　解　除

第三十九条【因矫正期满而解矫】

社区服刑人员矫正期满的，社区矫正机构应当公开宣告解除社区矫正，向社区服刑人员发放解除社区矫正证明书，并书面通知社区矫正决定机关、人民检察院、公安机关。

第四十条【因收监而解矫】

社区服刑人员符合刑法规定的撤销缓刑、假释条件的，社区矫正机构应当向执行地人民法院提出撤销缓刑、假释建议，并将建议书抄送同级人民检察院。

暂予监外执行的社区服刑人员具有刑事诉讼法规定的应予收监情形的，社区矫正机构应当向执行地人民法院提出收监执行建议，并将建议书抄送同级人民检察院。

人民法院裁定撤销缓刑、假释的，应当将裁定书送达社区矫正机构，同时抄送人民检察院；人民法院对暂予监外执行的社区服刑人员决定收监执行的，应当将收监决定送达社区矫正机构，同时抄送人民检察院。公安机关应当立即将被收监执行人员羁押，并移送监狱或者看守所。

被决定收监执行的社区服刑人员在逃的，由公安机关追捕，社区矫正机构协助。

第四十一条【因改判而解矫】

根据新的事实或者证据，人民法院改判社区服刑人员无罪、定罪免刑或者非社区刑罚的，应当通知社区矫正机构解除对社区服刑人员的社区矫正。

第四十二条【因死亡而解矫】

社区服刑人员死亡的，自动终止社区矫正。社区矫正机构应当及时书面通知社区矫正决定机关、人民检察院、公安机关。

第五章　监督管理

第四十三条【监督管理的目的】

监督管理的目的是确保社区服刑人员顺利完成社区矫正机构为其制定的矫正方案，保障公共安全。

第四十四条【分类监督管理】

社区服刑人员入矫之后，社区矫正机构应当评估其人身危险性和矫正需求等因素，制定分类监督管理方案，并根据社区服刑人员在矫正过程中的表现，对监督管理措施适时作出调整。

第四十五条【报告】

社区服刑人员应当定期或不定期向社区矫正机构报告其所在位置及近期参加矫正的情况。

报告可以采取谈话报告、书面报告、电话报告、邮件报告等形式的一种或者多种。

社区服刑人员因身体残疾或者其他特殊情况本人报告确有困难的，社区矫正机构可以适当调整报告的形式和报告的间隔时限，必要时也可由其监护人或保证人代为报告。

第四十六条【外出】

社区服刑人员离开所居住的县（市、区），应当向社区矫正机构提交书面申请，并提供担保人。

社区服刑人员经批准外出后，应当按时返回居住地并向社区矫正机构报告；确有特殊原因不能按时返回居住地的，应当及时向社区矫正机构报告，经社区矫正机构同意后可适当延长外出时间。

对于外出后拟在异地临时居住一个月以上的社区服刑人员，委托临时居住地社区矫正机构负责开展矫正工作。

第四十七条【会见】

未经社区矫正机构批准，社区服刑人员不得会见家庭成员以外的国（境）外人士。必要时，社区矫正机构可以禁止社区服刑人员会见不利于社区矫正的其他人员。

未经社区矫正机构批准，社区服刑人员不得接受媒体采访。

第四十八条【走访】

社区矫正工作人员应当定期或者不定期走访社区服刑人员的家庭、单位以及居住地的居（村）委会，掌握社区服刑人员的矫正情况。

第四十九条【修复】

社区矫正机构应当采取必要措施，督促社区服刑人员向被害人作出物质赔偿和道歉，帮助社区服刑人员与被害人、所在社区修复关系。

第五十条【保外就医的社区服刑人员应当遵守的特别规定】

因保外就医而被暂予监外执行的社区服刑人员，在社区矫正期间应当遵守下列规定：

（一）在指定的医院接受治疗，确因治疗、护理的特殊要求，需要转院的，应当经过社区矫正机构批准；

（二）进行治疗以外的社会活动应当经过社区矫正机构批准。

第五十一条【附加禁止从事特定活动】

人民法院在社区矫正的裁量或执行过程中，可以根据具体情况，附加禁止社区服刑人员在社区矫正期间从事以下一项或者几项活动：

（一）个人为进行违法犯罪活动而设立公司、企业、事业单位或者在设立公司、企业、事业单位后以实行犯罪为主要活动的，禁止设立公司、企业、事业单位；

（二）实施证券犯罪、贷款犯罪、票据犯罪、信用卡犯罪等金融犯罪的，禁止从事证券交易、申领贷款、使用票据或者申领、使用信用卡等金融活动；

（三）利用从事特定生产经营活动实行犯罪的，禁止从事相关生产经营活动；

（四）附带民事赔偿义务未履行完毕，违法所得未追缴、退赔到位，或者罚金尚未足额缴纳的，禁止从事高消费活动；

（五）其他确有必要禁止从事的活动。

第五十二条【附加禁止进入特定区域、场所】

人民法院在社区矫正的裁量或执行过程中，可以根据具体情况，附加禁止社区服刑人员在社区矫正期间进入以下一类或者几类区域、场所：

（一）禁止进入夜总会、酒吧、迪厅、网吧等娱乐场所；

（二）未经执行机关批准，禁止进入举办大型群众性活动的场所；

（三）禁止进入中小学校区、幼儿园园区及周边地区，确因本人就学、居住等原因，经执行机关批准的除外；

（四）其他确有必要禁止进入的区域、场所。

第五十三条【附加禁止接触特定人】

人民法院在社区矫正的裁量或执行过程中，可以根据具体情况，附加禁止社区服刑人员在社区矫正期间接触以下一类或者几类人员：

（一）未经对方同意，禁止接触被害人及其法定代理人、近亲属；

（二）未经对方同意，禁止接触证人及其法定代理人、近亲属；

（三）未经对方同意，禁止接触控告人、批评人、举报人及其法定代理人、近亲属；

（四）其他确有必要禁止接触的人。

第五十四条【信息的保密和告知】

除因社区矫正的需要，社区矫正机构应当对社区服刑人员的个人信息予以保密。

为保护社区和被害人的利益，在必要时，根据社区和被害人的要求，社区矫正机构应当向所在社区居民委员会、村民委员会告知社区服刑人员的姓名、服刑地点、服刑期限、监管措施的变更等信息。

第五十五条【保证人】

社区矫正机构应当在社区服刑人员报到登记后，确定保证人，制定和落实监督管理措施。

保证人由社区服刑人员年满十八周岁且具有监督能力的亲属或者所在单位、居（村）委会有关人员担任。社区服刑人员系未成年人或精神病人的，保证人由其法定监护人担任。

保证人应当对社区服刑人员进行监督、管理和教育，定期向社区矫正机构报告社区服刑人员的情况。遇有特殊情况，应当及时报告。

第五十六条【电子监控】

根据国务院司法行政部门的规定，经社区矫正机构批准，可以对符合条件的社区服刑人员采取适当措施进行电子监控。

第六章 矫正治疗

第一节 教育矫正

第五十七条【教育矫正的目的】

教育矫正的目的是帮助社区服刑人员正确认识犯罪后果，认罪悔罪，形成正确的世界观、人生观、价值观，掌握一定的文化知识和劳动技能。

第五十八条【因人施教】

社区矫正工作人员通过评估，掌握促使社区服刑人员回归社会的积极因素和消极因素，在此基础上制定个别化的教育方案，并根据矫正情况适时作出调整。

第五十九条【教育内容】

教育主要包括法律政策教育、认罪服法教育、伦理教育、文化教育、劳动技能教育等。

第六十条【教育形式】

教育形式主要包括组织报告会、讲座、小组活动等集中教育形式，也包括个别谈话、亲友规劝、组织恢复性司法座谈会等个别教育形式。

第二节 劳动矫正

第六十一条【劳动矫正的目的】

劳动矫正的目的是培养劳动意识、掌握劳动技能，促使社区服刑人员具备重新融入社会的适应能力，同时通过劳动，弥补犯罪对被害人和社区所造成的伤害。

第六十二条【劳动矫正项目的设置】

对社区服刑人员劳动矫正项目的设置，应兼顾公共利益和社区服刑人员的利益，社区服刑人员力所能及，便于监督检查。

第六十三条【劳动职业技术培训】

社区矫正机构应当根据实际情况，组织社区服刑人员开展劳动职业技术培训。

第六十四条【向被害人提供补偿性劳动】

在征得社区服刑人员和被害人双方同意后，社区矫正机构可以安排社区服刑人员向被害人提供一定时间的补偿性劳动。

第六十五条【社区服务】

有劳动能力的社区服刑人员，应按社区矫正机构的要求参加一定时间的社区服务，具体项目由司法行政机关根据本地实际情况设置，但不得安排高危作业。

第六十六条【就业】

社区服刑人员有工作单位的，可以在原单位工作；有能力自谋职业的，可以在报告社区矫正机构后自谋职业；没有能力自谋职业的，由劳动和社会保障部门指导就业。

第六十七条【可以免于参加劳动的情形】

社区服刑人员有下列情况之一的可以不参加劳动：

（一）不满16周岁，或者男性年满70周岁、女性年满65周岁；

（二）因病不适宜参加劳动的；

（三）怀孕或者正在哺乳自己婴儿的妇女；

（四）因身体残疾不适宜参加劳动的；

（五）属于宽管级别的服刑人员；

（六）其他特殊原因不宜参加劳动的。

第六十八条【劳动矫正项目的变更】

社区矫正机构根据社区服刑人员的监管分类，可以根据实际情况对劳动矫正项目进行变更，增加、减少、免除社区服刑人员的社区服务。

第三节　心理矫治

第六十九条【心理矫治的目的】

心理矫治的目的是矫治存在社会适应障碍的社区服刑人员的不良心理，帮助其心理回归健康，增强其消除心理障碍、适应社会环境、抵抗诱惑的能力，促使其回归社会。

第七十条【心理测评】

社区矫正机构可以根据需要，对社区服刑人员开展心理测评。

心理测评的基本方式包括问卷调查和走访调查。

第七十一条【心理健康教育】

对存在心理偏差的社区服刑人员，社区矫正机构应当及时进行心理健康教育，帮助其克服心理危机。

心理健康教育包括团体心理健康教育和个别心理健康教育两种类型。

第七十二条【心理咨询】

社区服刑人员可以主动向社区矫正机构要求进行心理咨询，寻求心理帮助。

第七十三条【心理治疗】

对患有心理疾病的社区服刑人员，社区矫正机构应及时安排进行心理治疗。

心理治疗应当征得社区服刑人员的同意。

第七十四条【专业化与社会化相结合的心理矫治队伍】

社区矫正工作人员、心理学专家、心理咨询师志愿者、社区矫正社会工作者共同组成开展心理矫治的队伍。社区矫正工作人员负责组织协调，心理学专家及心理咨询师志愿者开展专业性的心理矫治活动，社区矫正志愿者积极配合，作好心理矫治的辅助工作。

第七十五条【心理矫治工作人员的资质】

从事心理矫治的工作人员，应当取得国家级心理咨询师职业资格。

第七章　帮助保护

第七十六条【帮助保护的目的】

帮助保护的目的是帮助社区服刑人员解决生活困难，培养其重新融入社会的能力，保护其免受社会歧视，正当权益不受侵害。

第七十七条【临时安置】

对于确属无家可归、无亲可投或者有亲属但无人接纳，生活确有困难的社区服刑人员，社区矫正机构应当会同民政部门，在当地政府的协调下，选择适宜的场所进行临时安置。

第七十八条 【生活保障】

社区矫正机构应当协助家庭经济困难的社区服刑人员向民政部门申请最低生活保障待遇。必要时可以给予专项救助。

第七十九条 【社会保险】

社区服刑人员在入矫前已经参加失业保险、养老保险、医疗保险的，其在入矫后，符合领取条件的按规定享受失业保险待遇；在入矫前没有参加上述保险的，按照自愿原则，劳动与社会保障部门应按照相关规定为其办理。

第八章　考核奖惩

第八十条 【考核奖惩的目的】

考核奖惩的目的是客观评估矫正效果，形成激励机制，督促社区服刑人员完成矫正项目，重新融入社会。

第八十一条 【考核指标】

对社区服刑人员的考核指标主要包括：

（一）遵守监督管理要求的情况；

（二）认罪服法、接受教育的情况；

（三）参加劳动情况；

（四）心理健康情况；

（五）社会矛盾化解情况；

（六）其他考核指标。

第八十二条 【社区矫正奖励的种类】

社区矫正的奖励，包括适用从宽的社区矫正措施，以及减刑等司法奖励。

第八十三条 【从宽的社区矫正措施】

社区服刑人员遵守社区矫正相关规定，服满刑期 1/3 以上，社区矫正机构根据考核情况，认为其人身危险性降低的，可以实施从宽的社区矫正措施，包括：

（一）减少社区服刑人员报告的次数和社区矫正工作人员走访的次数；

（二）减少社区服刑人员参加集中教育活动的次数；

（三）减少社区服刑人员参加公益劳动的时间；

（四）其他从宽的社区矫正措施。

第八十四条【司法奖励】

被判处管制、被宣告缓刑、被裁定假释以及被裁定、决定监外执行的社区服刑人员在社区矫正期间，认真遵守社区矫正各项规定，接受教育改造，确有悔改表现，或者有立功表现的，可以减刑；有重大立功表现的，应当减刑。减刑的同时，社区矫正期限相应缩短。

被裁定、决定监外执行的社区服刑人员在社区矫正期间，认真遵守社区矫正各项规定，接受教育改造，确有悔改表现，不致再危害社会的，可以按照刑法规定予以假释。

第八十五条【社区矫正惩罚的种类】

社区矫正的惩罚，包括适用从严的社区矫正措施、治安管理处罚等行政惩罚，以及管制易科拘役、撤销缓刑执行原判刑罚、撤销假释收监执行、撤销暂予监外执行收监（所）执行等司法惩罚。

第八十六条【从严的社区矫正措施】

社区矫正机构根据考核情况，认为社区服刑人员的人身危险性增加的，可以实施从严的社区矫正措施，包括：

（一）增加社区服刑人员报告的次数和社区矫正工作人员走访的次数；

（二）增加社区服刑人员参加集中教育活动的次数；

（三）增加社区服刑人员参加公益劳动的时间；

（四）其他从严的社区矫正措施。

第八十七条【集中管理和治安管理处罚】

社区服刑人员在社区矫正期间，违反社区矫正中的强制性规定，情节较重的，可以实行集中管理，但最长不得超过七日。同时违反《中华人民共和国治安管理处罚法》的，提请公安机关予以治安管理处罚。

第八十八条【易科拘役和收监（所）执行】

社区服刑人员在社区矫正期间，违反法律、行政法规或者社区矫正中的强制性规定，情节严重的，对于被判处管制的，可以易科拘役，剩余刑期一日折抵拘役二日；对于被宣告缓刑的，撤销缓刑并执行原判刑罚；对于被裁定假释的，撤销假释并收监执行；对于被决定暂予监外执行的，撤销暂予监外执行并收监执行。

第九章　未成年人社区矫正

第八十九条【附条件不起诉人员的矫正】

社区矫正机构受决定机关委托，可以承担被决定附条件不起诉犯罪嫌疑人的矫正工作。

第九十条【未成年人社区矫正的原则】

对未成年社区服刑人员实施社区矫正，应当遵循下列原则：

（一）适应未成年人身心发展的规律和特点；

（二）尊重未成年人的人格尊严；

（三）监管与保护相结合。

第九十一条【信息保密】

对未成年社区服刑人员的档案，社区矫正机构应当保密。

未成年人矫正活动不公开进行，矫正宣告与解除不公开进行。

第九十二条【与成年犯分类矫正】

未成年社区服刑人员参与社区矫正活动，应当与成年社区服刑人员分开进行。

社区矫正机构应当针对未成年社区服刑人员的年龄、心理特点和发育需要等特殊情况，制定有益于其发展的矫正方案。

第九十三条【宽严相济】

对未成年社区服刑人员撤销缓刑、假释，应当特别慎重。

对严重违反监督管理规定的未成年社区服刑人员，可以采取组织军事训练营、短期集中教育等方式，作为撤销缓刑、易科拘役、治安拘留的替代措施。

第九十四条【就学】

未成年社区服刑人员没有完成国家规定的义务教育内容的，社区矫正机构应当协调相关部门并督促其法定监护人，帮助社区服刑人员完成国家规定的义务教育内容。

未成年社区服刑人员属于高级中学、职业中学、高等院校等在校学生的，社区矫正机构应当协调相关部门，帮助社区服刑人员完成相关教育。

第九十五条【家庭保护】

社区矫正机构应当为未成年社区服刑人员的父母或者其他监护人提供家庭教育指导。

未成年社区服刑人员的监护人不尽监护职责的，社区矫正机构应当协调相关部门，帮助其更换适当的监护人。

第九十六条【社会保护】

未成年社区服刑人员家庭生活困难的，社区矫正机构应当协调有关部门，确保其生活保障。

第十章 附 则

第九十七条【社区矫正实施细则和工作办法的制定】

国务院司法行政部门可依据本法，制定社区矫正实施细则；各省、自治区、直辖市司法行政部门可依据本法和国务院司法行政部门制定的实施细则，制定本地区社区矫正工作办法。

第九十八条【施行日期】

本法自公布之日起施行。